CW01666729

VIOLENCE ET RÉVOLUTION

JEAN-CLÉMENT MARTIN

VIOLENCE ET RÉVOLUTION

Essai sur la naissance d'un mythe national

ÉDITIONS DU SEUIL

*25, bd Romain-Rolland, Paris XIVe*

CE LIVRE EST PUBLIÉ DANS LA COLLECTION
L'UNIVERS HISTORIQUE

ISBN 978-2-02-043842-1

© ÉDITIONS DU SEUIL, MARS 2006

Le Code de la propriété intellectuelle interdit les copies ou reproductions destinées à une utilisation collective. Toute représentation ou reproduction intégrale ou partielle faite par quelque procédé que ce soit, sans le consentement de l'auteur ou de ses ayants cause, est illicite et constitue une contrefaçon sanctionnée par les articles L. 335-2 et suivants du Code de la propriété intellectuelle.

www.seuil.com

Introduction

Prise de la Bastille, têtes coupées, noyades en Loire, exécutions de Lyon... les violences ont marqué l'histoire de la Révolution française, au point que le lien entre la violence et la Révolution obsède l'historiographie depuis deux siècles, et que cette période constitue toujours un réservoir inépuisable de réflexions, de débats et de fantasmes, en France comme à l'étranger. Cette situation a engendré de véritables écoles de pensée, car, même si les historiens hésitent entre les explications et les dénominations (tueries, massacres, exécutions, crimes, condamnations...) – ou peut-être à cause de cela –, la violence partage les opinions et suscite la constitution de strates historiographiques sédimentées, orientant les débats et les recherches. De véritables univers littéraires et artistiques presque autonomes se sont ainsi organisés autour de thèmes, d'objets symboliques, comme la guillotine, ou de certaines personnalités, comme Louis XVI, Marat, Charlotte Corday ou Robespierre. Cette attention oblige à réfléchir sur l'emploi du passé et sur le sens des mots consacrés.

Curieusement, ce questionnement sur la violence n'est pourtant pas appliqué à tous les régimes, ni à toutes les époques. À l'évidence, la Révolution n'en a pas le monopole, pas plus que celui du retrait de la qualité d'homme à ceux qui gênent. Le régime particulier fait ainsi à la Révolution française ne peut manquer de surprendre, sauf à admettre que les actes de violence perpétrés en France entre 1789 et 1799 comportent une signification qu'ils n'ont pas lorsqu'ils sont référés à d'autres temps. De ce point de vue, l'histoire de la Révolution occupe sans doute une place qui se rapproche de l'étude de la destruction des Juifs par le régime hitlérien ou de celle de la traite des Noirs et de l'esclavage. Les enjeux des débats dépassent de loin l'établissement des faits.

En outre les mots piègent. Le mot « violence » recèle tellement d'ambiguïtés que son emploi mérite réflexion. Faut-il l'utiliser au singulier ou au pluriel ? Le terme de « violence » recouvre à la fois des violences « ordinaires », des actes proprement politiques, des détournements de pouvoir, des opérations liées aux guerres, qu'elles soient « classiques » ou « civiles » ; si bien que cruauté, brutalité, terreur, répression, punition, vengeance, sadisme, méchanceté... composent les facettes du kaléidoscope que ce livre entend précisément prendre en compte sans préjugés. Le risque de « naturaliser » la violence doit être pris en considération. Ne peut-on pas penser que la démocratie ne peut s'établir véritablement que hors de tout recours à la violence ? Le rapport que l'écriture de l'histoire noue avec les formes de la violence mérite d'être analysé sans complaisance, tant l'exemple de la période révolutionnaire a créé des habitudes d'accoutumance, ou de rejet, qui faussent les approches scientifiques. L'expression « Révolution française » est tout aussi ambiguë. Désigne-t-elle une période courant de 1789 à 1799, vise-t-elle le mouvement général de la Révolution, en opposition avec la Contre-Révolution, ou recouvre-t-elle les groupes porteurs d'idéaux et de pratiques révolutionnaires au sens strict ? Les indécisions sont grandes, d'autant que le mot « révolution » changea de sens au cours de la décennie et que les « révolutionnaires » ne possédèrent jamais de cohésion. Dans ce rapport violence/révolution, c'est alors l'identification de la Révolution à la terreur qui est en cause ; mais ce mot de « terreur » renvoie-t-il aux mois qui courent de septembre 1793 à août 1794, la période commence-t-elle dès septembre 1792, voire à partir d'octobre 1789 ? En tout cas, pour beaucoup d'historiens, la terreur est censée exprimer l'essence même de la période révolutionnaire, en constituer le « scandale » originel.

Il ne s'agit pas d'ergoter sur des mots, mais de ne pas les poser comme immuablement définis pour parvenir à les mettre en débat. Les faits, pourtant abondamment rappelés pour susciter des réactions affectives, comptent moins que la volonté explicitée pendant la Révolution de bâtir de nouvelles relations entre les hommes en recourant à la violence politique. Ce choix revendiqué constitue le scandale sur lequel bute l'historiographie. Une vue cavalière de deux cents ans de publications permet de repérer les grands tournants qui ont scandé la fabrication des interprétations. Dès 1789 la violence est au cœur du débat en Europe, autour des *Réflexions sur la Révolution de France* du député anglais *whig*, Edmund Burke, qui estime que la Révolution introduit une rupture dans la trame des temps et annonce l'effondrement général des valeurs. Au début du XIXe siècle, l'Empire pratique une politique de contrôle et d'oubli des guerres civiles, puis la monarchie restaurée tente de jeter le voile de l'oubli, après avoir sacrifié *a minima* aux rappels mémoriels autour du couple royal martyr. Naît alors une rhétorique contre-révolutionnaire liant barbarie et innovation sociale, estimant que l'homme est incapable de diriger ses actes. Cette tonalité imprègne toutes les œuvres, même celles des auteurs favorables aux idées républicaines, qui doivent se défendre de toute adhésion aux violences révolutionnaires. Cependant l'intérêt pour le « volcan » révolutionnaire alimente tout un courant littéraire qui trouve l'occasion de mêler émotion, libido et fiction. Un nouveau tournant culturel est pris à la fin du XIXe siècle, lorsqu'une « histoire universitaire » se crée. La lecture historique est laïcisée, autant en réaction contre les interprétations catholiques que contre le messianisme révolutionnaire qui s'est développé au milieu du siècle. Expliquant la terreur par les circonstances, la Révolution devient globalement bénéfique, et le tri se fait parmi les révolutionnaires : on valorise les uns contre les autres, Danton ou Robespierre, rejetant dans l'ombre « terroristes » et « enragés ». Dans les années 1980 la Révolution française est rapprochée des « totalitarismes », nazi et stalinien, donnés pour héritiers des structures de pensée mises en place dès 1789.

Rapprocher violence et Révolution française n'est donc pas seulement poser une question historique, c'est affronter un mythe, qui depuis plus de deux cents ans (depuis 1795 au moins) se nourrit d'interprétations et de polémiques nées parmi les opposants comme parmi les partisans de la Révolution. Situation paradoxale dont il faudra rendre compte. Vouloir entreprendre une lecture dépassionnée tient de la gageure. Elle est menée ici sans illusion et repose sur une position méthodologique précise : proposer une lecture désacralisée de ces années 1789-1799. Tant que l'on étudie cette période en isolant la terreur comme un paroxysme de violence, tant que les comparaisons les plus larges ne sont pas menées, tant que les principes politiques sont considérés hors de tout contexte et de toute la gangue factuelle, tant que les analyses sont menées sur des discours pris au pied de la lettre, quelles que soient les intentions affichées des historiens – faut-il ajouter enfin, tant que les faits ne seront pas solidement établis ? car l'examen précis révèle encore des surprises, on le verra plus tard –, il paraît bien que la sacralité de la Révolution soit toujours posée en principe, y compris chez ceux qui assurent que la Révolution est terminée.

Ce parti pris justifie que l'on ait cru bon de respecter des évolutions, même dans un délai aussi bref qu'une décennie : il y eut, en effet, des recours différents à la violence selon les régimes et les groupes au pouvoir, la violence en elle-même fut l'occasion de débats au cours de cette courte période, et il semble enfin que des positions idéologiques et politiques furent prises selon les étapes de la Révolution, amenant la succession de véritables philosophies politiques. Pour autant cette enquête ne prétend pas être exhaustive. Il ne s'agit ni de recenser tous les actes violents, ni d'en établir des statistiques, encore moins d'en dresser des typologies. Il n'est surtout pas question de recenser les victimes : non parce que cela serait inutile, le devoir de mémoire ne peut jamais se dispenser de ce douloureux recensement, mais parce que cette entreprise relève plus du travail de deuil que du métier d'historien. Faire de l'histoire consiste à expliquer comment des individus ont été « bourreaux », ou « victimes », parfois – souvent ? – occupant les deux rôles successivement. Ce qui est visé ici est d'essayer de comprendre les différentes formes de violence telles que nous pouvons les définir aujourd'hui et de tenter de les articuler entre elles, pour proposer une lecture de la période révolutionnaire sans postuler *a priori* d'unité entre des violences multiformes, contradictoires, chaotiques. Plus qu'une histoire de la Révolution et des violences, c'est une lecture de la Révolution par la violence qui est tentée ici.

Il faut enfin parer à une critique possible, qui estimerait que s'intéresser de cette façon à la violence serait le résultat d'une myopie épistémologique incapable de démêler l'essentiel de l'anecdotique. Un analyste ne rappelait-il pas que Hegel « ne s'était pas laissé intimider par le spectacle de la violence[1] » ? Si nous n'avons pas eu la prétention de nous situer dans le domaine largement fréquenté de la lecture (quasi) philosophique de la Révolution française, ce fut pour suivre notre conviction que l'analyse historique doit continuer de privilégier un « bricolage » épistémologique, lui permettant d'emprunter à l'ethnologie, à la philosophie et à la tradition érudite, en mêlant histoire factuelle, histoire des idées, histoire politique, sociale, culturelle, histoire de l'art… Sans les rapports au corps, sans les affects (la vengeance ou la haine), la violence de masse n'est pas compréhensible. Pour un sujet aussi controversé que celui-ci, le « bricolage » a plusieurs avantages : il permet de respecter autant les engagements individuels que les habitudes collectives, de comprendre les discours et les prises de position comme de véritables actes engageant leurs acteurs, ou de les considérer aussi le cas échéant comme des artifices politiciens ; il évite de croire que les individus sont démunis ou irresponsables, il les appréhende dans leur globalité, intellectuelle et corporelle ; il ne présuppose ni unité de la Révolution, ni des « révolutionnaires », enfin, encore, il n'estime pas que la violence ait été commise par les « révolutionnaires » uniquement. Le pari est de penser que, si les idées et les idéologies jouent un rôle essentiel dans le cours des événements, elles n'ont cependant été efficientes que dans la mesure où elles étaient confrontées et mêlées à des pratiques sociales, religieuses, sexuelles, comme à des identités et des héritages régionaux ou locaux, qui les ont parfois instrumentalisées, qui s'en sont souvent nourris et qui les ont parfois transformées. Nous avons aussi choisi d'adopter une lecture historique tenant compte du « genre », c'est-à-dire non

1. Jean Granier, *Annales historiques de la Révolution française*, 1980, p. 3.

seulement de la place des hommes et des femmes, mais aussi des constructions sociales des identités sexuées. Dans cette perspective, les faits les plus triviaux comme les idées les plus éthérées font sens ensemble. Derrière les textes, il y a donc de la « chair humaine », pour reprendre l'expression de Marc Bloch : les textes ne renvoient pas seulement à un maillage intertextuel, ils témoignent de la vie et de la mort de personnes, qu'il convient de respecter pour ce qu'elles ont subi, comme pour ce dont elles sont responsables.

Dans ce cadre, dont on sait les limites, le livre s'ouvre par un panorama des héritages sociaux, politiques et surtout culturels légués par la monarchie. Dans ce qui était à l'époque le pays le plus grand, le plus riche et le plus centralisé de l'Europe, les interrogations sur le lien social ont provoqué des tensions considérables. Cette caractéristique doit être gardée en mémoire, puisqu'elle contribue à radicaliser les demandes qui agitent la France comme ses voisins, ce dont rend compte le deuxième chapitre. L'ébranlement politique parti de la Cour trouve une caisse de résonance exceptionnelle dans les contentieux ou les rivalités qui existent et sont transformés par l'interprétation politique qui se diffuse, et qui est l'objet du chapitre trois. Le pays entre ainsi dans de véritables guerres civiles, unifiées par le clivage révolution/contre-révolution qui s'impose. Les antagonismes religieux, sociaux, régionaux, culturels se combinent les uns aux autres alors que l'autorité se dissout et que la légalité et la légitimité sont en jeu. Le quatrième chapitre suit les tentatives des différents groupes politiques pour s'approprier cette légitimité, en cherchant à incarner le point d'équilibre capable de répondre aux aventures guerrières dans lesquelles la nation s'est engouffrée. L'explosion de la violence est présentée dans le cinquième chapitre. Les affrontements politiques se mènent sur fond de conquête de l'État et de rivalités collectives et personnelles. Ceci permet de comprendre comment la violence politique est devenue un instrument dans les mains des acteurs, usage qui en explique les déchaînements et les manipulations, sujet du chapitre six. La définition même de la terreur est ainsi remise en cause dans sa réalité politique. Après ce paroxysme de violence, réel et calculé, le chapitre sept est consacré aux manœuvres qui tentent de restaurer la paix civile, dramatisent les souvenirs violents et achèvent de restituer aux élites détentrices du pouvoir de l'État le contrôle de la violence légitime. Dans cette perspective, le dernier chapitre brosse les grandes lignes de l'équilibre politique et culturel que la Révolution lègue au régime autoritaire et policier qui naît de ces conflits.

Chapitre 1

La violence de l'Ancien Régime

Parmi les condamnations qui furent portées dès les débuts de la Révolution sur ce qui devenait brutalement « l'Ancien Régime », l'emploi de la violence ne fut pas la moindre. Le nouveau régime rejeta les supplices et les exécutions spectaculaires, les cachots et les géhennes, le secret des jugements et la morgue des puissants, si bien que l'image d'une royauté tombant avec sa bastille allait avoir une longue destinée et que « les traditions de barbarie » furent vite imputées à la France d'avant 1789 pour valoriser les changements immédiats et expliquer les recours à la violence. Comme l'écrit Babeuf dans un raccourci saisissant : « Les supplices de tout genre, l'écartèlement, la torture, la roue, les bûchers, les gibets, les bourreaux multipliés partout, nous ont fait de si mauvaises mœurs ! Les maîtres, au lieu de nous policer, nous ont rendus barbares parce qu'ils le sont eux-mêmes [1]. » Cette justification polémique a l'intérêt de poser la question des responsabilités et des héritages. C'est de là qu'il convient de partir, sans vouloir établir de fausses symétries entre monarchie et révolution. Il ne s'agit pas de comparer la guerre de Vendée et la guerre des Camisards, la Saint-Barthélemy – dont l'anniversaire est célébré encore à Toulouse en octobre 1789 – ou la Terreur, en gommant les spécificités des époques et de leurs conséquences, mais de comprendre comment des hommes ont apporté des réponses nouvelles à des débats menés déjà depuis vingt ou trente ans.

1. Cité par Jean Jaurès, *Histoire socialiste de la Révolution française*, Éditions sociales, rééd., 1983, t. 1, p. 380.

L'éclat des supplices

Comment en effet oublier cet usage qui fait écarteler, par six chevaux, pendant sept heures, un homme coupable d'avoir attenté à la vie du roi, après lui avoir enfoncé des coins dans les jambes, brûlé au soufre la main droite, tenaillé le corps en plusieurs endroits, rempli les plaies de cire et de plomb fondus ? On a reconnu la description du supplice de Damiens qui ouvre un livre célèbre de Michel Foucault : témoignage de cette « barbarie » que la Révolution aurait voulu balayer pour instituer un nouvel ordre des corps. Même sans suivre la démonstration jusqu'au bout, la violence judiciaire marque le royaume. La pendaison est plus clémente, tout au moins si le bourreau a le tour de main. Trois cordes enserrent le cou du condamné, deux « tortouses » et le « jet » qui sert à projeter le supplicié hors de l'échelle. Pour accélérer le processus, le bourreau peut appuyer avec le pied sur la corde liant les mains du pendu tout en lui donnant des coups violents dans l'abdomen. Dans le Languedoc toulousain, c'est, bon an mal an, une dizaine de condamnations à mort qui sont réalisées à la fin du XVIIIe siècle, jusqu'à 22 en 1772.

Selon des traditions séculaires et les codes de procédure, la justice prescrit la graduation et l'application des tortures et des supplices. Le bourreau reçoit 25 livres pour le supplice de la roue, seulement 15 pour une pendaison (outre 3 livres pour la potence) et 5 livres pour l'application du fouet. Une séance de « question » lui en rapporte six. C'est dans le respect de prescriptions précises, préservant par exemple la pudeur des femmes et ignorant les atteintes sexuelles, que les accusés sont soumis à la « question », genoux ou mains broyés, estomacs remplis d'eau, corps étirés par 90 kilogrammes de pierres, jambes brûlées par des « chaussettes soufrées ». Un délai de grâce peut être accordé *in extremis* aux suppliciés, leur permettant de festoyer plusieurs heures, s'ils en ont l'aplomb, s'ils annoncent d'ultimes révélations au cours de la « nuit blanche » précédant leur exécution, car celle-ci doit se faire avec des patients en bonne santé. Ce n'est qu'en 1788 que cette « mesure dans la démesure », selon la formule d'Arlette Farge [1], sera abolie, à la suite d'un lent abandon, qui n'avait jamais remis en cause fondamentalement son emploi, alors que les corps des suppliciés restent exposés sur les fourches patibulaires aux portes des villes, certains étant découpés auparavant.

La France monarchique n'est pas, bien sûr, seule à exercer la justice de cette façon : dans l'Angleterre, modèle des philosophes, les violences judiciaires sont identiques, accumulant parfois, dans une même condamnation, la pendaison, l'éventrement, le bûcher et la décapitation dans un ordre bien balancé. En revanche, dans la principauté de Neufchâtel, la torture n'aurait été appliquée qu'à 5 % des criminels incarcérés et la peine de mort appliquée seulement dans 6,5 % des cas – le bannissement concernant en revanche 60 % du total des condamnés. L'indulgence semble avoir été souvent acquise dans des affaires mettant en cause l'honneur, ou les traditions sociales, ou encore lorsque l'ivresse était invoquée. En outre, près de 80 % des individus auraient échappé de fait aux châtiments. Dans la France centralisée, où le crime de lèse-majesté doit être puni sans faiblesse, où les juges sont tout-puissants et où le châtiment doit effrayer les éventuels contrevenants, l'échelle des punitions demeure très élevée. En 1766, le tout jeune chevalier de La Barre, accusé d'avoir mutilé un Christ en bois et de lire des œuvres philosophiques (c'est-à-dire licencieuses) est, pour l'exemple, condamné à faire amende honorable, à avoir la langue arrachée, la tête tranchée et le corps jeté sur un bûcher ardent. Voltaire rendra le cas célèbre et la Convention, ultérieurement, réhabilitera le supplicié. Plus généralement, le recours aux justices prévôtales – cours d'exception de la monarchie –, et leur généralisation dans les années 1780, conduit à une répression rapide, tout en restant dans le cadre de la loi. La justice se veut à la fois exemplaire et efficace, d'autant plus que la France reste sous-administrée ; elle habitue cependant le pays à des règlements des conflits expéditifs, sans appel, dont on trouvera les traces plus tard. Les juridic-

1. Arlette Farge, *La Vie fragile*, Gallimard, 1986, p. 225-230.

tions anglaises, assises sur des relations de voisinage dans le cadre des paroisses, seraient plus indulgentes, toutes proportions gardées, car le recours à la peine de mort reste très fréquent.

Pour éliminer les individus jugés dangereux, le tribunal peut les envoyer aux galères. Les pauvres diables, s'ils ont moins de trente ans, sont plus que d'autres susceptibles de ramer dans la chiourme, dès lors qu'ils commettent des actes de contrebande ou des vols un peu spectaculaires. Dans le cas de la contrebande, la répression est particulièrement féroce, puisqu'il suffit de frauder en troupe ou à cheval pour risquer les galères à vie. Plus de 6 000 hommes se trouvent dans les bagnes royaux à la fin du XVIIIe siècle, qui tuent bon an mal an 10 % des arrivants et qui ne laissent sortir, au terme d'une peine à l'arbitraire élastique, que la moitié de ceux qui ont eu le malheur d'y arriver. Certains juristes estiment que ces galériens sont des esclaves de la peine. Colporteurs de livres séditieux, voleurs de fruits ou de poissons, chapardeur de mouchoir sont punis ainsi par « une justice plus effrayante que le crime », qui se radicalise au fil du temps. Alors que les condamnés aux galères et aux bagnes ne représentent que 13 % des condamnations à Paris en 1735, ils sont 35 % en 1775, en même temps que progresse le nombre des enfermements dans les prisons. La progression est notamment perceptible dans la répression du vol alimentaire. Partout dans le pays, la prison est d'abord un dépotoir, un cloaque insalubre, dans lequel s'exerce une violence véritable sur des inculpés attendant un jugement et soumis à la promiscuité dangereuse, à la malnutrition et aux innombrables maladies qui provoquent des ravages, notamment pendant l'été.

Le corps marqué

Jusque dans les années 1780, l'exercice de la justice dépend de la personne du roi, qui en légitime toute l'ordonnance. Depuis 1724, les lettres GAL flétrissent l'épaule des condamnés aux galères, au moyen d'un fer porté au rouge (les femmes, qui ne peuvent pas aller aux galères, reçoivent la lettre V ou W). Les peines sont afflictives, destinées à punir le corps même par des actes meurtrissants (chaînes, fouet, torture) ou portant atteinte à la capacité des personnes et à leur honneur (infamie, mort civile). La répression repose sur l'ordonnance de 1670 qui institue une procédure fondée sur le secret de l'instruction, sur l'absence d'avocat et de confrontation avec les témoins – produits pour charger l'accusé –, et même sur l'absence de notification des motifs de l'accusation et enfin sur la possibilité de punitions décidées par l'arbitraire des lettres de cachet. L'échelle des peines, qui va du bannissement à la mort, en passant par l'amende honorable, le fouet, les galères à temps, la question, le bannissement perpétuel, les galères à perpétuité, renvoie à une conception de la société fondée sur les rapports hiérarchiques et sacrés. Le but cherché n'est pas l'amendement ou la privation temporaire des droits mais l'application de la toute-puissance du roi sur les corps de ses sujets, sur la chair du condamné et celle des spectateurs, en frappant leur imagination et en « terrorisant » le crime. Les peines les plus graves sont liées à la récidive ou à l'atteinte au corps du roi, ou encore au viol du domicile privé, à commencer par les vols commis par des domestiques : pour avoir volé la somme modeste de 14 louis, le valet d'un chanoine languedocien finit sur la potence ! Les peines pour vol de linges religieux vont de trois ans de galères à la pendaison.

Le supplice, avec son rituel, est le mode normal de la punition, puisque le crime suprême de lèse-majesté est toujours craint, contre lequel il convient de réaffirmer l'unité du roi et de la nation. Ainsi « l'attentat contient le supplice[1] » et celui-ci, par son énormité même, atteste la puissance du pouvoir royal. Mesure-t-on assez le poids de cette mentalité pendant la décennie révolutionnaire, alors que le rêve du roi assassiné est avoué pendant tout le XVIIIe siècle par des « extravagants », qui sont embastillés par la police ? La mort du roi est « impensable » au sens propre, mais fascine. On comprend que les régicides, « victimes émissaires », doivent supporter mille morts, dans la logique de

1. Pierre Rétat, *L'Attentat de Damiens*, Lyon, Presses universitaires de Lyon, 1979, p. 25.

l'expiation et de l'exposition publique. La protection du corps du roi, qui tient de Dieu, passe par l'atteinte au corps des accusés, l'excès des supplices correspondant à la sacralité royale.

Toute condamnation renvoie à la lutte que doit mener le Bien contre le Mal, elle a une vocation didactique et exemplaire. Il est nécessaire non de réprimer tous les manques, mais de frapper les imaginations et d'interdire les délits qui portent atteinte à l'équilibre social. Par ailleurs la sous-administration du royaume, l'indépendance de fait des juges renforcent les effets pervers de l'ordonnance de 1670 et mettent les accusés dans une position de grande faiblesse face à la justice et à la violence royale. Le secret admis par l'ordonnance aggrave la situation des accusés. La personnalisation de la justice (dans la personne du représentant central, comme dans la personne de l'accusé) explique les recours à la saisie du corps, à l'arbitraire des décisions et à l'importance des rituels : ainsi une ordonnance de police prévoit-elle de couper le nez aux prostituées exerçant près des casernes. Elle explique l'inflation verbale comme le recours à la cruauté, puisque les châtiments corporels prévus par la loi sont appliqués aux condamnés indépendamment de leur âge. Elle explique enfin que, face aux évolutions sociales, politiques, mentales qui se produisent dans la France de la fin du XVIIIe siècle, le système devient inadéquat, rencontre des critiques et connaît une mutation. La justice n'est pas respectée comme institution, mais dans son rapport avec la force. La place de la foule, spectatrice mais aussi actrice potentielle, dans l'exercice de la justice mérite d'être soulignée, car elle annonce les interventions populaires ultérieures attribuées à la nocivité de la novation révolutionnaire ; on oublie ainsi qu'il s'agit d'attitudes anciennes qui ont simplement perduré. Le supplice de la roue est apprécié par l'assistance qui juge en connaisseur de la durée de l'agonie et de la dextérité du bourreau. La demande spectaculaire est telle que celui-ci, haï et craint par la population, doit régulièrement faire ses preuves dans l'administration de la mort, sous peine de périr des mains des spectateurs qu'il aurait déçus. La théâtralisation de la mise à mort n'est pas accessoire, elle correspond à une attente collective d'imprévu :

mort « édifiante » ou spectaculaire, brio ou échec du bourreau, dépeçage du cadavre...

Si le public approuve l'administration d'une justice brutale, il n'en aime pas cependant les trop grandes rigueurs. Ainsi se révolte-t-il lorsqu'il juge qu'une exécution est imméritée ou lorsque le condamné suscite la pitié pour une raison quelconque. Les exemples sont multiples : à Paris, la foule brûle la maison de la famille qui a envoyé sur l'échafaud un valet pour un petit vol domestique, ou tue les membres d'une autre famille qui a permis la condamnation aux galères d'un autre domestique, coupable d'avoir dit des sottises à sa maîtresse... Dans cet univers, la violence centrale demeure un élément constitutif du fonctionnement d'une société organiciste, vivant sur un mode communautaire, gérant elle-même ses conflits, où la loi compte moins que la tradition et le respect d'équilibres subtils entre des groupes humains régis dans la disparité et le privilège. L'exercice de la violence d'État à partir du siège central fait l'objet d'une acceptation plus ou moins résignée : cette culture de la violence d'État imprègne la période révolutionnaire d'autant plus facilement que les souvenirs des violences commises à l'encontre des dissidents du royaume, protestants du Poitou, camisards des Cévennes, sont toujours vivaces et que des familles en gardent des stigmates mentaux et des traces matérielles. La Révolution pourra passer dans le Midi pour la revanche des protestants, et les colonnes infernales en Vendée s'apparenter aux dragonnades de Louis XIV ou à la conquête de la Corse en 1769-1770. Dans cette île, les troupes françaises ont organisé des « colonnes infernales » qui ratissent les campagnes et envoient devant les tribunaux des suspects jugés avec une grande sévérité, puisque à peu près un accusé sur deux est condamné à mort, modalités et proportions qui ne sont pas sans rapport avec celles de la Terreur quelques années plus tard.

La longue vie de la violence ordinaire...

La violence du « haut » rencontre celle du « bas », dans le prolongement des siècles antérieurs marqués par la permanence de la mort : dans la hantise d'être enterré vivant, dans le trafic nocturne de cadavres, dans les découvertes répétées d'enfants morts… Au jour le jour, dans un pays où la majorité des individus est constamment armée (instruments contondants, mais aussi armes blanches et à feu) le passage à la violence se fait naturellement. La violence constitue le fond des attitudes collectives, lorsque dans un jeu coutumier aux fêtes « baladoires » les jeunes gens à cheval arrachent le cou d'une oie attachée par les pattes, lorsque, rituellement, des chats sont brûlés dans des cages toutes les nuits de la Saint-Jean, ou lorsque dans les fêtes tarasconnaises de la Tarasque, les participants échangent entre eux de vigoureux coups et se cassent régulièrement les membres. Le décor urbain lui-même sécrète la violence par sa misère, ses odeurs de tanneries, de boucheries, créant une vie « fragile » pour la plupart des habitants, qui vivent dans la rue, envoient leurs enfants chez des nourrices mercenaires guère soucieuses de la survie des nourrissons, se pressent aux exécutions capitales. Les cimetières engendrent l'angoisse des voisins, qui dénoncent parfois des vapeurs méphitiques, des bruits inexplicables, des rites interdits et plus simplement des exhumations illégales opérées par les étudiants en médecine qui volent des cadavres. Dans cet univers, où des bandes d'enfants, parfois mutilés à dessein, mendient et volent, la violence est multiforme : dans les maisons, dans la rue, les conflits dégénèrent vite entre conjoints, entre concubins, entre logeurs et propriétaires, entre voisins ; on se tue pour un mur, et l'ivresse aggrave les conflits familiaux.

Le jeu des relations sociales engendre la violence, tolérée au titre des excès inévitables : la simple sensation d'avoir été offensé, sentiment éminemment variable, peut contraindre à réclamer rapidement compensation en argent ou en blessures. On se bat d'abord le dimanche et surtout le lundi (la saint-lundi des ouvriers parisiens) après le travail et après boire, dans les lieux ordinaires de la sociabilité urbaine, surtout entre jeunes hommes ; on s'y tue à l'occasion. Les juges pratiquent une tolérance liée au modèle social et punissent plus sévèrement le vol que le crime. Le plus souvent, la violence est admise lorsqu'elle répare les torts ou qu'elle s'inscrit dans des traditions sociales. Dans ce cadre, l'agression et sa réponse échappent au contrôle de l'État. Cette violence collective reste majoritairement dans un domaine flou entre négociation et justice, sans que quiconque puisse ou veuille intervenir. Bagarres de pauvres entre eux, rixes de compagnons en goguette, algarades provocatrices ou brutalités exercées en public par un créancier sur son débiteur, la violence sourd de toutes les occasions, aidée par l'arrivée massive de nouveaux venus peu sensibles aux douleurs, qui expriment leur existence avec leurs poings.

Les degrés de l'initiation des jeunes mâles se passent dans la proximité de la mort, qu'elle arrive par les coups de fourche, les chutes dans l'eau, ou les décharges intempestives de pistolet. Restif de la Bretonne raconte qu'un galopin, qui avait jeté de la fange sur les habits d'une dame, fut jeté à terre, tué d'un trop fort coup de bâton à la tempe. Enfin, le duel demeure toujours une pratique coutumière, en continuelle expansion même à la fin du XVIIIe siècle, attestant que la culture de l'honneur et de la haine demeure supérieure pour beaucoup de Français à toute culture politique articulée sur la raison et le respect des règles. Petites gens, y compris les esclaves de la Guadeloupe, et aristocrates communient dans le duel, cette violence qui met en scène des individus les uns contre les autres. Alors que la distinction des statuts anciens devient de plus en plus difficile à maintenir et aggrave l'importance du mépris, la culture nobiliaire fait du duel un des signes de reconnaissance de l'ordre fondé sur l'honneur viril. En réponse, l'insulte est le moyen par lequel les petits touchent les plus hauts, comme le ressent un gentilhomme, trésorier de France qui promet de tuer un domestique particulièrement et obstinément injurieux. Par ces pratiques malséantes, mais communes, de recours à la force, les classes populaires posent ainsi aux classes rivales « l'importante question de l'égalité sociale [1] ».

Dans cette violence, les femmes sont, tout à la fois, sujets de convoitise, objets d'attouchements sexuels, agents d'une violence

1. Formule de Daniel Roche, *Le Peuple de Paris*, Fayard, 1981, citée par Hugues Lecharny, « L'injure à Paris au XVIIIe siècle », *Revue d'histoire moderne et contemporaine*, 1989, p. 584.

particulière, marquée par l'emploi de l'insulte connotée sexuellement, tout en profitant d'une espèce de respect qui conduit parfois les hommes à se déguiser en femmes pour commettre des actes de rébellion. Les femmes jouent toujours un grand rôle dans les émotions et les émeutes qui secouent régulièrement le pays, prenant souvent la tête des cortèges qui manifestent, violemment, contre les hausses des prix des vivres. À côté de ces interventions collectives, elles subissent plus que les hommes la violence ordinaire. Les Mémoires des bons bourgeois évoquent des filles coupées en deux, noyées dans la Seine et prisonnières de la glace ou embrochées. La vie humaine ne vaut pas cher : de la prostitution au viol de petites filles (et aussi des garçons) en passant par les coups de bâton, la promiscuité urbaine est responsable de nombreux actes violents, dénoncés aux autorités pour une minorité d'entre eux. Cette place particulière faite à la femme est particulièrement révélée dans le cas des infanticides, puisqu'elles seules sont poursuivies en justice, pour les cas qui sortent du cadre villageois – beaucoup de ces délits étant « liquidés » par la communauté elle-même. Quand l'honneur d'une famille est en cause, la justice passe difficilement, la victime risquant même la mort infligée par ses proches, sans parler des exactions commises au sein des maisonnées : en 1787, près de Béziers, une jeune servante est emprisonnée et torturée impunément pendant quatre semaines par ses maîtres. Il convient aussi de rappeler que des groupes jansénistes s'investissent dans des formes particulières de violence, qui vont avoir à l'évidence des répercussions tout le long du siècle. Même s'il ne s'agit que de faibles effectifs, hommes et surtout femmes se flagellent, se crucifient, s'offrent en sacrifice dans des transes mystiques, pour expier, parfois jusqu'à la mort, la déchéance de l'humanité. Ces petites communautés, surtout urbaines, sont habituées ainsi à défendre leur identité, toujours menacée, en lisant directement dans les textes bibliques les figures qui leur donnent l'interprétation du présent. Ces pratiques pèsent leur poids dans le refus de l'autorité royale dans les années 1780. Toute l'attention n'a manifestement pas été portée avec la vigilance nécessaire aux discours eschatologiques, aux croyances millénaristes et aux habitudes de prophétie qui sont pourtant repérables dans nombre de mouvements populaires, révolutionnaires ou non.

... et de la violence communautaire

Plus quotidiennement les sociétés locales sont affectées par de multiples formes d'agressions. Parmi d'autres, l'expression « S... B... de jean-foutre de gueux et de gouin » est ordinaire, dans une société qui utilise régulièrement les injures scatologiques, ou violant les tabous sexuels et religieux. C'est dans cette longue habitude qu'il faut comprendre que, en mai 1773, les femmes de Bergerac parlent d'écorcher vif le marchand de grains, Gimet, pour accrocher sa peau à leurs chapelets. Dans la France du Sud où coexistent parfois difficilement deux langues, l'idiome local est employé pour marquer l'opposition au pouvoir central et aux autorités locales. Employer le dialecte c'est exprimer la « haine tripale et meurtrière ». Que ce soit dans des rixes compagnonniques ou des charivaris, à l'occasion de petits conflits universitaires ou en profitant des fêtes qui amènent à transgresser les rôles, les jeunes, qu'ils soient élèves de la classe de rhétorique d'Avallon en 1784, nobles et marchands d'Uzès en 1784, charpentiers et couvreurs de Lagny en février 1789, recourent aux échanges de coups, soulignés par l'emploi d'un vocabulaire et de gestes provocateurs. Les cris : « Jetons-les dans la rivière et cassons leurs sabres » accueillent les représentants de l'autorité à Uzès. Menaces de mort et injures confirment les attitudes déterminées des protagonistes. Le sentiment communautaire, mal compris, entraîne nombre de rixes entre autochtones et « étrangers ». Des groupes antagonistes se constituent, catholiques contre protestants, qui s'affrontent dans des vendettas sans fin et sans cause, sinon un sentiment d'honneur collectif diffus. Il y a mort d'hommes à la suite de bagarres entre maçons locaux et forains dans un bourg de l'Hérault en 1787 ; deux soldats qui chahutent dans le Périgord sont tués par un village entier. Le pire est atteint lorsque des vengeances privées ravagent des villages entiers pendant une dizaine d'années, entraînant incendies, meurtres, et finalement le recours à la justice par les plus habiles contre les plus démunis, ou lorsque devant un individu particulièrement déterminé et dangereux personne n'ose intervenir !

La situation est poussée à son extrémité lorsque certains villages bafouent les autorités, royales et seigneuriales, qui disposent de moyens de répression mal accordés et de faible efficacité. Les paysans auvergnats commettent des meurtres dans une quasi-impunité, leur violence faisant peur aux juges et à la maréchaussée incapable d'assurer la propre protection des représentants de l'État. Les femmes corses tiennent un rôle important dans le brigandage, certaines étant même condamnées à mort. On comprend à l'avance le choc qui se produit lorsqu'on entend faire respecter le système législatif globalisant dans ces campagnes. Jusque-là, le réflexe communautaire, vrai « illégalisme populaire » selon la formule de M. Foucault, entraîne automatiquement des rébellions face à la moindre intervention de la maréchaussée. Si les jets de pierre ne prêtaient pas autrement à conséquence, sauf à punir violemment dès que possible quelques meneurs, la lecture politique radicalise le délit, donc la peine. Jusque-là, nombre de crimes échappent à la justice par absence d'un encadrement judiciaire comme dans la moitié sud de la France, lorsque le tissu villageois est suffisamment fort pour garantir sa propre loi, ou encore lorsque les femmes sont plus directement mises en cause. De ce point de vue, la période révolutionnaire change peu un état de choses qui perdure au XIXe siècle, mais elle lui donne une interprétation nouvelle.

L'acceptation tacite de zones échappant au droit et réglementées uniquement à l'occasion de coups de force explique la présence inquiétante d'une masse d'individus, hommes et femmes, du filou à la maquerelle, qui vit dans les marges de la société, en « familles » souvent, et qui donne à la nuit parisienne une insécurité que la police a bien du mal à enrayer. Des quartiers cristallisent ainsi dans toutes les villes la violence issue des maisons de jeu, des bordels et du crime ordinaire, comme les faubourgs parisiens et les bords de Seine, ou le quartier Saint-Cyprien à Toulouse. Quelques milliers de Parisiens auraient été, d'une façon ou d'une autre, en contact et en sympathie avec la bande de Cartouche, témoignant ainsi de la tolérance populaire envers ce que les autorités appellent « crime ». Ces asociaux « professionnels » à la criminalité banalisée sont côtoyés par les nouveaux venus, exilés des campagnes, qui deviendront les « classes dangereuses » du siècle suivant et pour lesquels la justice abandonnera sa tolérance. Les campagnes sont traversées de populations flottantes et de vagabonds, éventuellement en bandes dans les zones montagneuses, comme le Forez, commettant pillages et parfois crimes. En Ardèche, la bande dite des « Masques armés », poursuivie dès 1783, est toujours active en 1789. La violence appartient ainsi à la vie ordinaire, elle se manifeste à son tour dans l'écheveau des relations sociales, qui mêlent contestations, réclamations et révoltes selon un mécanisme complexe de négociations tacites. Ses éclats, qui nous aveuglent logiquement, marquent bien la société de l'époque, mais ils sont pourtant incorporés au plus profond de son fonctionnement.

Connue de tout le pays, la plus extrême violence se pratique enfin hors de la métropole, dans les colonies, à l'encontre des esclaves noirs. Le transport, à fond de cale des navires, ne leur accorde qu'un espace réduit, dans des conditions sanitaires effrayantes, une promiscuité inimaginable et une dépendance absolue envers tous les membres des équipages négriers. Les captives semblent avoir été assez usuellement réservées aux plaisirs des marins pendant les traversées. Les captifs envoyés dans les îles ne valent pas plus que du bétail, annoncés comme tels à l'arrivée des bateaux, vendus au plus offrant, selon le profit qu'on pourra en tirer – y compris parfois un profit sexuel ouvertement revendiqué par des femmes blanches dans les îles sur les hommes débarqués. Dans les années 1750, la France traite ainsi à peu près 12 000 Noirs par an, le nombre total des déportés a pu atteindre 458 000, avec une « perte » de 14 à 18 % pendant le transport. La traite et l'esclavage témoignent de l'omniprésence de la violence, puisqu'il faut maintenir la population servile dans la crainte et que la pire répression est jugée nécessaire pour punir les révoltes qui éclatent régulièrement sur les navires négriers, causant des luttes à mort entre Noirs et marins.

De la scarification et des coups de fouet sur les fesses enduites ensuite d'un mélange de poudre à fusil, de citron, de saumure et de piment, à l'exécution pour l'exemple ou à la décapitation pour faire impression, en passant par la mise à mort « en languissant » de meneurs mis aux fers : tous les excès sont laissés à l'imagination des négriers, parfois, mais pas toujours, réprimés par la justice royale. En retour, la résistance des esclaves est aussi violente, se traduisant éventuellement par des mutilations, des suicides et des infanticides, à côté des révoltes plus connues et toujours craintes.

Les journaux des capitaines négriers sont émaillés de multiples drames. En 1776, le second d'un navire maltraite tellement les Noirs qu'il est mis aux arrêts, ce qui ne l'empêche pas de provoquer la mort d'une « très belle négresse » après lui avoir cassé deux dents, ni de violer une « petite négritte » de 8 à 10 ans, ce qui la met « dans un état mourant »[1]. Les révoltes sont des explosions brutales, réprimées sans faiblesse. Si partout des conditions excessives de travail sont imposées aux esclaves, la violence est très forte à Saint-Domingue où le déséquilibre entre population servile et colons est très élevé. Sans qu'elle disparaisse, celle-ci est manifestement moins importante à la Guadeloupe, ou dans les îles de l'océan Indien. Un rapport, sans doute émanant d'un intendant de Saint-Domingue, estime que les esclaves « sont toujours comme en état de guerre avec leurs maîtres[2] ». Le taux de mortalité des esclaves est cinq fois plus fort que celui des naissances dans certaines plantations où 5 à 10 % de l'effectif disparaît chaque année. Peut-on penser que la violence s'accroît pendant le XVIIIe siècle ? Tel planteur gagne son surnom, « le cruel », à sa dextérité à couper les têtes de ses esclaves, mises ensuite sur des piquets… Les esclaves « marrons », porteurs de traditions de révoltes contre la soumission subie depuis la rafle en Afrique, s'organisent, peut-être dans le

1. Voir les exemples donnés par Jean Mettas, *Répertoire des expéditions négrières françaises au XVIIIe siècle*, Société française d'histoire d'Outre-Mer, 1978, t. I, p. 200, 365, 372-373, 574, 601, 603 ; t. II, p. 713.

2. Frédéric Régent, *Esclavage, métissage, liberté*, Grasset, 2004, p. 49.

cadre de pratiques du vaudou, en camps, d'où ils commettent des actions contre des plantations, ou tentent d'empoisonner les planteurs. La couleur de la peau a fait naître d'innombrables tensions et violences, entre grands Blancs, créoles, métis, bossales, congos… instituant une hiérarchie qui ne trouve plus d'expression dans la métropole où l'écart social est malgré tout plus faible.

Les haines (pendant des solidarités) locales, les rancunes et les vengeances sociales façonnent ainsi la géographie de la France, et la façonneront encore pendant plus d'un siècle après la Révolution, qui les a attisées. Entre les différents groupes sociaux se sont établis des rapports frustes qui ne se parent pas toujours d'une explication rationnelle, encore moins politique, mais qui désignent des adversaires et identifient à l'avance les protagonistes des affrontements futurs, que ce soit dans la vallée du Rhône ou dans l'Ouest bocain. Dans les années 1780, la force, face légale de la violence, demeure encore globalement aux mains des tenants de l'ordre, avant que ses potentialités ne se libèrent sous l'influence des événements.

Nouvelles formes de la violence

Dans un débat ancien, l'historiographie française estimait que, dans les dernières années de l'Ancien Régime, une criminalité liée à la violence physique avait laissé place à une autre forme fondée sur le vol. Les inculpés du XVIIe siècle auraient été des violents, ceux du XVIIIe, des finauds, selon Pierre Chaunu. Parmi les motifs d'envois aux galères, les crimes de sang les plus graves ne constituent qu'un nombre faible, en diminution ; le nombre des vols augmente dans tout le pays, notamment les vols alimentaires après 1774, et la population carcérale ne cesse de s'accroître, jusqu'à être pléthorique en Auvergne. Plus globalement encore, cette urbanisation des mœurs serait perceptible dans la lente décrue des émotions rurales après le milieu du siècle. La linéarité de cette évolution doit être contestée, les modalités de la répression ayant sans doute plus changé que les faits délictueux eux-mêmes. Si les galériens appartenant à l'artisanat et à la boutique sont punis pour des crimes « astucieux », les jeunes errants commettent des délits classiques liés au vagabondage. En outre, alors que le banditisme, œuvre d'un milieu spécialisé, se développe, les vols, surtout autour de Paris, s'accompagnent de plus en plus de coups, de pillages, en bref, de violences physiques qui accompagnent l'audace et l'ingéniosité. Sur 1 253 vagabonds arrêtés entre 1770 et 1790, un peu plus de la moitié ont commis des agressions. Dans les campagnes, les ruraux persistent dans une criminalité traditionnelle, familiale, fondée sur la contrebande, les marges forestières abritant des marginaux et des déclassés. Or à côté de la contrebande sur le sel, le faux-saunage, ou du colportage clandestin dans les zones frontières (qu'elles soient avec l'étranger ou intérieures), les atteintes aux biens fonciers et au gibier des seigneurs se multiplient, jusqu'à provoquer des affrontements directs comme dans les environs de Bordeaux, le jour des Rois de 1789, où 200 personnes, armées de haches, détruisent des pieds de vigne. De nouveaux conflits sociaux naissent autour des couches ouvrières qui agitent le monde du travail, préfigurant le siècle suivant. L'année 1760 semble bien avoir été un tournant, Jean Nicolas dénombrant autant d'émotions « féodales » après cette date que pendant les soixante années précédentes [1].

Les manifestations populaires qui remettent en cause l'Église jusqu'à être anticléricales sont de plus en plus liées aux questions économiques, préparant en cela les explosions populaires que la Révolution française va faciliter. Ce qui se produit en 1789 prend d'autant plus la suite des violences précédentes que les « accès fiévreux » de violences collectives s'accumulent depuis 1748, en 1755, 1765, 1768, surtout en 1775, de Montauban à Metz en passant par Tours et Reims. Au cours de cette dernière année, l'épisode de la « guerre des farines » popularise les revendications économiques et sociales, tandis que l'échec de la suppression des corporations provoque des mobilisations de patrons et

1. Jean Nicolas, *La Rébellion française*, Seuil, 2002, p. 214-216.

d'ouvriers, qui par la suite se retrouveront dans la sans-culotterie. S'il n'est pas question de renouer trop simplement avec l'éveil de la « conscience de classe » avant 1789, la politisation populaire est indéniable ; elle attesterait de la diffusion de cette « économie morale[1] » partagée par de nombreux Français attendant une équité naturelle dans l'usage des biens indispensables à la vie quotidienne. Émeutes contre la cherté des subsistances, contre la spéculation, mais aussi contre le fisc, contestations violentes de la seigneurie ou de la dîme, véritables grèves ouvrières dans quelques grandes villes et enfin refus des autorités par la jeunesse, tous ces mouvements composent un nouveau visage de la violence populaire à la fin du XVIIIe siècle, plus qu'ils ne prolongent le fonds ancien de violence hérité du XVIe siècle.

Les liens communautaires sont affaiblis dans de nombreuses régions, incitant les plus jeunes, déclassés ou inquiets sur leur insertion, à manifester leur impatience et leur insoumission ; ailleurs, des populations se mobilisent sur des sujets nouveaux. La liberté est, par exemple, invoquée pour résister aux droits féodaux, attestant le passage de mots d'ordre urbain dans les campagnes. Une nouvelle géographie de la violence modèle le paysage français, avec le maximum de tensions et de ruptures en Île-de-France, le maximum d'apaisement (ponctué de troubles en Bretagne et en Normandie en 1788) dans l'Ouest et le Sud-Ouest. Les régions du Nord connaissent une faible criminalité, mais sont très fortement marquées par la présence continuelle de troupes, tandis que des bandes de « brigands » rassemblent de jeunes déclassés dans les hautes terres du Massif central soumises au chômage ; enfin des groupes de contrebandiers sévissent dans le Sud-Est. Cette surcriminalisation du Centre et de l'Île-de-France atteste de l'évolution générale de la société marquée par l'affaiblissement des autorités traditionnelles. Tout cela correspond à une mutation profonde de la société française, qui, sous l'effet d'influences diverses et contradictoires, réexamine ce qui est accepté comme violence.

1. Selon l'interprétation d'Edward P. Thompson ; voir Florence Gauthier et Guy-Robert Ikni (dir.), *La Guerre du blé au XVIIIe siècle*, Montreuil, Éditions de la Passion, 1988.

Naissent alors de nouvelles tensions et des attentes nouvelles, auxquelles les années de la Révolution donneront des possibilités de déploiement considérables.

On peut penser que la vie quotidienne commence à intégrer de nouveaux comportements. Les hommes de la maréchaussée royale deviennent les instruments de la répression sociale que la communauté rurale porte elle-même de moins en moins, amorçant le lent mouvement qui conduira les ruraux à ne plus composer avec la violence ordinaire mais à en charger les gendarmes. Dans le même temps, la méfiance s'accroît manifestement envers les autorités, toujours accusées de ne pas protéger le peuple et de le conduire à la famine. La crainte du « complot » est permanente et certainement renforcée après les années 1760. Elle connaît un apogée avec la « guerre des farines », qui se déroule contre la libéralisation des grains, mais il s'agit bien d'une habitude de pensée plus générale poussant les masses à s'allier à tous ceux qui, dans l'instant, exercent une justice efficace et semblent garantir la survie dans les villes. La Révolution transfère cette forme de pensée, elle ne la crée pas. C'est ce spectre mental qu'il faut examiner, car sa configuration nouvelle a donné le cadre conceptuel dans lequel la Révolution s'est engouffrée.

Nouveaux groupes et nouvelles perceptions ?

Vers la fin du XVIIIe siècle, de nouvelles attitudes s'affirment à propos du rapport au corps et à la violence. Un groupe hétéroclite médite sur la fragilité des institutions et des sociétés, que ce soit Volney à propos des décombres de la civilisation égyptienne, le peintre Hubert Robert imaginant les monuments de Paris en ruine, ou encore le publiciste Louis-Sébastien Mercier présentant, dans son *Uchronie*, Louis XIV errant dans les ruines de Versailles. Tous dressent, à leur façon, une chronique de fin du monde. Peut-on ajouter que l'illuminisme, attaché pour une part aux succès des Lumières – Brissot, futur révolutionnaire, n'a-t-il pas défendu le magnétiseur célèbre Mesmer ? –, contribue aussi à la volonté de s'affranchir des barrières sociales et des traditions, et permet donc de penser à une régénération affranchie de la mort ? Celle-ci n'est plus l'occasion d'une édification pédagogique et devient de moins en moins l'affaire des curés (et des sorciers) mais de plus en plus celle des médecins.

Une « classe moyenne » ne cesse de se développer et de s'identifier à des sentiments et des pratiques corporelles qui excluent la violence et la force ; ainsi, l'eau de rose inonde les corps féminins des classes aisées tandis que le pauvre devient identifié à la puanteur. La mise à mort publique moins bien acceptée par les classes élevées, l'opinion manifeste plus de compassion à la vue de la mort subite et compare les pratiques judiciaires avec la bestialité des Iroquois et autres sauvages, coupables de tortures raffinées. Si la foule ne se précipite plus pour dépecer le supplicié, comme elle l'a fait pour le cadavre de Ravaillac en 1610, le changement concerne avant tout les élites qui continuent de se distinguer des masses dans leur rapport de plus en plus intellectualisé aux grands mystères de la vie. La sensibilité des milieux populaires, archaïque au regard de cette évolution, se trouve, au moment de la Révolution française, au cœur d'un malentendu important, puisqu'elle se trouve traduite politiquement en revendications d'avant-garde, lorsqu'elle devient exprimée par les sans-culottes !

Parmi l'ensemble de ces mutations, l'une des plus importantes réside certainement dans la naissance d'une opinion publique urbaine, porteuse de valeurs qui s'imposent peu à peu à toute la société. Les classes urbaines éduquées prennent conscience d'elles-mêmes et modifient toutes les dimensions de la vie sociale et personnelle. Un mode de vie fondé sur l'importance de la famille devient prépondérant parmi les roturiers éclairés et aisés, privilégiant l'intimité des couples, l'éducation des enfants et condamnant les excès. L'allaitement des enfants, l'intérêt pour leur éducation, mais aussi les principes de l'hygiène corporelle et collective deviennent des priorités générales. La traite des Noirs commence à devenir un scandale, et les planches se multiplient dans les livres pour dénoncer l'entassement des corps dans les navires.

Le climat intellectuel se modifie profondément non seulement sous l'effet des idées des « philosophes », mais surtout par la vulgarisation de leurs idées et par l'autonomie de l'édition qui touche tous les groupes lettrés et aisés. On sait depuis longtemps à quel point la littérature joue un rôle dans la remise en cause des valeurs consacrées, mais l'approche sensible des rapports corporels est particulièrement affectée par l'arrivée du roman noir, qu'il soit appelé « gothique » en Angleterre et en Écosse, « fantastique » en Allemagne, « frénétique » en France. Mouvement annonciateur du romantisme européen, il est particulièrement développé en Grande-Bretagne où il est illustré par le *Château d'Otrante* d'Horace Walpole, publié en 1765. Ce courant expliquant le monde par l'existence de forces mauvaises et occultes va trouver l'un de ses exégètes dans la personne de Burke. Dans son livre, *Recherche philosophique sur l'origine de nos idées du sublime et du seau*, paru en 1757 et traduit en français en 1765, il assure que l'imagination est un moyen de compréhension, grâce aux sensations d'autant plus fortes qu'elles s'inspirent de la peinture de la mort, des ténèbres, de tout ce qui est négatif. Ainsi la terreur fait-elle atteindre au sublime, en montrant de loin au spectateur des situations pénibles, ce qui procure le «*delight*», l'horreur n'étant au contraire que l'accumulation directement ressentie des tracas et des tourments. Cette nouvelle sensibilité qui se trouve notamment dans l'œuvre de David, qui emploie le thème du sacrifice consenti, est déjà partagée par toutes les lectrices des périodiques dont les dernières pages diffusent en feuilleton ce genre d'ouvrages, attestant qu'une partie des élites est en train d'insister sur la finitude de l'homme et de mettre en doute le réconfort de la religion pour compenser cette angoisse.

Les relations humaines sont également remises en cause par les ouvrages mêlant «philosophie» et pornographie et qui circulent dans tout le pays, touchant à peu près les mêmes groupes sociaux, selon des circuits et des réseaux organisés que la police réprime sans trop de succès et parfois sans grande conviction. La pornographie, qui trouve en France une expression particulièrement forte, devient le moyen de la critique politique et à proprement parler philosophique, lorsque dans *Thérèse philosophe* l'hédonisme et la masturbation sont élevés à la hauteur d'un nouveau mode de vie, et la morale dénoncée comme étrangère à la nature. Lorsque Mirabeau enfermé à Vincennes évoque complaisamment onanisme, « tribadie », sodomie et bestialité dans l'*Erotika Biblion*, c'est pour dénoncer les gouvernements maintenant les individus dans l'abjection. Les aspects scandaleux de ces publications ne sont que la partie provocatrice d'un débat scientifique et médical qui porte sur les rapports du corps à l'esprit et à l'âme, et dans lequel les analyses matérialistes prennent une place de plus en plus grande continuant de désacraliser le corps humain. Les discussions autour de l'éducation permettent de mettre en valeur les méthodes de contrainte et d'encadrement que les élites imaginent. À la suite des ouvrages de Rousseau, l'inégalité du traitement entre les garçons et les filles s'accroît, d'autant que la femme est de plus en plus perçue comme dépendante de sa matrice, ce qui la rendrait peu propre à la spéculation intellectuelle. Un courant pédagogique soupçonneux envers la sexualité trouve ses maîtres à penser avec les docteurs Tissot et Roussel, qui vulgarisent la nécessité du contrôle social et de la répression des pulsions. Il convient d'ajouter aussi que ces publications témoignent de l'irrationalité qui s'exprime librement dans tous ces textes, apparemment « scientifiques ». Ces multiples évolutions ne permettent pas d'accepter les liens simplistes qui peuvent être établis entre Lumières et Révolution, alors que c'est du sein même des contradictions de pensée que naît une sensibilité nouvelle encore mal définie.

Ces « intellectuels » sont *de facto* les médiateurs en nombre croissant d'une nouvelle civilisation ; par leurs œuvres artistiques, leurs publications, leur participation aux cercles et aux académies, ils révèlent les tensions qui agitent la société, impatiente et craintive devant l'avenir. Ces aventuriers, charlatans, libertins, tous plus ou moins écrivains, composent un monde cosmopolite qui évolue dans les chancelleries et dans les boudoirs, dans les bordels et dans les salons. À côté de Beaumarchais ou du « chevalier » d'Éon, le futur girondin Louvet incarne ce groupe en obtenant un succès considérable avec *Les Amours du chevalier de Faublas*, roman picaresque et libertin, qui met le travestissement – donc l'incertitude sur l'identité – au cœur des pratiques sociales. Sous la pression des événements, on comprend que certains publicistes s'engagent dans la vie politique et deviennent des artisans de la radicalisation révolutionnaire, entraînés simplement par leurs interrogations.

Le corps noble, enjeu polémique

Les historiens ont longuement discuté de la réalité des ordres, noblesse et roture, dans cette fin de siècle, insistant soit sur la constitution progressive d'un groupe de notables, soit, au contraire, privilégiant les distinctions juridiques, sociales et fiscales que la « réaction aristocratique » remettait en vigueur dans les années 1780. Indiscutablement la société française est affectée par un changement de sensibilité qui ne tient pas compte des clivages traditionnels et bouleverse les hiérarchies. S'il ne convient pas de figer trop fortement les clivages entre les ordres, au moment où les classes moyennes se diversifient et trouvent ainsi une importance inédite, la société française se ferme peu à peu dans les années 1770 et les tensions s'avivent, parfois selon des modalités auxquelles on ne s'attend pas. La noblesse ancienne, qui voit son pouvoir concurrencé, défend sa position hiérarchique dans la société, notamment en affirmant le privilège de la violence militaire et en se réservant les grades d'officiers des armes nobles. La fermeture des hauts grades de l'armée aux anoblis est bien connue, tout comme l'introduction de la rationalité de la gestion des terres sous couvert de remise en vigueur des droits tombés en désuétude. L'opinion se radicalise contre les privilégiés qui veulent établir leurs droits trop rigoureusement, trouvant un appui dans les réformes fiscales de Turgot. Or d'autres luttes se mènent qui modifient les rapports entre les groupes et les images qui leur sont accolées.

Les clivages sont complexes. Marie-Antoinette joue les bergères au Trianon et la noblesse de Cour se divertit en faisant représenter les pièces de Beaumarchais. Une offensive, qui va se révéler désastreuse, est conduite contre les masques et les poudres, l'étiquette et la raideur corporelle de la noblesse ancienne. Les jeunes aristocrates se lancent, à la suite de la reine, dans des dépenses folles d'habillement et de décoration, aggravant l'image négative de la noblesse. Le mépris des formes ordinaires de la vie roturière passe par l'intérêt pour les courses de chevaux qui mettent en valeur les races les plus nobles et permettent d'exalter les hiérarchies naturelles ouvertement contestées ; le duel et la décapitation attesteraient également la maîtrise que les nobles sont censés posséder naturellement devant la mort. La noblesse, surtout parisienne, continue d'afficher son originalité par des pratiques sexuelles hors normes, de plus en plus mal supportées et de plus en plus connues. Le maréchal de Richelieu, personnage important de la Cour et libertin exceptionnel, est l'objet d'une fascination et d'une répulsion publiques, jusqu'à sa mort en 1786, à 90 ans. Les plus puissants, comme la famille d'Orléans, ou La Charolais, échappent de fait à toute poursuite et à toute condamnation ; les plus faibles sont poursuivis par la justice, comme Sade en 1768. Le libertinage, et les textes qu'il fait naître, devient un enjeu considérable. Dans les années 1770-1780, une série de procès passionne l'opinion à propos d'affaires familiales plus ou moins sordides qui mettent en cause nobles et roturiers. Des avocats et des pamphlétaires, comme Linguet dans l'affaire Véron-Morangiès, ou Bergasse dans l'affaire Kormann, acquièrent une popularité en se posant comme défenseurs des roturiers contre l'arbitraire de l'État et la morgue de la noblesse, passée du théâtre de la guerre au salon des femmes. S'il ne paie plus l'impôt du sang, le noble doit alors payer l'impôt comme tous les Français. Le noble, protecteur-né de la société, a perdu son utilité sociale, or les révoltes des siècles précédents se déclenchaient notamment lorsque les paysans s'estimaient injustement abandonnés et trahis par leurs seigneurs.

La publication, en 1782, des *Liaisons dangereuses* de Choderlos de Laclos a lieu dans ce contexte éminemment ambigu. Officier de petite noblesse, proche de la famille d'Orléans, l'auteur peut sembler autant dénoncer les turpitudes de la haute noblesse qu'en donner une image complaisante. Le livre, qui obtient un succès considérable à l'époque, témoigne des incertitudes et des chassés-croisés qui régissent le milieu des lettrés, de l'aristocratie et de la bonne bourgeoisie, et qui sont à la base du succès paradoxal des œuvres de Beaumarchais, *Figaro* et *La Folle Journée*.

Naît ensuite, à partir de 1787, un discours anti-nobiliaire dans lequel « aristocrate » et « libertin » deviennent synonymes, et qui s'exprime brutalement dans un déluge de pamphlets : plus de 3 000 sont recensés en deux ans. Même s'il ne convient pas d'établir des liens directs de cause à effet, cette littérature se développe en même temps que les oppositions s'accroissent contre les seigneurs et le système de redevances et de propriétés, vite baptisé droits féodaux. Jacques-Antoine Dulaure qui publie les *Crimes et forfaits de la noblesse et du clergé depuis le commencement de la Monarchie jusqu'à nos jours* en 1788, annonce une « guerre civile » contre les nobles « méchants, cruels ». Dans une formule forte empruntée à une sensibilité rousseauiste simpliste le crime est mis en proportion avec le luxe et la débauche : « Quand les palais prolifèrent, il est nécessaire de construire de vastes prisons. »

Ces ouvrages affaiblissent les positions traditionnelles et ancrent la conviction que la société doit être régénérée. Ayant évolué du roman rose du début du XVIIIe siècle au roman noir, ils témoignent bien de l'interrogation sociale sous-jacente, qu'ils véhiculent, ainsi que de la mise en cause des liens entre raison et folie et de l'obsession de la mort. La conviction rôde que la vertu doit s'imposer contre des êtres dépravés, à exclure de la société. Face à la liberté des aristocrates, aux audaces des parvenus et aux usages des déclassés, comme face aux habitudes communautaires des ruraux, un bloc qui se réclame de la vertu, privée et publique, se constitue dans les classes moyennes lettrées. Ces groupes se distinguent à la fois des masses populaires et des élites nobiliaires, en accordant aux femmes plus de respect, tout en les reléguant dans l'espace domestique. Les larmes deviennent de plus en plus l'apanage des femmes, les hommes s'affichant plus virils. Ne va-t-on pas jusqu'à prôner la vertu des bains dans l'eau froide, à la spartiate, contre la douceur émolliente des bains chauds, que prendraient les nobles dégénérés et efféminés ?

Une remise en cause générale

Une nouvelle sensibilité est ainsi répandue dans toute l'Europe, mais notamment en France, où elle se diffuse et se diffracte dans d'innombrables opuscules. Ainsi, c'est tout l'édifice social qui est ébranlé, l'Église malmenée par Voltaire ou Diderot pour citer les plus grands, puis la royauté qui perd définitivement tout mystère. Dans un mouvement impressionnant, la pensée et la pratique judiciaires évoluent sous la pression de l'opinion. Des causes célèbres bouleversent les cadres judiciaires, telle domestique accusée d'empoisonnement est acquittée et devient une femme à la mode, les procès en sorcellerie et la répression de l'homosexualité tombent progressivement en désuétude, tandis que les délits de nature religieuse sont de moins en moins poursuivis. Les dernières condamnations à mort de sodomites à Paris sont prononcées en 1750 – par la suite, la police se contente de limiter les scandales et ne poursuit guère que les femmes. Il convient de noter que les craintes de l'autorité portent essentiellement sur le brouillage des codes sociaux au travers des pratiques libertines, qui créent des tensions jugées dangereuses entre classes populaires et élites.

Les œuvres de Montesquieu, de Rousseau et surtout de l'Italien Beccaria, dont le traité *Des délits et des peines* paru en 1764 est traduit en français en 1766, jouent un grand rôle en tenant le code « informe » de 1670 pour responsable de la barbarie pénale. L'idée se répand que le rapport contractuel entre concitoyens doit fonder le droit pénal et que tout délit doit être jugé en fonction de son importance sociale. Sont dénoncés alors les caractères obsolètes de la législation, les pratiques inadmissibles du secret et de la torture et l'inutilité sociale des châtiments – tout cela annonçant les réformes judiciaires de 1791. En 1766, l'avocat général du parlement de Grenoble, Servan, réclame la réforme de la justice criminelle. Par la suite, Marat, Brissot et Robespierre obtiennent des prix décernés par des académies de province qui ont mis cette question à leurs concours. Une polémique éclate à propos de scandales judiciaires dont la mort de trois hommes sur la roue. Sous cette pression, Louis XVI abolit la question préparatoire, en 1788, qui n'était déjà plus requise depuis 1775 dans le cas des soldats déserteurs. La croyance qui liait le corps au divin, l'univers visible à l'autre monde, disparaît au profit de la conviction que la souffrance doit être infligée pour des raisons utilitaristes et sociales. Ces positions sont soutenues par une large opinion, au point que la traduction du livre de Beccaria a été conseillée par Malesherbes, directeur de la Librairie, responsable de la censure royale. Mais les oppositions aux philosophes, accusés d'être responsables de l'impiété, ne désarment pas, et l'affaire du chevalier de La Barre doit être interprétée comme l'un des contre-feux allumés par l'Église contre l'esprit du temps et les complots des philosophes. Tout un courant intellectuel, pas seulement janséniste, essaie de défendre les valeurs sociales traditionnelles.

Un combat souterrain oppose érudits, collectionneurs et publicistes sur ces questions fondamentales, créant des réseaux d'opinion, qui émergeront ultérieurement. La résistance des parlementaires est telle que l'édit du 8 mai 1788 abolissant la question préparatoire n'est pas appliqué et qu'il faut attendre la loi du 10 octobre 1789 pour que la torture soit vraiment abolie. Si les élites évoluent, tout en continuant à penser que les plus petits ne sont pas exactement des hommes, la rénovation judiciaire devient une affaire nationale et l'esprit public change. Ces discours façonnent l'opinion, innovation capitale dans le royaume puisque se constitue ainsi le nouveau tribunal de la vie politique, mais laissent libre cours aux fantasmes dénonçant tortures et emprisonnements. La prison de la Bastille, notamment, devient alors le centre d'un imaginaire, qui en fait le lieu des abominations, l'enfer absolutiste, les catacombes des nouveaux martyrs, avec grand renfort de descriptions horrifiques sur le « sadisme » des gardiens, dans le droit-fil des romans noirs. Les prisonniers de la Bastille deviennent des victimes : certains publicistes, comme Latude, Linguet, et les petits « Rousseau des ruisseaux », gagnent leur célébrité par l'incarcération et cultivent habilement un emprisonnement quasi honorifique. Même les malandrins sont vus progressivement comme des êtres pitoyables, voire remarquables. La Bastille se transforme en symbole fantasmatique. Dénoncée par Beaumarchais dans *Figaro*, elle cristallise les peurs collectives et est l'enjeu d'une campagne d'urbanisme visant à la raser pour régénérer le tissu urbain de la capitale.

À la fin du XVIIIe siècle, dans un mouvement confus et complexe, de nouvelles sensibilités ont donc rendu intolérables des injustices et des privilèges considérés auparavant comme naturels. Elles ont créé aussi de nouvelles attentes de justice et de réglementation sociale. Même à Saint-Domingue, les équilibres évoluent, un planteur est poursuivi après dépôt de plainte de ses esclaves pour avoir torturé à mort six d'entre eux. Il est, évidemment, acquitté, mais qu'il y ait eu procès atteste des mutations sociales. Ce courant critique est renforcé involontairement par les moralistes qui dénoncent, dans un style particulièrement efficace, les scandales du temps et apportent des arguments aux contestataires de l'absolutisme et des inégalités sociales. Dès 1763 le curé de Sainte-Marguerite du faubourg Saint-Antoine annonçait que « tôt ou tard, la révolution éclatera » dans le royaume. La volonté d'apporter le « flambeau de la vérité » anime de nombreux publicistes, comme Mercier, qui justifie à l'avance la violence salvatrice capable d'apporter la lumière. Les relations sociales entre les groupes, l'obéissance à la loi sont donc mises en cause sans qu'aucune orientation précise ne se dessine. Les cadres de pensée sont remis en question, les seuils de tolérance ont changé et se sont diversifiés selon l'appartenance sociale ; surtout la volonté de créer un espace politique public est essentielle chez les élites qui ne comprennent plus le monde traditionnel marqué par les simples rapports de force, dans lequel le roi, les nobles et les groupes populaires s'affrontaient sans remettre en cause les hiérarchies et les croyances. Les mutations profondes des sensibilités des classes moyennes et supérieures entraînent des catégorisations politiques qui, à leur tour, radicaliseront les antagonismes. Plus que les idées en elles-mêmes, c'est leur résonance qui joue un rôle essentiel. Faut-il rappeler qu'en Russie la cour et la haute noblesse sont converties aux philosophes français, qui y sont publiés et traduits même lorsqu'ils sont poursuivis par la monarchie française, et que de futurs révolutionnaires, comme Romme, sont précepteurs de jeunes aristocrates ? Faute d'échos dans l'ensemble de la société, les Lumières ne féconderont pas des mouvements amples dans ce pays. Plus que d'origines intellectuelles, sociales, même culturelles spécifiques, la Révolution française est le fruit d'une conjonction spécifique qui a mis les acteurs dans un agencement original et sans doute unique.

La violence contre l'État

Ces évolutions ne sont pas seulement une écume inconsistante, des formes anecdotiques de modes de vie. Elles reposent au contraire sur des bouleversements profonds, lents, insensibles dans la vie quotidienne. Or le cours du temps s'accélère et l'ordre établi est menacé, d'autant que des exemples de révolutions, en Grande-Bretagne, en Perse, au Siam, en Suède attestent que les changements politiques sont possibles. La crainte d'un bouleversement social commence à hanter les esprits, d'abord ceux des nobles, comme Saint-Simon et Boulainvilliers, qui entendaient dès le début du XVIIIe siècle protéger leurs pouvoirs contre la « vile bourgeoisie » mise en place par les rois de France, et contre toute volonté d'instituer un retour à un droit naturel, ignorant des distinctions sociales. Le vocabulaire du siècle s'est enrichi, paradoxalement, de la vacuité nouvelle du mot « révolution », qui désigne dorénavant toutes sortes de changements, accoutumant à l'idée d'un changement possible. Révolution et progrès sont ainsi progressivement accouplés, comme révolution et désordre. En tout état de cause, la révolution devient un mot du vocabulaire courant et le régicide est pensé comme acte politique. Après l'insurrection des colonies américaines, le courant révolutionnaire bouleverse l'Europe. Faut-il rappeler que la guerre d'indépendance américaine étonne les soldats français par les brutalités qui s'y commettent et par la place limitée laissée aux habitants, comme les quakers, désireux de ne pas prendre partie ? Aux Pays-Bas, après 1783, les « patriotes » de la bourgeoisie s'opposent au stathouder, qui dirige le pays, et échouent devant son armée aidée des Anglais et des Prussiens. À Genève, un comité de sûreté tente en 1782 de prendre le pouvoir contre le patriciat traditionnel, qui se maintient en faisant appel à des troupes étrangères. En Belgique, les tentatives de réforme de l'empereur autrichien, Joseph II, provoquent une révolte où s'affrontent encore adversaires et partisans des changements, et qui voit, encore, l'échec de ces derniers. La France sert de terre d'asile pour les vaincus, qui viennent en colonies importantes parfois (plusieurs milliers de Néerlandais par exemple) constituer un ferment d'idées nouvelles, dont Camille Desmoulins s'inspire en 1789 lorsqu'il crée un journal hebdomadaire, *Les Révolutions de France et de Brabant*.

En France, les critiques du pouvoir royal n'avaient pas manqué dans tout le XVIIIe siècle. En 1750, une rumeur avait accusé les agents de police d'enlever de jeunes enfants pour les recruter dans l'armée ou utiliser leur sang pour soigner le roi malade. Dans les réactions qui avaient suivi, il y eut mort d'hommes. En 1757, l'attentat commis par Damiens, tentant de tuer Louis XV, est l'une des conséquences imprévues des rivalités entre jansénistes et partisans des jésuites et dont l'enjeu est le contrôle du pouvoir royal. Le discrédit du roi, déjà réel, s'aggrave encore dans les années 1770. Avec la réforme introduite par Maupeou qui abaisse le rôle des parlements. Louis XV est alors accusé d'être un « despote » et de se laisser mener par sa maîtresse, la marquise du Barry, contre laquelle se développe une campagne violente et obscène. La rumeur, mêlant le vrai et le faux sans aucune discrimination, acquiert une force incontrôlée, relayée par les gazettes et les gravures. Elle rend impopulaire la monarchie qui se défend par des mesures de police, et unit dans les esprits faits-divers et mystère royal. Il est désormais légitime de tenir un langage critique sur la conduite de l'État, et sans doute pire encore, cette « révolution » de 1771 amène les magistrats et les avocats à entrer en résistance ouverte contre le roi et l'État. Les légistes font appel à l'opinion, s'appuient sur leurs réseaux jansénisants, rendent publiques leurs critiques sur la forme de l'État. S'appelant eux-mêmes « patriotes », ils deviennent ainsi des « démagogues » qui instaurent la possibilité de se révolter contre le pouvoir traditionnel ! Ils contribuent lourdement à discréditer l'autorité et à légitimer les mouvements de mécontentement au nom de la « nation », ce qui aura des conséquences ultérieures imprévues en autorisant le recours à la violence par tous ceux qui s'estimeront porteurs de légitimité.

Ce basculement est apparemment paradoxal dans la mesure où il fait écho aux réformes engagées par l'État lui-même, mais il participe d'un mouvement global qui a affecté toute l'Europe ainsi que les colonies anglaises et espagnoles d'Amérique, les différents gouvernements prenant des mesures visant à rationaliser et à centraliser l'exercice de leur pouvoir et à améliorer les rentrées fiscales. En découlent, partout, des réactions violentes, qui débouchent éventuellement sur des révolutions. Ainsi, dans la Toscane de Léopold, dans la Bohême de Joseph II, dans le Danemark de Struensee, le Mexique et le Pérou de Charles III, les mêmes causes produisent-elles les mêmes effets. Il n'y aura qu'une révolution de palais au Danemark, de graves révoltes en Bohême, au Pérou et au Mexique, mais des révolutions en Belgique et en France. Faut-il souligner que, dans ces conflits, ce sont les traditionalistes qui peuvent passer pour des révolutionnaires, luttant contre l'État fort, avant d'être compris pour ce qu'ils sont, des réactionnaires, des contre-révolutionnaires avant la lettre ? Point n'est besoin de chercher des racines « rousseauistes » à ce qui va se produire en France, les ondes de choc de la rationalisation étatique et de la laïcisation sociale sont à l'œuvre dans le monde atlantique. La seule spécificité est à chercher dans la personnalité des acteurs et dans leur capacité à agir à l'intérieur des contraintes qui sont les leurs. En l'occurrence, les Français, riches, lettrés, divisés, mobilisés, cumulent les contradictions.

La violence contre le roi et la reine

Dans ces conditions, l'État, affaibli par les mises en cause du roi et de la reine, est l'enjeu de violences politiques et sociales. Faut-il voir un signe prémonitoire dans la mort de centaines de spectateurs imprudemment massés dans les rues au moment des fêtes du mariage du dauphin Louis, futur Louis XVI ? Les fêtes étaient déjà critiquées à cause de leur coût alors que les populations du Massif central souffraient d'une disette. Cela compte moins que l'affaiblissement de la puissance de l'État dans les premières mesures adoptées par Louis XVI. Il abandonne Turgot devant la fronde des opposants au libéralisme alliés aux classes populaires pendant la « guerre des farines » en 1775. Les émeutes – Jean Nicolas en retient 123, Cynthia Bouton les estime à 313 – se multiplient dans les villes et les bourgs, où la population attend une législation réglementaire et protectrice, si bien que gros marchands et propriétaires sont obligés de laisser des foules visiter leurs maisons. Malgré un déploiement important de l'armée, l'autorité doit négocier avec les insurgés, hommes et femmes du « menu peuple » urbain. À Tours, par exemple, la maréchaussée ne peut pas empêcher le pillage des bateaux de grains. À Paris, des soldats sont placés en faction à la porte des boulangers en mai 1775, en huit jours 150 personnes sont emprisonnées et deux ouvriers pendus pour l'exemple, comme, après coup, trois meneurs tourangeaux. La demande de taxation exprimée par les masses urbaines, pour limiter la hausse des prix du pain, annonce les interventions des sans-culottes qui exprimeront dans le cadre politique nouveau ces exigences d'une « économie morale » populaire à laquelle les élites grandes et petites sont attentives. Ensuite des émeutes de même nature traversent le pays et les colonies avec leur lot de morts et de pillages, jusqu'à leur apogée au début de 1789.

Dans les années qui suivent, alors que les hiérarchies sociales sont contestées, que des solutions nouvelles sont explorées pour régénérer la société, la faiblesse de l'État laisse proliférer les discours les plus radicaux. L'atteinte la plus visible paraîtrait anecdotique si elle ne recelait pas une menace portée contre ce qui constitue le point d'équilibre de la monarchie : le corps du roi. Une campagne de dénigrement a lieu en effet au début des années 1780, qui prend d'une certaine façon la suite de celle qui avait ruiné l'image de Louis XV, mais la virulence est encore plus grande et affecte directement la place du roi dans l'imaginaire national. Louis XVI est accusé d'impuissance sexuelle. Parallèlement, une campagne encore plus violente se déchaîne contre la reine. Sa jeunesse, sa beauté, sa coquetterie, qui lui avaient fait conquérir l'opinion lors de son mariage, se retournent contre elle. Les chansons satiriques se déchaînent dès 1775 et salissent son image et celle de la Cour, décrite comme un bordel. Le complot est orchestré pour une part par la Cour. Le duc d'Orléans, le comte de Provence, le parti autrichien sont impliqués, chacun pour des buts propres, dans la diffusion de libelles et d'estampes qui ridiculisent Louis XVI, gras, gros, impuissant et cocu, et Marie-Antoinette nouvelle Messaline, enceinte du comte d'Artois, aimée, entre autres, de la princesse de Lamballe et du comte Fersen. *Les Amours de Charlot et de Toinette* donnent dès 1779 le ton général de cette lie dans laquelle le couple royal est plongé. En 1785, avec l'« affaire du Collier », Marie-Antoinette, l'Autrichienne, assimilée à une putain, à un vampire femelle, est accusée de vouloir boire le sang des Français dans leurs crânes et de ruiner la France.

Une telle situation n'est pas totalement inédite, ce genre de publications d'une grande violence, associant les dénonciations pornographiques aux accusations politiques, avait accablé Henri III, et favorisé son assassinat. Anthropologiquement, il est possible de penser que Marie-Antoinette est véritablement victime de cette réaction ordinaire dans l'histoire universelle de la domination des femmes par les hommes, quand les premières osent s'affranchir des règles et que les seconds se révèlent impuissants à les contraindre. La crainte de la « gynécratie » est renforcée par la dénonciation de l'action de Catherine II en Russie, ou de Wilhelmina, femme de Guillaume d'Orange dans les Provinces-Unies, cette dernière subissant des attaques proches de celles qui accablent la reine française. Cependant la campagne menée contre Louis XVI et Marie-Antoinette se situe dans un contexte nouveau. La diffusion de ces textes et gravures est très large, touchant des milliers de Français, à commencer par les Parisiens. Le roi, père des peuples, formule utilisée en 1789 dans de nombreux cahiers de doléances, ne doit pas faire oublier que l'opinion a reçu une tout autre image du roi. Au-delà, c'est la conduite même de la vie politique qui est en cause. Les pamphlets reprochent l'effacement du roi devant la reine et refusent la féminisation du gouvernement et du royaume. Cette crainte annonce les violences à l'encontre des femmes désireuses, plus tard, d'intervenir dans la vie publique. Ces accusations rencontrent les critiques orchestrées par les parlementaires, influencés parfois par le jansénisme. Dénonçant le « despotisme » royal au nom de la « nation » dont ils s'estiment les représentants à la confluence d'une idéologie politique et d'une lecture mystique, ceux-ci facilitent, involontairement, la révolte contre l'autorité royale. Si, quelques années plus tard, ils vont accuser les révolutionnaires d'avoir usurpé l'autorité nationale, ils ont auparavant donné à la société civile les motifs pour intervenir dans l'ordre gouvernemental.

La politisation de la violence ?

L'État monarchique vivait d'un mystère inconcevable, celui du roi de droit divin. Qu'il ait eu un double ou un triple corps (physique, juridique et symbolique, voire iconique) importe peu en l'occurrence, sauf à dire qu'il représentait un pouvoir quasi surnaturel renforcé par sa puissance thaumaturgique. Le crime de Damiens avait soulevé l'horreur, l'excès du supplice ne joue plus son rôle préventif, au moment où l'opinion (y compris le roi et son entourage) perd confiance dans le mystère central et modernise le monde en le désacralisant et en le désenchantant. Il ne s'agit donc pas là d'un bégaiement de l'histoire, renouvelant les mazarinades de la Fronde. La violence des pamphlets dans les années 1780 précède et explique celle du couperet de 1793. Surtout, dans le contexte économique et social de l'époque, cette somme de violence accumulée, au moment où le divorce est flagrant entre les masses et les élites, ne rencontre qu'un pouvoir désenchanté, incapable de se défendre contre les agressions sauvages dont il est victime. Ce qu'on appellera révolution et qui institue de nouveaux rapports économiques, de nouveaux rapports humains, de nouveaux rapports à la connaissance du monde, s'inscrit dans la suite de cette remise en cause générale des équilibres de la monarchie française. C'était autour du roi que tout le système de la gestion des violences fonctionnait dans ce mystère. Les hésitations royales devant les esprits forts, mais aussi les résistances du roi à prendre la tête du mouvement des réformes inévitables, comme ses implications dans la guerre des pamphlets rendent intenable sa position au centre du dispositif judiciaire et répressif.

Par leur virulence, ces pamphlets discréditent les autorités anciennes, en même temps qu'ils réclament une révision même des pouvoirs en place au nom de l'histoire, en discutant les différentes formes adoptées auparavant par les États généraux. La Cour elle-même prend part à ces querelles, soudoyant des libellistes, chargés de mettre à mal les prétentions nobiliaires. En Bretagne, le journaliste, futur homme politique, Volney est ainsi stipendié pour s'en prendre, violemment, aux nobles bretons opposés à toute modification des élections aux États généraux et toujours rebelles aux décisions royales. Dans cette guerre des représentations, les pouvoirs traditionnels ont été obligés de s'impliquer, admettant que tout était soumis à discussion et que leur prééminence ne tenait qu'aux résultats de la lutte. La peur du sacré ne retient plus le sacrilège, la société se façonne selon des rapports de force. Qu'il faille y voir plutôt l'influence de Rousseau ou de Locke importe peu ici, puisque c'est toute une population qui se constitue en opinion, qui réclame qu'on tienne compte d'elle, au nom de sa puissance potentielle et qui, paradoxalement, intervient dans un débat nouveau en maintenant des formes de violences traditionnelles. La violence, employée sans complexe par Louis XIV contre les protestants, les jansénistes ou les émeutiers populaires, se trouve dorénavant disqualifiée par rapport aux périodes antérieures, mais toujours crainte. Or les manifestations violentes se multiplient au fur et à mesure que la royauté entre dans une série de conflits ouverts et confus, contre les parlements, la noblesse, le tiers état, à propos de la prochaine réunion des États généraux. Alors que le roi hésite à statuer et qu'il a laissé se développer une campagne nationale sur la forme de l'assemblée, il ne peut juguler la fronde parlementaire appuyée par le peuple des villes. En octobre 1787, des polissons brûlent les effigies de Calonne et de la duchesse de

Polignac. En mai 1788, à Bordeaux, on casse les vitres de ceux qui n'illuminent pas en l'honneur du parlement. Dans la vague de réactions qui accompagne les réformes de Lamoignon limitant le rôle du parlement, la violence est générale, le « bas Tiers » prend fait et cause pour les parlementaires, et manifeste. La célèbre « Journée des Tuiles », le 7 juin 1788, voit les habitants de Grenoble s'opposer par la force aux armées royales venues arrêter les parlementaires réclamant des réformes. Le petit peuple empêche les soldats de procéder à leur arrestation. Le sang coule, on dénombre 4 morts et la troupe se replie tandis que les parlementaires se réinstallent, peu satisfaits, en définitive, d'avoir eu de pareils alliés.

Des divisions affectent les corps de troupe chargés de la répression. À Rennes, le 10 mai 1788, alors que la population est prête à l'affrontement, un jeune officier, Blondel, réussit à l'éviter au prix d'une blessure. Il calme ses soldats et les émeutiers en insistant sur leur état commun de citoyen, contre les ordres stricts du ministère. Il acquiert une éphémère réputation nationale de modération qui traduit le désarroi de nombreux officiers désireux de maintenir l'unité du royaume malgré le roi et malgré les éléments les plus radicaux de la contestation parlementaire. Les corps judiciaires sont également partagés, même s'ils se soudent contre le roi dans la plupart des villes parlementaires. L'opposition est particulièrement vive en Bretagne, mais, partout, dès mai 1788, les parlementaires prêtent serment de ne pas accepter de servir dans les nouvelles juridictions, dénonçant d'avance comme « traîtres » ceux qui collaboreraient, montrant que le langage de l'unanimité n'est pas réservé aux lecteurs de Rousseau, mais qu'il est partagé par tous dans un pays qui exclut ses dissidents. Dans l'immédiat, le pouvoir n'a plus de légitimité, d'autant que les caisses sont vides. À la fin du mois d'août et en septembre, alors que les réformes sont abandonnées et Lamoignon remercié, les émeutes populaires se soldent par des morts d'hommes. Le roi paraît courir plusieurs lièvres à la fois. D'une part il soutient, directement ou en sous-main, des réformes administratives et sociales, de l'autre il tente d'apparaître en majesté pour contenir la fronde nobiliaire et parlementaire, apportant de l'eau au moulin des contempteurs du despotisme. N'a-t-il pas jeté à la Bastille, le 14 juillet 1788, les députés mandés par la Bretagne pour maintenir les privilèges de la province ? Un certain nombre de membres de l'élite éclairée, dont l'illustration peut être Condorcet, favorables aux réformes, se mettent à rechercher des alliances tactiques avec d'autres forces vives, renforçant le groupe des Patriotes, autour des nobles libéraux et du Tiers, contre les conservateurs, les parlementaires et la Cour. Ce basculement repose sur une nouvelle utilisation de l'opinion publique, notamment de la violence populaire : il engage le pays dans la voie révolutionnaire.

À la fin de 1788, alors que Necker est rappelé, la violence est diffuse et ordinaire, elle est employée selon des habitudes anciennes dans un contexte qui vient de muter mais qui n'a pas encore été affecté par des significations politiques affirmées. C'est précisément cette mutation réalisée dans les derniers mois de l'année 1788 et en janvier 1789 qui permet de penser que, du point de vue de l'histoire de la violence, la Révolution française commence à ce moment. Reste que la radicalité de la contestation du pouvoir n'aura résulté que de la conjonction, imprévue, de multiples courants opposés jusque-là les uns aux autres. Contrairement à ce qui s'est passé dans les colonies américaines où la révolte contre le pouvoir royal avait soudé un peuple uni dans le recours à la violence, en France, les traditions d'antagonismes, de vengeances et de revanches interdisent qu'une utopie commune puisse rassembler durablement les opposants au pouvoir.

Chapitre 2

Politique et rapports de forces

L'année 1789 s'ouvre avec la dissolution de l'autorité, ce qui laisse le champ libre aux rapports de forces. Dans un pays aussi marqué dans son histoire par l'emploi de la force, par la place du sacré et du pouvoir royal, il s'agit là d'une rupture profonde que vient redoubler la lecture politique, née précisément de cette situation. Cette interférence entre violence et politique constitue le moment par lequel commence la Révolution proprement dite. On comprend pourquoi l'année 1789 est à la fois aboutissement d'un processus et commencement d'un autre, initiatrice d'une époque nouvelle, dans laquelle des valeurs inédites ont été instituées selon les uns, ou, selon les autres, dans laquelle les habitudes de violence ont été rendues usuelles en politique. Parmi les métaphores qui ont été employées pour décrire la Révolution, Frédéric Braesch écrivait que « les Français de 1789 [avaient] placé un moteur à explosion dépourvu de frein [1] » ; l'expression mérite d'être retenue pour ce qu'elle dit de la vacuité du pouvoir central. C'est précisément cette caractéristique qui nous semble être essentielle parce que, contrairement à la Révolution américaine étroitement contrôlée par une oligarchie réduite, en France, le pouvoir a été mis en cause dans sa totalité, ouvrant un espace où les violences ont pu se déployer. Il a donc fallu que des hommes imaginent de nouvelles façons de les capter, de les canaliser et de les transformer.

1. Frédéric Braesch, *1789, l'année cruciale*, NRF, 1941, p. 2.

La disparition de l'autorité

Ce n'est pas une naïveté de penser que le royaume et ses habitants sont confrontés au même moment aux catastrophes naturelles. Le tremblement de terre de Lisbonne avait suscité une réflexion collective sur le mal, le modèle cosmologique continue toujours à colorer les significations du mot révolution, et les volcans sont l'objet de théories générales sur l'histoire du globe qui cherchent du sens dans les ruptures. Or après un orage particulièrement effrayant, le 13 juillet 1788, le « grand hyver » de 1788-1789 rappelle celui de 1709 : rivières gelées, arbres éclatés, la souffrance de la nature semblerait annoncer celle des hommes. La nourriture est insuffisante et chère, les récoltes s'annoncent mauvaises, mais alors qu'en 1709 les Français avaient pu accuser le sort, en 1789 ils accusent les responsables politiques.

Les rancœurs s'exaspèrent contre tous ceux qui sont suspectés, à tort ou à raison, de s'enrichir sur la misère en spéculant sur les prix, en stockant les grains ou en contrôlant les marchés. Du Nord au Midi, de Cambrai à Marseille, en passant par l'Orléanais, gros propriétaires, marchands de grains, meuniers, boulangers sont suspectés de spéculation et soumis à des pressions. De l'automne 1788 au printemps 1789 éclatent au moins 289 émeutes. Elles prennent la suite des pratiques précédentes et pourtant créent de l'inédit, pour reprendre la formule de Jean Nicolas [1]. Les habitants des campagnes interceptent des convois de grains, répartissent les réserves des propriétaires et, au besoin, s'opposent, gourdins en main, aux huissiers et aux gendarmes. Sur les marchés urbains, des marchands sont roués de coups par des consommateurs qui pâtissent du blocage des convois. Les femmes jouent souvent un grand rôle dans ces troubles. Tout le pays est ainsi traversé de peurs, de bruits (notamment l'annonce séculaire de la suppression de droits fiscaux), de craintes de complots (fomentés par les nobles, affameurs et méprisants envers les petits). Cette violence

1. Jean Nicolas, *La Rébellion française*, *op. cit.*, p. 260 *sq.*

populaire, ordinaire en définitive, est contenue et réprimée comme toujours. En Bretagne, l'intendant impose des mesures expéditives qu'il est nécessaire de garder en mémoire pour comprendre ce qui va se passer quelques années plus tard : tout séditieux pris en flagrant délit est jugé sur-le-champ et exécuté immédiatement s'il est reconnu coupable. Avec quelque retard, des mesures ponctuelles abaissent provisoirement les prix des denrées puis, quand les autorités se sentent fortes, elles punissent, pour l'exemple, quelques pauvres diables, mis au carcan, envoyés aux galères ou exécutés. Cependant, dans le contexte politique incertain, la répression hésite. Dans le Poitou, où cela ressemble à une « petite guerre », pour reprendre les mots d'une châtelaine, les meneurs sont relâchés et les troupes pactisent souvent avec les émeutiers. Même le commandant de la province, le duc de Maillé, refuse d'intervenir lorsqu'un bateau est arraisonné et pillé à Marans. La répression est forte, mais elle n'existe que dans les villes où stationnent des troupes régulières : à Rochefort, trois meneurs sont pendus. À Aubenas, le brigadier qui accompagne un convoi de foin obtient difficilement un passage et ne peut pas, sous la pression de la foule, jeter en prison une femme qui l'injurie gravement. Même s'il n'est pas abattu, le respect des autorités locales est affaibli.

Ces incidents étaient classiques dans la vie politique de la monarchie, ils ne sont pas en eux-mêmes particulièrement porteurs de signification politique. Quand des municipalités baissent les prix des grains en dessous du prix de revient, il ne s'agit pas de mesures annonçant les réclamations des sans-culottes : la communauté lâche du lest, les riches supportant provisoirement les malheurs des pauvres, par calcul et par charité. Pendant tout le printemps, de nombreuses municipalités composent des milices et arment nobles et bourgeois ensemble, pour la défense commune de l'ordre. En 1788, à Sauges, dans le Haut-Gévaudan, le mécontentement d'une partie de la population est utilisé par un notable contre un autre, qui manipule les plus pauvres et leur distribue de l'argent. Des maisons sont incendiées, une milice bourgeoise s'assemble pour restaurer l'ordre contre les « brigands » ; finalement le commanditaire lui-même est victime de la contestation sociale qu'il a favorisée. Le Midi et la vallée du Rhône sont particulièrement affectés par ces émotions : en Provence, les châteaux flambent de mars à avril 1789 à la suite de mouvements confus. Après une émeute de subsistance, Marseille se dote d'une municipalité « illégale » qu'elle garde jusqu'au 22 mai. À Lyon, en juin 1789, le petit peuple incendie les barrières des Aides, brûle les registres, aux cris de « À bas les Aides ! Le vin du tiers état à 4 sols la bouteille ». La troupe intervient sans ménagement, causant des morts. Dès le 1er juillet, la ville est en proie à une peur panique. Ce qui est devenu la Grande Peur dans l'historiographie prend la suite de ces troubles, dont certains se déroulent au moment même de la prise de la Bastille. Ils ne sont pas les répercussions des événements parisiens, mais ils attestent au contraire que les révoltes populaires se déroulent en même temps que la révolution politique, suivant leur logique propre, mais en rencontrant un éclairage qui les fait changer de significations.

La lecture politique

Ces mouvements se produisent au moment où se livre une guerre des pamphlets entre « patriotes » et « privilégiés » à propos des élections aux États généraux et de la rédaction des cahiers de doléances. Que ce soit pour des raisons religieuses – catholiques contre protestants dans le souvenir des guerres de religion dans le Midi –, pour des raisons politiques – soutien ou refus des réformes que Necker est supposé entreprendre –, pour des raisons plus sociales – entre une noblesse attachée à ses prérogatives et des bourgeois et des anoblis récents, comme dans tout l'Ouest –, enfin pour des raisons économiques, l'unité des notables vole en éclats. Le courant d'opinion anti-nobiliaire trouve deux figures exceptionnelles, l'abbé Sieyès et le noble d'Antraigues, qui, l'un et l'autre, dénoncent la noblesse au nom de la nation ; le premier parle même de renvoyer les nobles dans leurs forêts de Franconie ! Pour des raisons personnelles, ils s'engagent l'un et l'autre dans une radicalité ambiguë. Si le dernier, cadet déçu par la grande noblesse, comprend vite que l'ennemi est dans la Révolution, le premier, hostile à la violence politique populaire, s'enferme dans le silence dès l'été 1789. Dans ce moment d'effervescence, les Patriotes s'organisent autour de la Société des trente, mais les parlementaires et les nobles que l'on est tenté de qualifier de conservateurs se réunissent autour de D'Eprémesnil dans le Comité des cent, autrement plus puissant. Les assemblées électorales de la noblesse et du clergé sont émaillées de querelles vives, de menaces de duel. De nouvelles institutions se créent en rupture avec celles qui préexistaient : comités de subsistance, association patriotique... Dès le début de 1789, le peuple des artisans, des boutiquiers, des domestiques même, dans les villes, des paysans dans les campagnes devient l'arbitre – et l'enjeu – des rivalités entre notables en quête de légitimité, alors que Marie-Antoinette se proclame imprudemment la « reine du Tiers ». Les Français se sentent investis de responsabilités importantes, au moment des élections, ils sont sur le qui-vive, réagissent à des peurs souvent infondées et composent des groupes disponibles pour toutes les violences.

Depuis septembre et octobre 1788, la contestation proprement politique s'est engagée elle aussi dans la violence urbaine. À Toulouse, le 22 octobre 1788, la foule avait brûlé des effigies de Calonne pour fêter le retour des parlementaires dans la ville, mais cette manifestation demeurait ambiguë tant les divisions avec les « privilégiés » étaient en train de se faire jour, ici comme dans tout le pays. Nantes et Rennes, villes dans lesquelles les heurts politiques sont particulièrement violents, illustrent la rencontre nouvelle et essentielle de la politique et des revendications sociales. Nobles conservateurs d'une part, réformateurs du Tiers et anoblis récents de l'autre s'affrontent, mais en outre la noblesse joue de la rancœur du « petit Tiers » contre le « gros Tiers » à la suite de six mois d'agitation frumentaire. Dans le Midi, en effervescence depuis la mi-mars, la candidature du comte de Mirabeau aux États généraux est soutenue par le peuple qui descend dans la rue, contre les nobles qui ont tenté de l'écarter de l'élection. La présence de Mirabeau se conjugue avec les premiers affrontements qui mêlent revendications contre la vie chère et luttes politiques. Lorsque, le 23 mars, les Marseillais attaquent les maisons des édiles et parlent d'ouvrir les prisons, Mirabeau contient les émeutiers et organise le maintien de l'ordre par les milices patriotes. Pendant ce temps, à Toulon, les ouvriers de l'arsenal restés sans solde et les paysans, irrités par l'intransigeance des seigneurs et inquiets devant la crise frumentaire, assaillent la ville dont le maire échappe de peu à la mort, tandis qu'à Aix, pendant l'absence de Mirabeau, la troupe tire contre les émeutiers et tue quelques-uns d'entre eux. Beaucoup de petites communes sont les lieux de mouvements violents, anti-nobiliaires, comme à Aups, où un noble, qui a fait le coup de feu contre les révoltés, est massacré.

L'apogée est atteint dès janvier 1789, lorsque à Rennes les « Jeunes Gens patriotes » sont pris à partie par la domesticité de la noblesse et des porteurs de chaises rangés auprès des « aristocrates » pour réclamer tout à la fois la baisse du prix du pain et le maintien des privilèges de la Bretagne. Le 27 janvier, après un affrontement, trois morts, dont deux jeunes aristocrates, restent sur le terrain ; la rumeur parle de 12 à 30 nobles tués. L'événement mobilise toutes les villes de l'Ouest et radicalise définitivement les opinions. Les jeunes patriotes reçoivent rapidement l'aide de leurs voisins venus les soutenir et s'engager avec eux par serment dans des fédérations pour mener la lutte politique ; les nobles quittent Rennes et refusent d'emblée de prendre part aux États généraux. Le roi et les autorités légales sont restés muets, le pouvoir est passé aux mains des plus déterminés. Les journées de Rennes sont ainsi aux antipodes de ce qui s'est produit à Vizille l'année précédente, elles reflètent l'état d'une région traversée par des conflits récurrents, qui la conduisent quelques années plus tard à la guerre civile. La Révolution ne fait ici que développer et révéler les antagonismes locaux qui lui préexistent et qui expliquent ensuite la radicalité des luttes. Dans la diversité des sensibilités régionales, celles-ci seront inégalement exacerbées pendant la période révolutionnaire, libérant plus ou moins de potentialité de violence.

Ce mélange inédit entre lutte politique et revendication sociale n'est pas stable. La preuve en est donnée par l'émeute qui se déroule, à Paris, contre Réveillon et Henriot. Parce qu'il évoque une réduction du salaire de ses ouvriers, en la liant avec une baisse des droits des taxes, Réveillon, self-made man et riche fabricant de papier peint, cristallise d'un seul coup, le 23 avril, le mécontentement populaire qui le voit comme un affameur. Après quatre jours pendant lesquels la rumeur se crée et prend forme, une manifestation, mal contrôlée, tourne à l'émeute. Elle commence par s'en prendre aux ateliers et à la maison d'un autre manufacturier, Henriot, qui fuit de justesse, puis, le lendemain, réclamant aussi contre le prix du pain, la foule enfonce les portes de Réveillon et met à sac maison et ateliers, aux cris de « Vive la Liberté, vive le tiers état, vive le roi ». Une véritable bataille se livre entre les troupes et les émeutiers, provoquant sans doute plusieurs centaines de morts – une centaine est attestée. Les émeutiers n'ont guère de revendications politiques, même s'ils sont peut-être manipulés par le duc d'Orléans – en tout cas, des complots sont dénoncés. Mais la fièvre électorale a contribué à donner du corps aux rumeurs et aux récriminations ; plus grave encore, elle a amené à douter du sens du maintien de l'ordre, hésitant au début, puis confié à la justice prévôtale, jugé trop brutal ensuite, au point où des gardes françaises sont désavouées et punies. Ceci, en retour, discrédite l'autorité du roi, et on comprend qu'en juillet suivant les gardes françaises, échaudées, ne réagissent pas, craignant un nouveau désaveu, ou s'allient aux révoltés. La répression, qui s'est voulue exemplaire, se limite à la pendaison de trois individus, accusés d'être des meneurs, et à l'envoi de cinq autres aux galères, mais elle est mal acceptée par l'opinion. Cet épisode demeuré mal connu a sa place dans les origines de la violence révolutionnaire, puisque la légitimité de l'État est remise en cause, que le complot est invoqué pour expliquer l'émeute et que celle-ci atteste les relations difficiles entre élites roturières et population ouvrière.

Réveillon, jusque-là industriel reconnu et habile, à la carrière fulgurante, se situait dans une bourgeoisie capable de faire le pont avec le pouvoir et les élites traditionnelles. Paternaliste, il soutenait aussi les initiatives du Tiers. Il se retire de la vie publique et traverse toute la Révolution avant de mourir en 1811. Entrepreneur particulièrement inventif, il est perçu comme le prototype de ces individus qui rompent avec les habitudes communautaires. L'émeute illustre le rejet d'une large part de la population urbaine des réussites individuelles. Les principes individualistes défendus par les révolutionnaires ne pourront que se heurter à ces tendances, enracinées dans des traditions de résistance aux changements. Plus grave, alors que la crise politique a affaibli l'autorité du roi, celui-ci légitime le recours à la justice prévôtale dans sa déclaration du 21 mai 1789, c'est-à-dire tente d'instaurer une justice expéditive et répressive pour juguler ces désordres.

La violence provoquée par l'envolée des prix se tourne contre les seigneurs, contre le roi, contre les partisans de l'immobilisme, mais menace aussi les bourgeois, qui mobilisent parfois difficilement les soldats et les milices urbaines. Lorsqu'il n'est pas possible de la circonscrire, il convient de la supporter ou de l'employer. À Orléans, en avril, les échevins peuvent s'opposer aux émeutes, en évitant de mettre les ouvriers des faubourgs dans les milices. En juillet, lorsque le peuple réclame encore pour obtenir du blé bon marché, les flottements politiques interdisent à la municipalité de prendre des mesures draconiennes, si bien que l'attentisme des édiles profite aux patriotes qui accomplissent les révolutions municipales et restaurent l'ordre grâce à leur propre groupe de volontaires, ce qui rejoint paradoxalement la volonté répressive du roi ! Une partie des troupes et des sous-officiers est de cœur avec le peuple révolté ; les gradés ont reçu des ordres pour éviter les affrontements directs, ou, souvenir de la Révolution américaine, ne sont pas insensibles aux idées patriotes ; or celles-ci ne sont applicables qu'en utilisant l'énergie populaire au moment où les États généraux ouvrent le champ des virtualités politiques. Les milices urbaines, organisées par les bourgeoisies locales, qui sont en train de prendre le pouvoir pour leur compte, se chargent de maintenir l'ordre chez elles, mais sans affronter les mouvements populaires qui ont affaibli les autorités traditionnelles, du roi et des seigneurs, laïcs ou religieux.

Il ne conviendrait pas cependant de considérer que les classes populaires ont été seulement objets de manipulations par les élites locales. La violence traditionnelle est parfois alliée à des intérêts politiques plus inédits. En mars 1789, c'est au travers d'une émeute bien ordinaire que les compagnons de Marseille exigent d'obtenir une assemblée pour participer aux élections aux États généraux. De la même façon, dans le petit bourg de Peynier, une émotion populaire menée contre le seigneur local devient l'occasion de créer une assemblée électorale. À Besançon, la parole maladroite d'un conseiller au parlement provoque une révolte qui ravage son hôtel et entraîne mort d'homme. Une véritable contamination politique se répand, dont les paysans sont aussi partie prenante, lorsqu'ils envahissent le château « de Monsieur le Jean-Foutre correspondant de la noblesse » du Poitou pour l'obliger à renoncer à ses droits féodaux.

Les États généraux n'échappent pas à ce climat qui a marqué les élections des députés, puisque de nombreuses régions ont été le théâtre d'affrontements entre groupes antagonistes, *via* la diffusion de modèles de cahiers de doléances. Lorsque des députés très engagés ont été élus et sont partis à Paris auréolés de leur radicalité, comme Volney ou La Reveillère-Lépeaux, ils laissent leurs électeurs persuadés qu'ils seront à tout le moins embastillés pour prix de leur audace. Certains comme Volney prônent déjà l'appel au peuple contre la noblesse conservatrice. Cette position se retrouve dans l'Assemblée dès le 17 juin lors de la discussion à l'issue de laquelle les États généraux se transforment en Assemblée nationale, accomplissant ce que l'on peut comprendre comme la Révolution juridique. Le courant radical exige la présence du « peuple » des tribunes au moment des délibérations pour faire pression sur les modérés du Tiers, considérés comme des « traîtres » potentiels.

Dans l'Assemblée, les députés, même quand ils sont patriotes, se défient des masses populaires, dont ils redoutent l'intrusion, et déplorent l'attitude parasitaire de la noblesse, même quand ils sont conservateurs. La disposition même de la salle des débats et le grand nombre de participants et de spectateurs créent d'emblée un climat d'affrontement. Les tensions entre nobles et roturiers ne cessent de s'aggraver, rompant les ententes régionales qui avaient prévalu initialement et conduisant les députés à choisir des camps opposés. Chacun se méfie de l'autre, les roturiers craignant de subir des violences physiques que certains de leurs collègues nobles se vantent de leur infliger ou, pire, de leur épargner. La Gallissonière n'a-t-il pas réclamé que les dirigeants du Tiers soient exécutés ? Tout oppose la noblesse au Tiers, à commencer par la culture de l'honneur viril qui pousse les nobles à se défier en duel pour des questions politiques et explique leur mépris envers les roturiers, conduits, malgré eux et dans le déchirement, à prendre des positions de plus en plus radicales. L'habitude de l'attaque personnelle, qui se prend dans l'Assemblée et dans la presse politique, peut être interprétée comme la suite de ces joutes à la pointe de l'épée. Le blocage des États généraux ne trouve d'autre solution que dans le remplacement d'un système de références par un autre : en l'occurrence par la soumission de la noblesse aux représentants de la nation, donc dans l'acceptation d'une conception de la liberté au service de la vie commune contre l'affirmation de l'individualisme.

La violence acceptée : la prise de la Bastille

Dans la partie de bras de fer enclenchée entre le tiers état et le roi, la radicalisation progressive des positions s'accompagne d'une montée des menaces, qui pèsent de plus en plus sur la personne physique des députés. Il suffit alors, dans l'exaspération d'un été inflationniste, du renvoi de Necker pour redouter les intentions répressives de la Cour. Alors que la Bastille a, objectivement, cessé d'être une menace véritable, elle devient le symbole de la résistance au pouvoir royal. Sa prise est le résultat d'une montée progressive des antagonismes, de bruits incontrôlés et de manœuvres du roi massant des régiments étrangers dans la proximité de Paris, enfin de rivalités entre les différentes troupes. La tension est perceptible avec les coups donnés à un espion de la police ou la fessée infligée à une femme qui a craché sur le portrait de Necker. La mobilisation provoquée par les orateurs du Palais-Royal débouche sur des cortèges de manifestants assaillis par le Royal Allemand, qui en blesse quelques-uns. Sur l'affirmation, non prouvée, que l'affrontement aurait fait plusieurs victimes, les Parisiens, en réaction, s'arment et s'assemblent avec les soldats des gardes françaises. Faute de détermination, les troupes loyalistes ne peuvent pas entrer dans le centre de la ville et laissent la rue aux Parisiens ; ceux-ci s'arment et, symboliquement, commencent à brûler les barrières d'octroi, supprimant ainsi les taxes imposées aux produits introduits dans Paris. Dans l'anarchie qui s'empare de la ville, on comprend que la recherche de poudre, maladroitement guidée par Flesselles, débouche sur le pillage des arsenaux, et enfin par l'arrivée devant la Bastille, qui est tout à la fois un symbole répressif et une réserve de poudre et de munitions.

L'escalade, en quelque sorte logique, de la violence et du couple « action/répression » conduit, dans un contexte de crise de l'autorité centrale, à l'acte symbolique majeur de la prise de la Bastille et à l'emploi débridé, et accepté, de la violence. Il n'y a pas innovation par rapport à toutes les manifestations violentes qui ont eu lieu depuis plusieurs mois contre le gouvernement, sauf l'écho politique que l'événement prend de lui-même à partir du contexte national. C'est cela qui crée l'irréversibilité et change le sens des faits. L'écart est prodigieux entre la maladresse continue du gouverneur de Launay, qui provoque lui-même pour l'essentiel la chute de la forteresse et sa propre mort, et le retentissement symbolique et politique du 14 Juillet. Launay n'a pas eu de conduite déterminée, mais ses hésitations et les peurs des assiégeants ont transformé ses tergiversations en menaces de massacre. On comprend pourquoi les mises à mort de Launay et de Flesselles, cafouillages ordinaires dans des émotions populaires mais qui peuvent envoyer leurs auteurs à la potence, sont sans conséquences ici : Desnot, le cuisinier qui coupe la tête de Launay, pourra revendiquer ensuite son acte. Pillages et mises à mort sont possibles. Or, le roi décide de ne pas quitter Versailles et d'accepter les conséquences politiques de la journée en revenant sur sa décision concernant Necker et en reconnaissant l'élection de Bailly comme maire de Paris. L'épisode violent cesse d'être anecdotique. Du fait des réactions des députés et du roi, les fureurs anciennes ont été récupérées par les idéaux nouveaux. Le roi arbore la fameuse cocarde tricolore, reconnaissance symbolique de la souveraineté nouvelle née de l'insurrection. Son frère, le comte d'Artois, et d'autres aristocrates comme le prince de Condé, quittent le pays, estimant que seule la force pourra permettre de le remettre dans le droit chemin ; d'autres royalistes convaincus, comme l'abbé Maury, s'engagent dans un véritable combat. Réformateurs et conservateurs s'accordent au moins sur la place essentielle que la violence populaire possède dans le royaume.

La prise de la Bastille est incontestablement un des événements importants de la période, créant une véritable rupture, instaurant de nouvelles perceptions et obligeant à relire autrement les mois précédents, bref donnant un nouveau sens à la vie politique française. La réalité des faits compte moins que leur résonance et la signification qui leur est ajoutée. Le défaut d'État est patent et une nouvelle autorité, l'Assemblée nationale, trouve sa légitimité dans les faits après l'avoir obtenue juridiquement le 17 juin. Complémentaire et concurrente du pouvoir traditionnel du roi, autre incarnation de la nation, elle justifie par avance les violences, puisqu'elle vient de transmuer une révolte en révolution. Cette alchimie politique expérimentée pour la première fois crée un vide juridique. Au lieu d'être poursuivis pour crime de lèse-majesté et risquer la roue, les patriotes sont légitimés par le coup de force juridique du 17 juin précédent, qu'ils légitiment à leur tour et que le roi accepte le 17 juillet, autant par calcul que par faiblesse. Bailly est proclamé « restaurateur de la liberté française » et même Desnot entreprend de son propre chef la visite de prisons, assuré de sa toute-puissance. Pourtant des meneurs, comme Maillard, se dissocient du meurtre de Launay, voyant les dangers de la prolifération de la violence. Reste que les oppositions entre les camps imposent la simplification des opinions. En 1790, 863 « vainqueurs de la Bastille », dont une femme, sont officiellement reconnus, ouvrant à quelques-uns d'entre eux des carrières politiques et militaires.

Dans l'immédiat, une bonne centaine de pamphlets mettent en scène les horreurs de la Bastille et ses victimes, inventant l'existence de prisonniers qui auraient été enchaînés pendant plus de trente ans. La forteresse est envahie aussitôt par les visiteurs, français et étrangers, à la recherche d'émotions fortes et par les démolisseurs empressés de la faire disparaître. Le château, la torture, les chaînes et le despotisme s'inscrivent ensemble dans l'imaginaire national avec une profusion de médailles, ainsi que de pierres de la Bastille distribuées par Palloy dans tous les départements comme autant de « reliques patriotiques » ; des débris sont portés en bijoux – pratiques qui ne sont pas sans évoquer la destruction du mur de Berlin deux cents ans plus tard. L'« auto-mystification [1] » touche toute la France et les pays voisins, ébranlant les consciences et déclenchant en France la vague de « révolutions municipales » qui donnent le pouvoir urbain aux patriotes constitués souvent en milices de volontaires, tandis que les révoltes paysannes continuent de leur côté à proliférer, trouvant elles aussi une légitimité nouvelle. À Saint-Domingue, les « petits Blancs », affichant des pompons rouges, manifestent contre les « grands Blancs », conservateurs mais qui se disent pourtant patriotes puisqu'ils sont opposés à l'administration royale.

Chacun prend conscience de l'énorme ébranlement qui vient de se produire ; le jugement du duc de Dorset, le 16 juillet, reflète sans nul doute l'opinion la plus répandue : « La plus grande révolution n'aura provoqué, relativement à l'importance de l'événement, que la perte de très peu de vies. [...] depuis ce moment nous pouvons considérer que la France est un pays libre [2]. » Cette appréciation n'a rien d'étonnant pour l'époque, l'Américain Jefferson avait déclaré dès 1776 que « l'arbre de la Liberté doit être arrosé de temps en temps du sang des patriotes et des tyrans [3] », reconnaissant la part inévitable de la violence, alors même qu'il en contestait l'usage. Surtout il est nécessaire de rappeler que les événements qui viennent de se produire en France peuvent apparaître comme une révolution réussie, alors que les autres révolutions, à Genève,

1. Hans-Jurgen Lüsebrink et Rolf Reichardt, « La "Bastille" dans l'imaginaire social de la France, à la fin du XVIIIe siècle, (1774-1779) », *Revue d'histoire moderne et contemporaine*, 1983, p. 196-234.

2. Lettre du 16 juillet 1789, citée par Simon Schama, *Citizens. A Chronicle of the French Revolution,* New York, Alfred Knopf, 1989, p. 299. Fin de la phrase dans Norman Hampson, *History of the French Revolution*, 1989, p. 233, qui cite *Despatches from Paris,* Londres, 1910, t. II, p. 243.

3. Patrice Higonnet, *Sister Republics*, Boston, Harvard University Press, 1988, p. 2.

aux Pays-Bas, en Belgique, et d'une certaine façon dans les colonies américaines, ont été marquées par la violence et par l'échec des tentatives de compromis. Même l'Angleterre de la monarchie parlementaire n'avait pas réussi à éviter la guerre en Amérique et les contestations en Irlande. La mise en place d'un nouvel équilibre politique dans la France de la monarchie absolue tient du prodige, mais comble les attentes de tous les réformateurs européens et américains après vingt ans de désillusions. Il convient de ne pas oublier cette dimension qui fait de l'épisode français l'apogée d'un mouvement politique international. Si le 14 Juillet est fondateur par la dimension universaliste que va prendre rapidement l'Assemblée, il est aussi l'aboutissement d'un processus. Le poids des tensions et des traditions de conflits dans le pays, le manque de souplesse politique du pouvoir, le haut degré de politisation du pays sont responsables de la radicalité qui va s'emparer du pays, mais dans l'immédiat, la surprise est agréable. D'autant que les pires craintes couraient.

Un député du Poitou, Faulcon, somnolant pendant la nuit du 15 juillet dans l'Assemblée, est réveillé par la rumeur voulant que les soldats viennent fusiller les députés. L'abbé Grégoire qui préside l'Assemblée pendant 72 heures, à partir du 12 juillet, rassure les spectateurs des tribunes inquiets : « Apprenons à ce peuple qui nous entoure que la terreur n'est point faite pour nous [...]. Nous sauverons la liberté naissante, fallût-il l'ensevelir sous les débris de cette salle[1]. » Mirabeau conclut que le pouvoir du « peuple » devra être prévu dans la répartition des pouvoirs à venir. Même le constitutionnel Lally-Tollendal se dit prêt à signer de son sang la motion de l'Assemblée, qui rend les ministres du roi responsables à l'avance de tous les troubles provoqués par le départ de Necker. La régénération du royaume semble être advenue, dans cet événement qui est une véritable épiphanie. Mais d'emblée la différence entre les violences des révoltes populaires et celles des révolutions politiques est perçue ; l'articulation entre les deux réalités sera la pierre d'achoppement des dix années à venir, selon que les

1. Bernard Plongeron, *L'Abbé Grégoire ou l'Arche de la Fraternité*, Letouzey et Ané, 1989, p. 20.

élites accepteront, instrumentaliseront ou refuseront les mouvements populaires dont les logiques s'accorderont rarement avec les objectifs recherchés.

La violence incertaine

Cette unanimité est malmenée quelques jours plus tard quand l'intendant de Paris Bertier et son beau-père Foulon sont mis à mort par la foule parisienne. Il s'agit de l'aboutissement d'une vingtaine d'années de procédures entre Bertier et ses voisins, couplé avec le ressentiment des Parisiens devant sa gestion des crises. Faute d'avoir pu convaincre que Foulon serait équitablement jugé et puni, les autorités parisiennes laissent s'exercer la vengeance populaire et couvrent ensuite les supplices. Foulon et Bertier ont mérité leur sort doublement, parce qu'ils étaient des « vampires » et parce que leur mort « barbare » est une « leçon pour contenir les méchants ». Les infamies et le calvaire infligés à Bertier (course pieds nus, eau vinaigrée donnée à boire), passent ainsi par pertes et profits en réponse aux peurs paniques qui traversent la France, mais contribuent à poser la question de l'alliance avec les masses populaires. Lally-Tollendal cherchant à retourner l'Assemblée contre les meurtriers s'attire la fameuse réplique de Barnave – « Ce sang qui vient de se répandre était-il donc si pur ? » – qui veut lire ce meurtre archaïque comme une expression de justice populaire. Dans cette mise à mort sans respect de procédure et d'une violence inouïe – Bertier est maîtrisé au terme d'une lutte avant d'être dépecé, et ses restes mis au bout de piques et de coutelas –, les patriotes veulent inscrire la violence populaire dans une logique politique. L'ambivalence n'a échappé à personne, les métaphores utilisées à profusion pour dépeindre l'événement sous un jour nouveau ne cachent pas l'inquiétude des patriotes.

Les violences du 14 et du 22 juillet ont été acceptées parce qu'elles apparaissent comme la conséquence, presque légitime, de la colère contre les « traitants impunis » et contre le « tyran » qui tenait « l'humanité enchaînée ». La chute de la Bastille venge tous ceux qui eurent à souffrir de l'arbitraire royal (y compris selon la terminologie de l'époque les « vieux jansénistes »). Reste que la question immédiate est autre : la violence n'allait-elle pas être d'abord employée par les privilégiés ? Les mouvements de troupes avaient été suffisamment importants dans le début juillet. Un noble, D'Autichamp, s'était promis à haute voix le plaisir qu'il aurait à jeter la « prétentaille » des roturiers du Tiers par la fenêtre du château de Versailles et un député, M. de La Chastre, avait dit, bonhomme, à Thibaudeau père qu'il ne serait sans doute pas pendu. Tous sont assurés que le maréchal de Broglie a formé un plan pour investir et détruire Paris. Chercher à savoir qui fut à l'origine de la violence n'est qu'un faux débat : c'est au travers de ces visions déformées par les peurs et les rumeurs que les Français apprécient les événements et qu'ils y prennent part. Les premiers départs des émigrés aggravent la situation. Le comte d'Espinchal déclare à son passage de la frontière qu'il est « bien soulagé de [se] voir hors de France, de ne plus entendre les huées contre la noblesse et les cris de "vive le Tiers" que même les enfants faisaient à tue-tête ». Le prince de Condé part en abandonnant tous ses biens. La rapidité de son départ ainsi que son habileté à ne pas se faire trop remarquer lui permettent de ne pas être victime de représailles de la part des populations rencontrées sur sa route, déjà hostiles à la noblesse et prêtes à toutes les illégalités possibles contre les aristocrates. Mais comment ne pas voir aussi le signe d'un malaise des nobles, hommes de guerre, désarçonnés par les multiples actes demeurés impunis d'insurrection, de pillages, voire d'incendies des châteaux, puisque l'État est impuissant et que l'opinion accepte la plupart de ces actes ?

Les Lumières n'ont pas fécondé seules toute la violence qui se libère en 1789, celle-ci était aussi dans les têtes des conservateurs et des membres de la Cour. Elle avait été prévue par le roi et ses proches le 11 juillet lorsqu'ils prirent le risque d'exiler Necker. L'intervention inattendue du peuple autour des patriotes a fait basculer les équilibres : leur victoire est dorénavant liée à l'insurrection populaire, inaugurant pour longtemps ce qui sera considéré comme le propre même de la Révolution française. Cette convulsion parisienne s'enracine dans de multiples dimensions, sociales et politiques, mais aussi eschatologiques. Certains jansénistes radicaux, clercs et laïcs, voient la réalisation de prophéties, qui annonçaient de grands changements. Certains seront désillusionnés plus tard, mais leur mode de pensée religieux permet de comprendre ces ralliements soudains. La comparaison avec les « Gordon Riots » qui se sont déroulées en juin 1780 à Londres, causant des dégâts extrêmement importants dans la ville et provoquant la mort de 285 personnes, souligne l'originalité française. À Londres, les élites protestantes ont initialement accepté la protestation populaire anglaise avant de s'en éloigner devant l'ampleur et l'orientation de classe contre les riches. La répression a été violente et a contribué à séparer les radicaux des mouvements populaires. Le schéma inverse s'installe en France, au moins jusqu'en 1793. La conviction des Français d'avoir réalisé « la » révolution expliquerait que les vertus du mot fassent oublier les multiples violences qui l'accompagnent, puisqu'elles sont perçues comme secondaires, sans réelle signification. Cette conviction a trouvé ainsi des applications immédiates, dès la mort de Foulon et de Bertier, et s'est maintenue jusqu'à une date récente, s'appliquant aussi à la Grande Peur intégrée dans ce schéma globalisant.

La Grande Peur, mythe et réalité

Les très nombreux observateurs présents dans la capitale n'ont pas manqué de rendre compte des faits de juillet, contribuant à faire monter la tension. Ces bruits cumulés avec l'incertitude politique s'ajoutent aux inquiétudes locales pour donner naissance à des peurs collectives. Dans une logique désormais classique, toute personne étrangère à une communauté accroît la mobilisation de la population autochtone, dont l'impétuosité fait peur aux nobles et aux bourgeois voisins. Toutes ces craintes pourraient être comiques, si elles ne reflétaient pas l'angoisse des participants eux-mêmes et si elles ne s'accompagnaient pas de menaces, d'annonces de vengeance et de violences physiques. Ainsi sont dénoncés des complots de mendiants, de « brigands », d'aristocrates... qui vont couper les blés en herbe, anéantir la milice parisienne... Les rodomontades de quelques aristocrates extrémistes qui promettent de tuer douze députés du Tiers et de pendre Necker, ou d'exécuter la moitié des habitants de Lons-le-Saulnier, apportent parfois de l'eau au moulin populaire, mais le mouvement s'alimente bien plus aux fantasmes ordinaires des communautés apeurées par l'intrusion du nouveau et enfin à la possibilité de se venger de mécontentements et de mépris anciens. Une bouffée anti-nobiliaire se manifeste à l'évidence dans quelques régions. L'incendie du château de M. de la Ville-Huchet à La Touche-Porée, près de Dinan, illustre à quoi conduit trop d'intransigeance et de provocation, puisque le feu est mis à la suite de la mort d'un garde national abattu d'un coup de fusil parti du château, alors qu'une troupe de gardes nationaux, à la recherche de grains, avait voulu pénétrer de force et le soir tombé. Une maladresse, des peurs réciproques, l'incompréhension entretenue et le recours immédiat à la violence la plus brutale conduisent ainsi à l'irréparable.

En Bretagne, entre Rennes, Redon et Ploërmel, une trentaine de châteaux sont envahis, une quinzaine d'autres mis à sac, deux sont brûlés et des femmes nobles fouettées. L'annonce que Nantes est aux mains de 25 000 brigands provoque des rassemblements menaçants jusque dans l'Angoumois, où les nobles sont pris à partie et humiliés par des paysans qui défoulent leur agressivité contre eux. Se conjuguent émeutes de la faim, « révolution municipale » et recours spontanés et traditionnels à la violence, dans le nouveau climat politique, puisque des paysans assurent qu'ils exécutent des ordres royaux en brûlant des papiers, voire des châteaux. Certains émeutiers proclament qu'il faut « porter la tête de tous les nobles à Paris après avoir pillé et dévasté les châteaux » pour satisfaire les ordres du roi. À Ballon, dans la Sarthe, le massacre de Balthazar de Montesson et de son beau-père, l'étaminier Curreau, est accompli aux cris de « À bas les aristocrates ! ». En Franche-Comté, 28 châteaux sont incendiés, une vingtaine d'abbayes attaquées à partir du 20 juillet, après qu'une explosion accidentelle dans le château de Quincey eut tué plusieurs paysans et accrédité la thèse d'un complot nobiliaire. Les mêmes actes se répètent en Alsace. Les paysans se soulèvent paroisse par paroisse, au son du tocsin, se soutenant les uns les autres, enrôlant de force les timides et intervenant chez leurs voisins pour les décharger de toute responsabilité directe, selon des stratégies bien rodées. Dans l'été, la révolte est générale, elle accélère le départ de nobles hors de France, effrayés devant ces menaces, violences, pillages et incendies, qui restent majoritairement impunis. Sauf exceptions, la noblesse militaire n'a pas résisté.

Cette histoire bien connue, pourtant jamais présentée de façon exhaustive, se complique lorsque les émeutes mettent en cause ruraux, aristocrates et patriotes, ou lorsqu'en Alsace les juifs et les gardes forestiers sont particulièrement visés. Les nobles passent sous la protection des patriotes, comme le vicomte de La Châtre, député de la noblesse qui ne doit son salut qu'à l'intervention de la troupe à Poitiers. Ces explosions sont parfois réprimées par les autorités locales. Entre juillet et septembre 1789, les bourgeois dijonnais rétablissent l'ordre dans le Clunisois : 32 émeutiers sont condamnés à mort et exécutés à la suite d'opérations menées par des groupes de jeunes gens qui pallient la disparition de tout pouvoir légal. Partout les milices naissent dans les petites villes, leurs habitants se sentant seuls, laissés à eux-mêmes, devant des « brigands » dont on dit qu'ils agissent au nom de Mirabeau ou de Necker, quand ce n'est pas du comte d'Artois ou de la reine. À Rouen, après des émeutes violentes, deux pauvres diables, forains, sont jugés et exécutés – ils deviendront des martyrs de la liberté en l'an I !

Face à ces débordements que le pouvoir légal ne peut pas contenir, les Constituants tentent un impossible compromis. Ils ne peuvent ni refuser l'usage de la violence, qui leur a donné la victoire sur le roi et sur la Cour, ni accepter les risques que les mouvements populaires font courir à la marche du pays – et pour nombre d'entre eux à leur patrimoine foncier. La nuit du 4 août jette le lest nécessaire, inscrivant les revendications populaires dans la vie politique. Mais la réponse politique improvisée montre bien le peu d'intérêt porté aux révoltes paysannes. Les droits dits « féodaux » sont supprimés pour conserver les loyers liés aux propriétés, ce qui mécontente les détenteurs de rentes, qui perdent des revenus ancestraux, mais aussi les communautés paysannes qui ne comprennent pas ces subtilités et continuent leurs émeutes. Dans une logique politique, les Constituants essaient surtout de trouver un équilibre dans la rédaction de la Déclaration des droits de l'homme. Ils récusent la possibilité pour les citoyens de résister par la violence à la violence, et d'assurer eux-mêmes leur défense – notamment contre un État envahissant. Sans doute peut-on penser que la liberté individuelle n'est pas assurée par elle-même et que la contrainte exercée par la société est perçue comme nécessaire pour garantir les droits des individus. Mais les menaces de tous ordres existent bel et bien, alors que l'administration royale a pratiquement disparu et que les intendants et les gouverneurs sont inactifs ou émigrés.

Le vide administratif ainsi créé est comblé par des initiatives communautaires rivales et ambitieuses. Face au silence du roi et de l'administration, l'intervention des députés de l'Assemblée nationale est la garantie unique et paradoxale du fonctionnement de l'État, inaugurant une confusion entre législatif et exécutif qui va marquer la Révolution. Cependant, faute de disposer d'une force armée, faute de vouloir nouer un compromis avec le roi incarnant le pouvoir exécutif décrié, les députés s'engagent dans un processus qui laisse les initiatives locales proliférer, chacun pouvant prétendre intervenir au nom de la nation. Cette politique entraîne indiscutablement le pays dans des contradictions, mais elle n'est pas le résultat d'un aveuglement idéologique de députés dogmatiques ; elle est la conséquence logique de la situation politique du pays et de la guerre civile larvée menée depuis une vingtaine d'années entre les réformateurs et la Cour d'une part, les privilégiés de l'autre. Elle est aussi l'aboutissement logique du refus de l'absolutisme identifié au pouvoir exécutif. De ce double héritage, la révolution politique en cours s'interdit de traiter simplement des révoltes qui naissent dans la population. Si l'on veut accuser, comme le fait une partie de l'historiographie, les députés de prétentions philosophiques abstraites, reconnaissons qu'ils sont coupables de ne pas avoir assez pris en compte les pesanteurs sociales. Alors qu'ils estimaient avoir vaincu les plus graves menaces pour le pays, la monarchie autoritaire et la noblesse conservatrice, ils ne s'attendaient pas à ce que les réactions populaires perdurent et interfèrent dans le jeu politique.

La notion de Grande Peur mérite alors réflexion. Le livre de Georges Lefebvre[1] a représenté une avancée importante dans l'historiographie en incluant les rumeurs dans l'histoire sociale et en les liant à la révolution rurale qui s'accomplit. Pourtant deux remarques sont nécessaires. Les rumeurs jouent toujours un rôle considérable, pendant toute la Révolution et pas seulement à cette période. Alors que la vie politique est en train de naître, que l'opinion publique se forme au fil de débats contradictoires et de propositions examinées, les craintes de conspirations, les peurs irraisonnées et les bruits de massacres traduisent la permanence des habitudes et l'incompréhension profonde qui perdure entre les élites politiques et les masses. Ces rumeurs sont à la fois le résultat de la méconnaissance de ce qui se passe, et la cause de la radicalisation politique pour tous ceux qui entendent répondre aux attentes populaires. L'été 1789 est le prélude exemplaire, mais pas unique, de ce processus qui aggrave les dérives politiques. Georges Lefebvre avait lui-même souligné la coïncidence entre les troubles et la prise de la Bastille sans pouvoir toujours trouver de lien logique entre ces faits. On le voit en Franche-Comté, où les émotions, aboutissant au carnage du château de Quincey, commencent le 16 juillet, comme dans le Sud-Ouest, où elles débutent le 17. Révolte paysanne et Grande Peur se mêlent de façon complexe, là où la crainte des complots nobiliaires accentue les tensions sociales. Qu'elles aient justifié la nuit du 4 août est incontestable, mais cela démontre moins la force et l'autonomie d'une révolution rurale que les incompréhensions entre les différents groupes sociaux et l'instrumentalisation des émotions rurales, intégrées dorénavant dans les luttes politiques.

Ces troubles révèlent aussi que les interdits sont levés et que les désirs de revanche et de justice deviennent synonymes de légalité. Il faut se garder de croire cependant qu'il suffit que des

1. Georges Lefebvre, *La Grande Peur* [1932], Armand Colin, rééd. 1988.

paysans aient suffisamment compris les règles sociales, en obligeant des propriétaires à signer devant notaire la renonciation aux droits, pour que cela change sur le fond la nature de leur révolte. Comment comprendre autrement que les paysans bretons ou provençaux, brûleurs de châteaux en 1788-1789, puissent se ranger quelques années plus tard du côté de la Contre-Révolution ? Certains émeutiers se réclament du Tiers, d'autres du comte d'Artois, beaucoup invoquent le roi. Entre novations politiques, partagées par les élites qui se combattent entre elles, et poursuite de pratiques qu'on peut qualifier d'« archaïques », un espace de malentendu se déploie dans lequel la violence trouve un terreau favorable. Les manifestations violentes qui se déroulent à Saint-Domingue en juillet 1789, à la Martinique et à Brest en août, attestent ce climat inédit. Le vide du pouvoir a créé une spirale de violences qui s'alimente à toutes les tensions antérieures et se renforce de bruits tous catastrophistes. Les efforts pour établir un gouvernement révolutionnaire modéré, fondé sur deux chambres et sur une balance des pouvoirs, comme le tentent Lally-Tollendal, Mounier ou Sieyès, sont vouées à l'échec devant ce déferlement.

Octobre : face à la violence

La suite des événements de l'été et de l'automne 1789 le prouve. Alors que les campagnes continuent d'être secouées par des émotions qui agitent sporadiquement des régions entières, l'Assemblée essaie d'imposer un cadre politique, qui se heurte d'une part aux demandes populaires, de l'autre aux résistances des conservateurs. Les conflits s'aggravent à l'Assemblée avec la formation de groupes politiques, qui se répartissent mécaniquement à droite et à gauche du président dans une disposition d'opposition systématique, sous la surveillance de spectateurs indisciplinés et exigeants dans les tribunes. Les législateurs sont en effet confrontés à des attentes considérables, puisque tout semble possible. Significativement, un peu partout, des groupes de femmes jouent un rôle dans le cours des événements, témoignant de la profondeur du bouleversement et de la liberté revendiquée par toute la population. En août 1789, des femmes de Besançon manifestent leur désaccord, pique en main, après la mort d'un homme tué par des militaires non patriotes. À Paris, des femmes souhaitent se rendre en délégation auprès du roi et de l'Assemblée, qui finit par limiter strictement cette possibilité aux seules dames de la Halle, ne voulant pas subir une pression jugée indésirable, alors qu'un certain nombre de femmes, comme Théroigne de Méricourt, sont déjà assidues dans les tribunes.

L'irruption de la violence féminine représente un tournant incontestable de l'histoire avec les journées des 5 et 6 octobre 1789, qui voient les femmes de Paris marcher sur Versailles et ramener « le boulanger, la boulangère et le petit mitron ». Ces journées prennent la suite de tous les conflits larvés qui se sont multipliés pendant l'été et dans lesquels la reine a joué un rôle de plus en plus voyant, se mettant en quelque sorte à la tête de la « contre-révolution ». L'autre dimension de ces conflits tient dans l'opposition qui existe entre les gardes nationales dirigées par La Fayette, qui regroupent les milices bourgeoises qui ont pris le parti de la Révolution, et les mouvements populaires, plusieurs fois empêchés d'intervenir à Versailles. La journée du 5 commence par une marche sur l'Hôtel de Ville de Paris, les émeutiers accusant les autorités de les affamer. Alors que les rues bruissent à nouveau de préparatifs « contre-révolutionnaires » organisés par la reine, l'arrivée des régiments de Flandre ne pouvait pas ne pas passer pour une menace. Respectant les traditions, les soldats ont défilé pendant plusieurs jours, mèches allumées, avant d'être reçus, comme de coutume, dans des banquets fraternels. La présence de la reine et du dauphin dans ces rassemblements manifestement peu favorables aux patriotes est venue donner un signe nouveau, à quoi la rumeur a ajouté le piétinement de la cocarde nationale, fait dont la réalité est discutée. Mais l'accusation suffit d'autant plus que, une nouvelle fois, le blocage politique est avéré, le roi refusant d'avaliser la Déclaration des droits de l'homme.

À la charnière de l'émeute de subsistance, de la manipulation des extrémistes et de la réaction aux menaces de répression militaire, la marche des femmes sur Versailles, une de plus dans cet automne mouvementé, trouve un tour nouveau du fait des circonstances dans lesquelles elle se produit. L'arrivée du cortège et l'intrusion des femmes dans l'Assemblée constituante bouleversent les rapports de force, les députés se trouvent, pour la première fois pour certains d'entre eux, en contact direct avec le peuple qui ne respecte pas les règles ordinaires de la hiérarchie sociale. Mounier, qui préside l'Assemblée, fait au départ contre mauvaise fortune bon cœur, accompagnant une délégation de femmes auprès du roi. La nuit fait basculer l'incident dans l'émeute : des gardes du corps sont assassinés, leurs têtes mises au bout de piques, la reine, réfugiée dans les appartements du roi, est amenée à se montrer devant la foule au risque de la mort, avec, puis sans ses enfants. Le midi, un cortège emmène la famille royale à Paris. Les autorités civiles ou militaires ont été inexistantes, les députés n'ont pas pu, ou n'ont pas osé, s'interposer. Mounier en tire la leçon en se retirant dans le Dauphiné, où il tente pendant plusieurs mois de susciter une réaction à cette dérive. Devant l'échec de sa tentative, il finit par émigrer au milieu de l'année 1790. La force est restée maîtresse du jeu autant par l'incapacité des politiques à trouver un point d'équilibre que par la faiblesse collective des institutions. Les conséquences sont encore plus graves que pour les journées de juillet.

La place tenue par les femmes a choqué beaucoup de consciences, qui voient là la réalisation de leurs pires craintes. Théroigne de Méricourt est déjà accusée, à tort, d'y avoir tenu un rôle important. Les fantasmes les plus attendus sur ces « bacchantes » circulent immédiatement. Il suffit de renvoyer aux pages toutes romanesques que Burke leur consacre, décrivant l'irruption des insurgés dans la chambre de la reine, fuyant à demi nue, ainsi que les coups de couteau, fantasmatiques, qui déchirent le lit royal. Ses souvenirs littéraires des « romans noirs » le font manifestement identifier Marie-Antoinette à Séréna, qui subit aussi ce « déshabillage forcé de la reine, cet arrachement du voile qui la couvre [1] ». Ces journées sont l'occasion d'une iconographie

1. Edmond Burke, *Réflexions sur la Révolution de France* [1790], Livre de Poche, 1989, p. 645.

et d'une historiographie particulières, qui mettent en scène exclusivement des femmes, soulignant la singularité de ces journées marquantes. Michelet introduit dans son récit un vieillard herculéen et énigmatique qui tranche les têtes de deux gardes du corps. Taine décrit les harpies lubriques et sanglantes qui composent l'essentiel du sinistre cortège. En 1989, pour Évelyne Lever, « un hideux colosse » armé d'une hache « énorme » est responsable de ces meurtres, devant une foule « en transe ». Elle y voit « une manifestation de magie barbare » remontant à « la nuit des temps »..., soit autant de thèmes dont seule la reprise immuable finit par étonner[1].

Hors de ce registre imprécatoire, les deux journées illustrent d'abord le mélange inextricable qui se réalise une fois de plus autour de la politique. Les jeux politiques des hommes (Mounier, La Fayette et Maillard, un des vainqueurs de la Bastille) rencontrent les préoccupations des femmes, qui réclament d'abord du pain mais aussi des mesures politiques immédiates. Maillard, qui s'est placé à la tête de la colonne des femmes, les désarme et les fait s'aligner sur trois rangs, oblige les Constituants à se déclarer massivement tous « citoyens » par sa seule présence menaçante dans l'Assemblée. Il ne paie pas à celle-ci le respect qu'il est censé lui devoir et il l'amène à reconnaître que, au-delà de ses murs, ce sont les rapports de forces, notamment nés des enjeux sociaux, qui mènent le jeu politique. Pas de pain sans liberté, et au besoin obtenu par la force ! Il se présente comme portant les revendications populaires mais échoue à se faire reconnaître comme un médiateur possible, susceptible de canaliser la violence. Il incarne un type politique que la Révolution rend possible : le porte-parole, à mi-chemin entre, d'une part, les élites politiques, dont font désormais partie les députés patriotes et leurs correspondants provinciaux qui s'investissent dans les fonctions électives et administratives, et, d'autre part, les masses populaires urbaines et rurales. Ces porte-parole, conduits par la recherche d'avantages ou de compensations dans la participation aux organes nés spontanément de la Révolution, sont désignés par

1. Évelyne Lever, *Louis XVI*, Fayard, 1989, p. 536.

leur personnalité et leur insertion dans des réseaux, ils sont repérés par leurs interventions dans les journaux ou dans les manifestations. Le camp adverse ne fonctionne pas différemment, la figure de Cathelineau, futur généralissime de l'armée catholique et royale, qui se distingue dans les manifestations d'opposition à la Révolution, l'illustre exemplairement.

La violence négociée et les porte-parole

Ces interventions peuvent être comprises de plusieurs façons. Dans la mesure où la Révolution établit un système représentatif en éloignant du pouvoir les citoyens « passifs », qui ont pourtant été nécessaires à son établissement, où elle cherche à arrêter le « désordre » dont elle est issue, elle crée une occasion de contestation permanente sans qu'aucun arbitrage puisse intervenir. Ces citoyens exclus de la vie politique légale y ont pourtant introduit les revendications traditionnelles liées à l'honneur, aux hiérarchies et aux vengeances, aux rivalités et aux concurrences sociales. Ces couches populaires et certaines élites qu'on pourrait qualifier de « hors-politiques » se retrouvent dans cette sensibilité, refusant le libéralisme, la rationalisation, la civilité urbaine et la sécularisation des règles sociales. Face à elles, les catégories éduquées, imprégnées du bien public, porteuses pour une part d'une culture enracinée dans le droit naturel, veulent créer l'espace public politique. Toutes les variations, et toutes les alliances, découleront de cette situation complexe, qui met en scène différents horizons d'attentes. Il ne suffit pas d'opposer une politique qui serait réservée au peuple, politique « basse » opposée à une politique « haute » des élites, mais il s'agit de penser que se rencontrent là divers types de politiques. Le jacobinisme ne serait quant à lui qu'une variation de ce courant porté par les élites urbaines, qui se radicalise peu à peu comme on le verra, pour essayer de répondre à ce rejet du libéralisme, situé aux frontières du « politique ».

Les intermédiaires, porte-parole plus ou moins autoproclamés, restent mal connus et vont peupler les allées du pouvoir, environnant les députés et les administrateurs. Venus eux aussi des couches moyennes, certains font des carrières longues, comme Hulin, futur général, d'autres occupent à un moment donné des positions de pouvoir ; ce sera le cas de Maillard, de Lazowski, meneurs sans-culottes charismatiques, mais aussi de Leclerc, que l'on retrouvera plus tard parmi les enragés. Il convient de garder en tête cette constitution d'une nouvelle catégorie sociale en relation avec la violence. Le « peuple », mot aux limites à jamais imprécises, n'est plus une image mais bien une puissance dont il faut tenir compte dans ce qu'il introduit d'irréductible à la dimension proprement politique dans laquelle se cantonnent les élites, tenant à respecter la justice et l'humanité. Burke n'est pas un « visionnaire » de la réalité : la violence sociale est entrée d'elle-même dans la vie politique ; elle n'en sortira plus. Dans son journal *L'Ami du Peuple*, Marat exprime cette libération de la violence, au point que celui-ci doit entrer en clandestinité dès le 8 octobre. Est-il possible de penser que dans le maquis des contradictions sociales françaises, seuls les accès de violence, colorés par les interprétations politiques, permettent de trancher les nœuds gordiens que le débat politique rencontre ?

La politisation transmue des pratiques et des passions sociales, et leur donne une très grande intensité, en même temps qu'elle tolère la brutalité la plus nue quand cela lui est utile. L'équilibre reste instable. La preuve *a contrario* est apportée aussitôt après, lorsque les nouvelles autorités parisiennes entreprennent de résister aux demandes violentes de baisse des prix du pain. Le boulanger François est lynché le 21 octobre par une foule agitée. Le jour même, l'Assemblée vote la loi martiale qui permet de réprimer les mouvements populaires, en distinguant la liberté de la licence, et deux émeutiers sont condamnés à mort et exécutés. Les nouvelles autorités essaient ainsi de garder le contrôle de l'espace public, remplaçant les autorités précédentes disqualifiées. Il est inutile, et inefficace, de recourir à l'explication par le complot et par l'agissement de meneurs pour comprendre que la violence est diffuse, qu'elle joue sur différents niveaux réunis conjoncturellement à l'occasion des ruptures politiques, et qu'elle a commencé à être pensée dans sa globalité par des Constituants soucieux de bâtir de nouvelles relations sociales. Le même jour, dans un mouvement de balancier qui va se révéler régulier, l'Assemblée instaure également le crime de lèse-nation, remplaçant celui de lèse-majesté. Il permet la poursuite des individus estimés responsables des violences de juillet, Lambesc et Besenval, satisfaisant les attentes de vengeance populaires – l'un et l'autre ont échappé à des violences physiques. Il s'en est fallu de peu, pour ce dernier, qui a été protégé par Necker contre une foule dangereuse. Ces deux accusés sont acquittés. Le double jeu mené par les élites au pouvoir explique ces mesures apparemment contradictoires. Reste que la loi crée un climat politique que les élites et le pouvoir ne contrôlent pas, puisque des cadres de pensée radicaux (comme la trahison de la nation) se mettent en place. En 1789, le petit peuple français s'est engouffré dans les divisions entre les élites françaises et les a obligées à se lancer dans des aventures.

Alors que dans leurs révolutions respectives, les Néerlandais pouvaient stigmatiser le stathouder et la Prusse, les Belges l'empereur et les Américains le roi d'Angleterre, les Français rebâtissent le pays en conservant le roi. Mais ils lui opposent la force de la nation, tandis que le roi attend de reprendre la main. Or comme la force publique est autant chargée de limiter les empiétements des ennemis de la Révolution que d'empêcher les débordements populaires, la frontière entre amis et ennemis demeure fluctuante : ordre et désordre s'échangent au gré des détenteurs du pouvoir.

Parcours parallèles ?

À côté du double jeu, il faut aussi parler de parallélisme pour comprendre les réactions des élites et des classes populaires, chaque groupe persistant dans ses habitudes en cette fin d'année 1789, sans avoir bien compris à quel point leurs destinées sont mêlées. Les populations rurales se mettent à organiser leur révolution à leur guise. Il ne s'agit pas encore d'un « effrayant début de guerre civile » malgré les apparences, mais d'une autonomie politique qui se fait jour peu à peu, les difficultés économiques continuant toujours d'alimenter des revendications violentes. Est-ce « un front de classe » qui se crée autour de la petite et moyenne paysannerie, contre les propriétaires ? Les réactions du monde rural dans le Sud-Ouest, au cours de l'hiver 1789-1790, indiquent que les choses sont moins simples et que le langage de la violence permet aux ruraux d'exprimer une vision autonome, communautariste – dirait-on en ce début de XXIe siècle. Dès la fin de 1789, la place de la violence dans le processus politique a donc changé. Elle n'est plus inscrite dans une nécessité naturaliste, ni ne dépend plus du bon vouloir du prince. Poursuivant la réflexion engagée dans les derniers temps de l'Ancien Régime, elle est devenue un moyen de faire de la politique, l'occasion d'exprimer des revendications. Dit autrement, elle a perdu tous ses mystères dans ses relations au pouvoir comme toute sa spontanéité populaire. L'introduction de la guillotine et le nouveau langage politique le démontrent.

Le docteur Guillotin est un patriote convaincu et un philanthrope. Sa proposition d'une machine, qui porte ensuite son patronyme, ne représente que l'épilogue d'un débat ancien sur le supplice judiciaire et il était logique que ce soit un médecin qui cherche à adoucir la mise à mort. L'évolution de la société vers une judiciarisation accrue de la mise à mort est flagrante comme en témoigne, dès 1790, l'exécution des frères Agasse. Pour éviter le déshonneur familial, les corps des suppliciés sont rendus à leurs proches et reçoivent un enterrement décent. La décapitation mécanique confirme la suppression de toute infamie, de toute violence inutile et de toute discrimination dans la distribution de la mort légale. La guillotine est paradoxalement un instrument philanthropique qui range au rebut des atrocités la roue et le gibet, les tenailles et la hache. Les libéraux anglais, dont Mackintosh ou Paine, insistent à bon droit sur l'amélioration que réalise le droit français. De ce point de vue, la guillotine fait, théoriquement, sortir la mort infligée par le corps social d'une aporie douloureuse. Le bourreau devient l'exécuteur d'une mécanique anonyme mais spectaculaire puisqu'elle doit être placée sur une estrade. Ce dispositif marque l'achèvement de la logique judiciaire qui établit l'égalité et la proportionnalité des peines et entreprend une régulation sociale – ce qui répond bien aux réformes souhaitées par les philosophes. Pourtant cette volonté de rationalisation sociale et d'égalité devant le châtiment provoque le malaise, dont les députés se sortent par le rire en entendant vanter les avantages de la mise à mort mécanique, qui serait rapide et indolore, à en croire Guillotin. La mort publique était trop liée à la sacralité et à l'irrationalité pour qu'elle puisse, par un simple décret, basculer dans la froideur de la rationalité d'État. La machine traduit bien les croyances volontaristes des lettrés, essayant de bâtir une société parfaite, ce que Michel Foucault a mis en lumière. Mais bien vite, la guillotine, comme toutes les autres machines réelles ou fictionnelles imaginées à l'époque, échappe à ses promoteurs, sous l'effet des passions et des luttes sociales qui sont le moteur de la Révolution française.

Marat, en novembre 1789, est l'un des premiers à revendiquer l'émeute et l'effroi dans le processus de changement, estimant que contre les orages qui grondent il faut « purger » la société des aristocrates, en les expulsant si nécessaire. L'abbé Maury, qui commence sa carrière de contre-révolutionnaire militant, distingue, encore jusqu'en septembre 1790, la « révolution » du 14 juillet et le « crime » du 5 octobre, en voulant les distinguer l'un de l'autre. Mais, en définitive, l'un et l'autre reconnaissent que sans l'emploi de la force (les contre-révolutionnaires parlent même de la terreur contre les « brigands ») l'ordre qu'ils souhaitent ne peut pas être réalisé. Le langage est contaminé par la violence politique. Une littérature politique pamphlétaire a recours aux thèmes récurrents du carnaval, le père Duchesne, les « poissardes », qui légitiment la « juste colère » du petit peuple. Le juron « foutre » devient d'un emploi courant malgré les interdictions, illustrant l'arrivée dans le monde politique des formes les plus rudimentaires du langage populaire. C'est aux cris de « Sac[rées] B[ougr]esses, vous ne voyés [*sic*] pas que Lafayette et le roi vous couillonnent » que Fournier tente, en vain, de radicaliser les poissardes à Versailles[1]. Les extrémistes commencent à être appelés

1. Cité par George Rudé, *La Foule dans la Révolution française*, Maspero, 1982, p. 96.

« enragés », « incendiaires », tandis que le mot « aristocrate » est figé dans sa dénonciation de tous ceux qui veulent « avoir tout le profit sans en avoir le mal ». Une nouvelle rupture vient de se produire dans le pays : la traditionnelle langue des droits est malmenée par l'irruption d'une nouvelle langue fondée sur la revendication menaçante, qui impose la légalité d'une nouvelle organisation sociale, un « nous » qui exige, et dont l'expression se réalise par l'émotion et la métaphore.

L'alliance réalisée entre les différentes formes de violences reste éminemment fragile, car il y a bien eu volonté de la part de certains groupes de détourner à leur profit les attentes les plus radicales et simplistes du plus grand nombre. Ainsi les vieux mythes de l'âge d'or d'un monde inversé ont-ils mobilisé les foules, réclamant le roi sans les impôts ou croyant possible le renversement des valeurs. Cependant mieux que le 14 juillet, les journées d'octobre ont vu la naissance d'un militantisme politique populaire féminin. La coexistence de ces phénomènes, qui témoignent de nouveaux horizons d'attente, impensable quelques mois plus tôt, est certainement une des spécificités françaises, puisque partout ailleurs le petit peuple reste cantonné hors de l'arène politicienne dans des rôles de figurants ou de supplétifs. En France, elle a donné à la Révolution l'impulsion qui lui était nécessaire et l'a aussi dotée d'une énergie que peu d'hommes politiques sont en mesure d'encadrer. Reste à souligner que le climat qui vient de s'imposer ne résulte ni des choix délibérés d'un groupe constitué, ni d'une doctrine préétablie ; il n'a été que le résultat d'une suite de conflits demeurés sans solutions jusque-là, qui se sont télescopés pendant ces mois de 1789. *A contrario*, à Saint-Domingue, où les luttes sociales et politiques s'enracinent dans les rivalités liées à la couleur de la peau, les mulâtres réclamant l'égalité politique sont victimes de pogromes particulièrement atroces de la part des Blancs, et notamment des « petits Blancs », annonçant les explosions de violence à venir entre des communautés échappant au contrôle étatique, et pire, au cadre du droit.

Ruptures du temps

La confusion des principes et des émotions est perceptible en cette fin d'année 1789, où la Révolution s'est imposée à tous en réorganisant le cadre de vie de tous les Français, au prix d'une exacerbation des sentiments. De nombreux témoignages attestent cette conviction partagée, même parmi les conservateurs, d'une entrée dans un temps nouveau, où tout est possible et où la politique passe par la violence, au point de voir toute violence comme politique. Ainsi cet observateur qui écrit pour ses correspondants nantais à propos des 5 et 6 octobre 1789 : « Ma rue est pleine d'hommes à cheval et armés de pistolets et de sabres. Grand Dieu ! J'entends un bruit terrible de fusils et de canons, je ne peux continuer, il faut que je voie, je vais voir. À dix heures du matin. Je laisserai sur mon papier cette dernière phrase : tout est fini ; les bruits du canon et des fusils sont des bruits de joie. Je cours à l'Assemblée. Je verrai ce qui se passe sur l'avenue de Paris et ce soir, je vous dirai ce que j'ai vu. »

Les événements semblent avoir imposé une accélération du temps et les interventions des anonymes dans la vie publique. Dès le 12 juillet, les témoins avaient rapporté que « la fermentation commence au Palais, un jeune homme fait rassembler le peuple, monte sur une chaise, expose avec énergie les malheurs [...] et tirant un pistolet de sa poche, il jure sur cette arme de verser tout son sang pour la patrie. Mille voix applaudissent, mille épées sont tirées ». « À chaque instant, on arrêtait des convois ou des messages [...] ; de tous côtés nos pas étaient entourés de pièges. » Les journalistes, profession en plein essor, participent à cette effervescence, non seulement en racontant des faits, mais par le style même de leurs articles. Dans les *Révolutions de Paris*, en juillet 1789, les phrases sont saturées de points de suspension qui soulignent les fulgurances des changements. La révolution donne l'impression que les temps sont advenus avec brutalité et rapidité, si bien qu'elle inaugure un nouveau comput, qui annonce dès la fin de 1789 le calendrier révolutionnaire de 1793. Pour certains, il est possible de compter dès 1789 à partir de l'an I de la Liberté. Burke, en le regrettant, partage cet avis, voyant dès octobre 1789 la déconstruction du temps et des mots à l'œuvre en France, le pays rompant avec son passé chevaleresque et médiéval. Cette rupture est incarnée exemplairement par la défaite des Monarchiens et le départ de Mounier. L'initiateur de la Révolution des trois ordres était profondément pénétré de la continuité de l'histoire française, affirmant : « Nous n'oublierons pas que les Français ne sont pas un peuple nouveau, sorti récemment du fond des forêts pour former une association, mais une grande société de vingt-cinq millions d'hommes qui veut resserrer les liens qui unissent toutes les parties... » C'était sur cette base qu'il avait souhaité un compromis avec le roi, comme avec l'histoire du pays, s'opposant ainsi à la position des plus radicaux qui pouvaient s'aligner derrière la phrase fameuse du pasteur Rabaut Saint-Étienne proclamant que « le passé n'est pas notre code ». La violence a surgi pourtant de cet héritage que les élites cultivées n'avaient pas assez pris en considération. Elle a balayé tout compromis.

Logiquement, les événements français reçoivent un écho important dans toute l'Europe et dans les Amériques. L'accueil est indépendant des calculs politiques faits par les gouvernements qui se réjouissent plus ou moins de la disparition de la France sur la scène internationale, et qui estiment que le gouvernement monarchique a récolté ce qu'il avait semé, ou de tous les réformateurs qui arrivent en France après des échecs dans leur propre pays. En Allemagne notamment un enthousiasme est repérable chez les élites des Lumières. L'exemple de Kant est bien connu, voyant au-delà des faits et des réalisations institutionnelles la prise de conscience qui se réalise. Le plus enthousiaste est certainement Georg Forster qui accepte les conséquences du fait que les révolutions naissant d'une oppression soient des convulsions violentes. « Qu'il est beau le spectacle des forces en lutte ; beau et sublime même dans leur effet destructeur », écrit-il. Les voyageurs étrangers résidant en France sont saisis par le sentiment d'urgence qui se dégage des manifestations et des affrontements. Il convient cependant de rappeler que la France n'innove pas véritablement dans le recours à la violence politique. Celle-ci est usuelle en Angleterre entre adversaires politiques, comme vis-à-vis des classes populaires, considérées comme une « multitude porcine ». La novation française, liant violence et révolution, fait simplement oublier les révoltes et les répressions traditionnelles. Dans la sensibilité sublime, la terreur unissait la démesure et l'émerveillement. Ce qui se produit en France provoque l'enthousiasme qui répond à la naissance d'une violence présumée régénératrice. Alors que la radicalisation américaine s'était produite en une quinzaine d'années, de 1770 à 1787, en intégrant la violence populaire dans la création républicaine, que les révolutions néerlandaise, belge ou genevoise s'étaient émiettées dans des conflits locaux parfois étalés sur plusieurs années, les événements français sont brutaux, amples et globaux, s'inscrivant dans la suite des déchirements sociaux antérieurs.

Chapitre 3
La guerre civile

Tandis que les députés essaient de stabiliser la Révolution et entreprennent une œuvre administrative et institutionnelle qui va léguer au pays ses cadres essentiels destinés à durer jusqu'à aujourd'hui, la France entre peu à peu dans une véritable guerre civile. Sans revenir sur les acquis de la période, la « guerre civile » constitue non seulement la toile de fond des débats qui se déroulent dans les assemblées, mais donne la signification des événements. La Révolution est née de la violence instrumentalisée et ne peut pas se bâtir sans elle, mais la dimension politique sert aussi de paravent aux règlements de comptes et aux vengeances, qui à leur tour radicalisent les mobilisations politiques. Le terme de « guerre civile », souvent galvaudé, désigne exactement cette situation qui voit une société s'engager dans des conflits internes liés à une recomposition en utilisant des mots d'ordre politiques ou idéologiques. Sous des formes apparemment « politiques », des violences multiples se poursuivent, posant problème aux nouveaux détenteurs de la légalité politique et administrative. Leurs prédécesseurs pouvaient auparavant les réprimer en jouant sur les rapports interindividuels et sur les habitudes régionales. Cela devient impossible quand la lecture politique classe en amis ou ennemis, au nom de principes posés comme irrévocables, des groupes prêts auparavant à des compromis, quand les liens traditionnels sont brisés par la constitution d'une nation composée de citoyens adhérant à un projet commun et créant ainsi une nouvelle légitimité.

Ainsi les députés engagés dans les débats institutionnels sont-ils confrontés aux foules en colère, aux conspirateurs de tous bords et aux prophètes de malheur qui, ne reculant pas devant les violences déchaînées, comme Marat à gauche ou les rédacteurs du *Petit-*

Gautier à droite, dénoncent les contradictions des mesures prises et annoncent les catastrophes à venir. C'est dans cette tension que doivent agir les élites politiques. La réussite de leurs meilleurs représentants qui arrivent à incarner les demandes publiques tient à la façon de capter et de canaliser ces forces qui traversent la société pour les traduire politiquement. Les députés n'eurent pas seulement l'héritage royal à affronter pour édifier le droit nouveau qu'ils voulaient mettre en place. Ils firent face aussi à ces innombrables conflits qui déchiraient la France et les isolaient, puisque leurs opposants récusaient aussi leur légitimité et celle de l'État lui-même. Le comble est atteint lorsque des groupes, croyant parler le même discours, alliés à l'issue de l'année 1790-1791, se séparent, chacun accusant l'autre de trahison. Ces rapprochements et ces divergences composent la trame sur laquelle les violences se déploient et à partir de laquelle un type de violence politique se légitime. Là encore, le foisonnement des faits doit être pris en considération pour ce qu'il dit des conditions réelles de la vie politique de ces années, qui ne se résument pas à des interprétations idéologiques ou à des débats philosophiques.

L'unité en question

Les Constituants, devenus révolutionnaires sans le vouloir, ont incarné les espoirs radicaux et contradictoires des populations. À la fin de l'année 1789 et au début de 1790, ils demeurent encore à peu près maîtres du jeu dans les centres de pouvoir les plus importants, même si des régions entières sont en train d'échapper à leur contrôle. La volonté de maintenir l'unité du royaume se conjugue mal avec la peur d'une chambre haute et le rejet d'un pouvoir exécutif fort, ce qui conduit les députés à un régime hybride, les législateurs et le roi intervenant concurremment dans la marche du royaume, provoquant des blocages qui ne se résolvent que par le recours à la mobilisation populaire. Cette concurrence est accrue par les activités militantes de nombreux groupes, révolutionnaires ou contre-révolutionnaires, s'estimant légitimes au nom de la nation ou des traditions du pays. Les militants s'engagent dans des clubs rapidement rivaux, qui orientent les opinions selon une bipolarisation que les plus modérés n'arrivent pas à enrayer.

Tous partagent le besoin de maintenir l'unité du royaume, exigence qui s'affirme de façon toujours polémique à l'encontre des adversaires suspectés de vouloir le démembrer. Pour les partisans de la monarchie, ce démembrement commence avec la diminution du pouvoir du roi, telle que le tiers état est en train de la réaliser *de facto* depuis la mi-1789. Parmi les patriotes, en janvier 1790, Talleyrand accuse les « aristocrates » de vouloir maintenir la diversité des monnaies, donc d'empêcher l'unification de la langue et des mesures. Cette tension traverse la Fête de la fédération du 14 juillet 1790. Le rassemblement est à la fois un moyen pour commémorer l'anniversaire de la prise de la Bastille, lui faisant perdre son sens tragique, en même temps qu'il est la consécration des fédérations de « patriotes » et de leur encadrement par l'État. Ainsi la journée est-elle la proclamation de l'unité de la nation en tant que corps au prix de la soumission ou de l'exclusion des opposants les plus déterminés. L'exaltation qui en résulte s'accompagne de l'anxiété devant un échec redouté.

Un pamphlet et un hymne illustrent cette ambivalence. Le premier représente des nobles, des femmes distinguées et des curés au travail sur le Champ de Mars ; il est accompagné de deux légendes. L'une, au bas de l'image, félicite tous les bons citoyens qui ont participé aux préparatifs de la fête ; l'autre est une menace violente : « Aristocrates vous voilà donc f... Nous baiserons vos femmes. Et vous nous baiserez le c... » La crudité des propos révèle l'étendue des rancœurs, des jalousies et des incompréhensions que les initiatives des Constituants ont essayé de contrôler jusque-là. Le renversement de la domination est certainement politique pour les lettrés, il se traduit par des émotions pour les autres catégories de la population, dont les frustrations trouveront un exutoire lorsque les circonstances le permettront. Dans l'hymne qu'il compose pour la fête, Marie-Joseph Chénier ne fait pas allusion aux combats meurtriers de 1789 et parle au contraire de la justice et du temps. Le texte relève d'une stratégie consciente et plus ou moins secrète des modérés. Celle-ci invoque la patrie pour combler le vide créé par la disparition du rôle du roi et de la religion comme lien national (avant que les images féminines ne servent de fétiches). Les Français sont confrontés à l'angoisse devant un avenir imprévisible, alors qu'ils craignent la poursuite des violences et la présence de comploteurs. La journée est placée sous le signe du « malentendu ». L'attitude du roi n'a pas coïncidé avec ce qui était attendu de sa fonction, les haines n'ont pas été résorbées par la fraternité et ont même été exacerbées ; la volonté de clore la révolution achoppe sur ces tensions. Pourtant il est possible de penser que la fête a atteint son objectif faisant « comme si » la fraternité était possible. Le langage employé doit être compris dans son rôle performatif : on espère par là que la réalité finira par coïncider avec le projet. Reste que l'équilibre est fragile.

L'incertitude pèse même sur les cadres politiques. Dans le long débat historiographique qui s'est tenu sur l'articulation des sphères publique et privée, beaucoup a été dit sur les empiètements de l'une sur l'autre, mais peu sur le simple fait que la majorité des Français de l'époque n'avaient pas la perception claire de ce qu'étaient l'une et l'autre. Les frontières sont minces, comme des exemples le montrent. Les autorités dans leur désir d'enrayer tout débordement populaire veulent interdire le carnaval en 1790, dont l'existence serait devenue inutile pour un peuple libre. Avec lui, elles entendent aussi supprimer la littérature carnavalesque estimée porteuse d'un discours contestataire, ainsi que les travestissements, qui ne doivent plus avoir cours là où les opinions s'expriment sans crainte. Le contrôle politique des masses est d'autant plus nécessaire que la domesticité et la population fluctuante des grandes villes sont toujours susceptibles de s'allier aux opposants de la Révolution, comme à Rennes en janvier 1789. La collusion du peuple et de l'aristocratie n'est pas une vue de l'esprit – encore moins une incongruité sociale. Elle conduit les autorités parisiennes à surveiller de près les mouvements aux barrières d'octroi ou les distributions de pains effectuées par les monarchiens.

Cet équilibre instable rend imprévisibles les retentissements de la vie politique, donnant du poids à ceux qui sont capables d'instrumentaliser la sensibilité populaire. En 1790, à l'occasion des duels qui opposent les députés Cazalès et Barnave, Lameth et le duc de Castries, les nobles sont dépeints comme des monstres et des chiens enragés, et la foule saccage l'hôtel de Castries. Le lendemain, 13 novembre 1790, la séance de l'Assemblée est perturbée par l'intrusion des spectateurs des tribunes qui ne respectent pas l'espace des députés. L'affrontement a lieu entre une gauche qui voit dans la violence populaire une forme de défense respectueuse des personnes et de l'autorité, et la droite qui dénonce l'exploitation du goût de l'insurrection. C'est par la vertu de la parole de Mirabeau que le sac de l'hôtel se transforme en une réitération de la prise de la Bastille, permettant aux patriotes de conserver l'appui des tribunes et de canaliser les pulsions violentes. À côté de tentatives d'assassinats qui concernent Mirabeau ou Lameth, une autre guerre se livre donc entre patriotes et aristocrates au travers des pamphlets qui ne respectent aucune règle, accusent violemment les individus jusqu'à les mettre à mort symboliquement, et dénoncent toute trace de despotisme. Au nom de l'égalité civique, le duel apparaît comme la marque d'un archaïsme dangereux qui interdit toute constitution. Celle-ci ne peut être installée que par la classe moyenne, cultivée, opposée au meurtre légal et à la culture des armes. Dans cette querelle, le duel disparaît même du droit français en septembre 1791. Le silence des mots espère faire oublier la chose.

Dans cette situation où des cultures différentes se rencontrent dans un champ politique en formation, la violence naît quasi mécaniquement, ne serait-ce que des conditions dans lesquelles les réunions politiques s'organisent à propos des redécoupages administratifs ou des multiples élections. Le temps consacré au déroulement des scrutins n'est pas fixé clairement et les manipulations sont nombreuses. En outre les ruraux transfèrent leurs habitudes communautaires dans le nouveau cadre politique, si bien que les clans et réseaux locaux trouvent de nouvelles raisons de poursuivre leurs rivalités. Tout cela permet que les routines de violence s'expriment. On ne peut pas trop reprocher aux députés et aux administrateurs leur volontarisme réformateur et unificateur : ils ont simplement essayé de donner du corps à un projet, mais l'« espace public » qu'ils tentent d'instituer n'a guère de sens pour des militants qui ne font pas de distinction claire entre espace communautaire et dimension nationale. Les ruptures introduites dans le tissu social ont ouvert des incertitudes, dans lesquelles s'engouffrent des angoisses et des peurs, tandis que la remise en cause des pratiques collectives profite aux individus ambitieux ou marginaux. L'ébranlement est d'autant plus violent qu'il se produit dans des zones marquées par des conflits sociaux anciens, et plus encore dans des lieux où idéologie, politique et religion sont étroitement mêlées.

Guerres paysannes ?

À la fin de 1789 et au début de 1790, les populations rurales continuent d'être traversées par des révoltes qui s'articulent difficilement avec les évolutions politiques, car les difficultés économiques continuent toujours d'alimenter des revendications violentes ; l'autonomie de ces mouvements est réelle, en décalage par rapport à l'horizon politique des élites nationales et locales. Est-ce un « front de classe » ou une succession de jacqueries locales ? L'étude synthétique de ces manifestations souvent ponctuées par des morts d'hommes et des répressions brutales et hâtives demeure à faire, pour répondre à la multiplication des travaux qui leur sont consacrés.

Dans le grand Sud-Ouest, plus de 600 troubles ont été recensés, dont certains particulièrement graves. Les ruraux recourent aux insultes, obligent le seigneur à boire du vin dans un fond de chapeau ou la dame à « baiser une girouette ». Viennent ensuite des pratiques plus violentes, vidanges systématiques des étangs seigneuriaux qui perdent tous leurs poissons, destruction des titres seigneuriaux, des girouettes et des bancs d'église, enfin pillages de châteaux et distribution des meubles et des biens. Des arbres de mai sont plantés d'une façon provocante pour interdire de payer les rentes féodales et menacer tout seigneur qui en accepterait. Ces arbres sont en outre surchargés d'instruments aratoires, de houes et de tamis, mêlant la tradition rurale à de nouvelles significations politiques. La violence anti-nobiliaire s'exprime dans le Quercy avec ces cris : « Il faut tuer tous les seigneurs en commençant par ceux-ci, exterminer la noblesse sans en laisser aucun vestige. » Ailleurs, d'autres proposent de faire griller ensemble nobles et prêtres. Les paysans imposent souvent des taxations aux notables des villes et des bourgs comme à leurs voisins, demeurés en dehors des troubles.

Dès janvier 1790, les notables locaux appuyés par des nobles et des troupes cantonnées sur place réagissent violemment. À Niort, à Poitiers (où une personne est tuée), à Rochefort, de véritables insurrections mettent face à face des insurgés armés et la garde nationale, qui abandonne les lieux. Ailleurs les émeutiers sont dispersés, 12 morts sont comptabilisés officiellement à la suite d'affrontements. À l'issue d'un jugement à Tulle, 2 personnes sont pendues sur 55 arrêtées. L'écho est aussitôt national, les députés se saisissant de l'affaire. L'usage de la violence la plus extrême est accepté et le calme rétabli, avant que d'autres vagues de violences ne déferlent en mai-juin puis en automne. Se produit surtout une flambée de délits et d'atteintes aux propriétés accompagnée de poursuites de châtelains. L'apogée semble avoir lieu à Varaize, en Charente, en octobre 1790, lorsqu'une émeute prend forme, rassemble 2 000 personnes contre le maire, régisseur du seigneur, qui est pourchassé jusqu'à Saint-Jean-d'Angély, où il est mis à mort.

Les tensions antérieures expliquent ces révoltes, qui reçoivent une nouvelle signification. Grâce à une poignée de meneurs, dont quelques-uns viennent des villes, par exemple de Brive, les paysans entrent dans le monde politique. La culture nouvelle a contaminé les habitudes de séditions et actualisé les mythes. Henri IV est le modèle du bon roi, on raconte que le roi en sabots ordonne de brûler les bancs des seigneurs, ou que la loi martiale consiste à brûler un seigneur sur trois… ces bruits autorisent le passage à l'acte. Les ruraux entendent ainsi établir par la force une espèce de république égalitaire. Dans les mois suivants, l'éclatement de la communauté rurale est confirmé, mettant aux prises propriétaires et locataires, rentiers et exploitants, marchands et producteurs. Ces émeutes sont liées à la présence de ce qu'Yves-Marie Bercé appelle des « réserves insurrectionnelles [1] », qui lèguent des héritages de vengeances. La mobilisation des communes est considérable, rendant les opérations de maintien de l'ordre presque impossibles dans un climat qui fait hésiter sur les positions à prendre.

Dans le Sud-Ouest, des notables traduisent la Déclaration des droits de l'homme en langue régionale pour rappeler que la liberté a des bornes ; en Bretagne, la bourgeoisie urbaine, qui, au nom de la défense de la propriété, pend et fusille les meneurs, reste cependant divisée, puisque des amnisties sont demandées par les patriotes de Nantes ou de Pontivy. Ceux-ci défendent les paysans dans leur lutte contre la féodalité. Des tentatives de compromis sont envisagées en proposant de supprimer les « droits féodaux » tout en respectant le droit des propriétaires. Répression et révolte se répondent. En mai, par exemple, 117 paysans sont attachés deux par deux par la milice bourgeoise de Saintes, mais de 1 500 à 3 000 paysans marchent sur Saint-Jean-d'Angély et des foules de 4 000 à 5 000 personnes se soulèvent autour de Gourdon, mettant le feu aux châteaux. On retrouve des manifestations de même nature en Bretagne, en Picardie, dans le Cantal, avant que la Haute-Vienne et le Quercy ne connaissent encore de nouvelles flambées de violences dans l'été de 1791. Il y aurait eu ainsi, par exemple, en août 1791, quatre heures d'affrontements entre 600 gardes nationaux et 4 000 à 5 000 ruraux devant La Souterraine, le bilan s'établissant sans doute à 2 morts et 80 prisonniers chez les insurgés. Cette situation est d'autant plus chaotique que les ruraux pratiquent des habitudes de violences festives traditionnelles. Ils mêlent pillages, ripailles et processions communautaires, avec la réponse à des mots d'ordre plus politiques, si bien que, çà et là, des notables, parfois le maire, voire des gardes nationales, se joignent aux manifestants, et que les paysans simplement mécontents des décrets récents, imposant le rachat de droits, participent aussi à ces mouvements pour

1. Yves-Marie Bercé (éd.), *Croquants et Nu-Pieds*, PUF, 1974, p. 49.

essayer de tirer leur épingle du jeu. Le camp adverse rassemble des configurations tout aussi improbables. Nobles et bourgeois propriétaires, élites urbaines méfiantes envers les campagnards, gardes nationaux et soldats de ligne se rejoignent, désireux de garantir l'ordre. Les seigneurs n'entendent pas se priver de ressources financières parfois essentielles et entament des procédures judiciaires jusqu'en 1792 pour maintenir leurs droits.

Des patriotes saisissent l'occasion pour se tailler des réputations politiques en venant défendre des émeutiers emprisonnés. Vergniaud obtient ainsi la libération d'un activiste de Brive. Cette alternance de discussions et de violences traduit bien la nouvelle distribution de l'espace public. Celui-ci est encore organisé autour des antagonismes et des oppositions sociales et locales, mais il est dorénavant confronté aux discours politiques nationaux, qui introduisent des catégories nouvelles et sont portés par des groupes et des individus affranchis des contraintes collectives. L'amalgame va se faire progressivement, ne s'achevant peut-être pas avant les années 1880, mais cependant, dès cette époque, il est possible de voir que des légitimités de natures différentes se heurtent, amenant des reclassements. Lorsque les motifs d'affrontements sont limités aux questions de droits féodaux et de redevances, le retour à l'équilibre des communautés est peu à peu envisageable, après l'apurement des comptes et la désignation de personnalités acceptées ou tolérées par la majorité des habitants ; mais lorsque d'autres clivages s'ajoutent à cela, notamment lorsqu'ils sont d'ordre religieux, alors les oppositions prennent une tout autre dimension. Sur les marches bretonnes, par exemple, les questions sociales et religieuses sont aggravées par la persistance des habitudes de contrebande, qui disparaissent avec la fin des frontières intérieures, alors qu'elles assuraient de fait des revenus non négligeables à de nombreux ruraux.

Revendications politiques ?

Les députés de l'Assemblée constituante se trouvent ainsi placés en porte-à-faux à plusieurs titres. Alors qu'ils ont obtenu leur hégémonie politique grâce à la violence populaire, ils doivent encadrer fermement celle-ci sous peine d'être balayés par elle, et par l'exaspération des groupes qui se constituent à l'extrême gauche comme à l'extrême droite. Ils entendent aménager la sortie des droits féodaux, sans soutenir les désordres ruraux qui leur sont préjudiciables et font entrer le pays dans une crise qui menace le fragile consensus obtenu depuis juillet 1789. Les décrets des 23 et 27 septembre 1789 et des 15 et 19 juin 1791 rappellent les limites au-delà desquelles l'Assemblée ne veut pas aller. Elle rétablit les impôts indirects, y compris la gabelle, en même temps qu'elle assure la liberté du culte des prêtres réfractaires – ainsi à côté de l'Église née de la Constitution civile du clergé, la loi prévoit la poursuite de l'Église romaine animée par les clercs qui n'ont pas prêté serment –, et refuse le droit de vote aux citoyens passifs, les pétitions collectives et l'armement des femmes. Elle ne veut pas statuer sur les biens communaux, provoquant des réclamations dans de nombreuses régions, et la naissance de courants qui envisagent la « loi agraire ».

L'incompréhension ne peut que s'aggraver. Dans les hautes terres du Languedoc, à Saint-Étienne-du-Valdonnez, le 15 avril 1790, les habitants se rassemblent et un officier municipal fait proclamer par un enfant que les limites d'un bien communal, déplacées par deux propriétaires en 1766, doivent être remises en place. Ceux qui ne se joignent pas au cortège d'une trentaine de personnes pour couper les arbres « illégaux » et renverser les murs sont passibles d'une amende de 3 livres. Plainte est déposée par les propriétaires, mais les émeutiers se constituent eux-mêmes prisonniers pour être interrogés et disent avoir accompli tout cela au nom de l'Assemblée nationale. L'émeute communautaire a été repeinte aux couleurs du politique, permettant à des porte-parole incontrôlables de s'exprimer au nom de la communauté. Dans la commune d'Issy-l'Évêque, en Saône-et-Loire, le curé « rouge » Jean-François Carion lance un comité qui fait des réformes sociales, contrôle les baux et protège les métayers. La garde nationale est formée de 60 journaliers. Carion est élu maire en mars 1790, avant d'être poursuivi comme « lèse-nation », arrêté et enfin libéré en 1791.

D'autres confrères, porte-parole de la contestation rurale, prônent aussi l'égalitarisme au nom de l'Évangile. Mais des violences accompagnent ces revendications, un « bourgeois » qui vient d'obtenir un jugement favorable d'un tribunal dans un cas de partage de communaux près de Grenoble est tué en juin 1790. Des rumeurs racontent, en juillet 1790, le martyre – manifestement inventé – que des aristocrates auraient infligé au prêtre charentais Roux, curé rouge, plus tard tête de file d'un mouvement sans-culotte.

Le 18 mai 1790, à la Rochelle, une femme parlait de mettre les têtes des « accapareurs » au bout des piques ; quelques centaines d'ouvriers agricoles se soulèvent au cours des étés 1790 et 1791, dans les plaines riches de l'Île-de-France, au cours de « bacchanales » hostiles aux propriétaires, et se heurtent aux troupes envoyées contre eux. Plus le temps passe et plus la conjonction s'opère entre les mouvements politique et social. Les paysans invoquent l'Assemblée contre les seigneurs et l'aristocratie. En Haute-Garonne, le château de Buzet du comte de Clarac est détruit, parce que le comte est opposé au maintien des communaux, parce qu'il refuse de céder ses redevances et qu'il reçoit en 1791 un marquis partant en émigration, après s'être affronté aux villageois soulevés dans le Quercy l'année précédente. Le soulèvement reçoit l'appui des gardes nationaux, le marquis est tué et son hôte emprisonné. Du Nord au Poitou, en passant par la Nièvre ou la Saône-et-Loire, des paysans armés effectuent des perquisitions forcées dirigées éventuellement contre des bourgeois, provoquant parfois des morts. Pendant l'été 1791, dans le pays de Caux, 3 000 à 4 000 hommes avec des fusils et un petit canon, appuyés par les gardes nationaux et les élus de leurs communes, réclament la taxation et la réglementation de la circulation des grains. Ils s'affrontent à 500 hommes armés de deux canons qui défendent, de leur côté, la liberté du commerce. Au printemps suivant se produisent de véritables soulèvements populaires contre la liberté des échanges. Il ne s'agit pas seulement d'une opposition à la « ville », mais plutôt d'une véritable lutte politique des paysans, qui se révoltent contre les villes jugées « modérées » dans leurs perspectives, mais aussi contre les « Anglais » en Bretagne. Ces mouvements sont-ils vraiment différents des soulèvements des ruraux de l'Ouest, voulant mettre les tripes des administrateurs au bout de leurs bâtons dès le début de 1791, et qui entrent peu à peu dans une perspective contre-révolutionnaire ?

Le contexte national, les divisions politiques et l'identification de la nation aux réformateurs altèrent l'horizon des masses. La société n'est plus seulement dressée contre l'État, elle en devient un des éléments, en important ses habitudes de violences communautaires. En cela, une mutation importante se réalise dans de nombreuses régions françaises, qui sont intégrées de fait dans l'univers politique national et en adoptent les règles et les langages tout en continuant de vivre comme par le passé. Mais la modernisation politique, qui se met en place, caractérisée par la rationalité de l'autorité, par la différenciation des fonctions politiques et par la spécialisation des structures, impose des contraintes nouvelles aux communautés. Dans la mesure où le champ politique n'est pas encore organisé, bon nombre d'entre elles échappent encore aux critères fixés quelques mois plus tard qui définiront les révolutionnaires et les contre-révolutionnaires. L'exemple peut être donné par la jacquerie de Davenescourt, en Picardie. Les paysans ont pillé un château, menacé et blessé sa propriétaire, en février 1791. Les meneurs sont poursuivis et voués manifestement à la mort ou à des peines lourdes. Ils ne sont sauvés que par l'amnistie décidée le 14 septembre 1791 pour des crimes politiques et surtout parce que leur défenseur, Babeuf, réussit à prouver qu'ils s'inscrivent bien dans le registre politique, alors que manifestement ils n'avaient fait, en février, qu'exercer des violences coutumières contre les puissants.

Il n'est sans doute pas souhaitable de parler d'anti-révolution pour qualifier ces indécisions, car celles-ci n'appartiennent pas aux émeutiers, mais bien aux autorités et aux élites rivales, seules détentrices des cadres de pensée. Les ruraux ont réagi comme ils en avaient l'habitude, ici comme ailleurs en Europe et en Amérique, en se méfiant des réformes et en souhaitant garder leur autonomie. La définition politique de leur mouvement dépend de leur rapport à l'État. Ainsi, au Pérou, les soulèvements autour de Tupac Amaru recevront, après 1781, une teinte nationaliste et autonomiste, parce que la monarchie espagnole réformatrice reste dans le giron du légitimisme politique. En France, l'État classera les ruraux dans un camp ou dans un autre selon les dates de leurs interventions et selon leurs alliés, souvent imprévus. Or les nouvelles élites au pouvoir à Paris et dans les départements ont fort à faire. Elles doivent contrôler des rustres toujours considérés comme des enfants, maintenir l'ordre économique et politique, veiller à maintenir leur unité, devant les périls politiques qui viennent des émigrés, du roi, mais aussi des cordeliers.

Communautarismes réinterprétés

L'éclatement des cadres politiques et la possibilité d'intégrer la politique dans des débats anciens expliquent que les rivalités locales, claniques ou familiales se transmuent, créant des traditions qui dureront encore au XIXe siècle. Les élections, qu'elles aient pour but de désigner des administrateurs, des juges ou des députés, donnent de bonnes occasions de régler des comptes, surtout lorsque les concurrences ont été aggravées par les choix des chefs-lieux de département ou d'arrondissement ou par les fermetures de lieux de culte. Les contenus idéologiques sont vagues et ambigus, même quand on entend en 1790, à Saint-Pargoire, que l'on va « massacrer tous les Blancs », ou lorsque à Frontignan la population est divisée en patriotes et en aristocrates. Sous ces « masques », on retrouve assez facilement les conflits des notables traditionnels et de leurs clientèles. Les cris de ralliement sont régulièrement sur le mode « à moi ceux de... », ils renvoient au plaisir du défi villageois. Là où des traditions de luttes locales sont vives, celles-ci se prolongent dans de nouveaux affrontements colorés selon le spectre politique national. Ainsi le Biterrois serait-il marqué d'abord par des rivalités intracommunautaires tandis que le Toulousain serait le lieu d'oppositions régulières entre ville et campagne.

Dans cet usage des repères politiques, il ne faut pas s'étonner que certains bourgs et villages parcourent tout l'éventail politique. Dans la vallée du Rhône ou autour de Toulouse, tel qui chasse les aristocrates et les curés dès 1789 est ensuite engagé dans des luttes fratricides entre 1792 et 1794, puis se retrouve insurgé contre-révolutionnaire en 1799. On peut sans doute généraliser l'exemple du Comtat, qui montre que la radicalisation des positions est la plus forte là où des communautés différentes et concurrentes, pour des raisons sociales ou religieuses, coexistent à parts à peu près égales. En revanche, lorsqu'un parti contrôle la situation locale et impose un « ordre » difficile à contester, il semble que les antagonismes soient moins vifs ou moins « politisables ». Dans le cas inverse, la présence d'une forte minorité induirait des contestations ouvertes qui basculent immanquablement dans le champ du politique et, en l'occurrence, dans la partition conflictuelle entre « aristocrate » et « patriote », puis « contre-révolutionnaire » *versus* « révolutionnaire ». Les habitudes communautaires et la sociabilité villageoise (violons contre tambourins parfois !) expliquent que, dans ces années, l'engagement des ruraux et plus largement des foules préindustrielles soit plus fort que celui des habitants des grandes villes, outre la présence ordinaire de « brigands sociaux », en Provence par exemple.

Les provinciaux appréhendent parfois ainsi l'arrivée de la « politique » comme une menace sur leurs habitudes communautaires et religieuses. Les exemples peuvent être trouvés dans de nombreuses régions. Autour de Nice, la naissance de ce qui sera le barbétisme, ce mouvement anti-français, s'enracine dans ces rivalités locales. À Arles, à partir de 1789, la structure de l'espace conduit à des oppositions entre mariniers et propriétaires, que la politisation radicalise. À Toulon, le 23 août 1791, des rixes éclatent entre partisans de clubs adverses qui sont implantés dans des quartiers différents. Les limites sociales et topographiques de l'espace vécu conditionnent, logiquement, les apparentements politiques. Ce sont pour de semblables raisons, avivées par la chaleur et le vin, que le sang coule, lorsque se retrouvent des gardes nationaux de Grasse et d'Antibes en juin 1790. Les trajectoires personnelles de nombreux individus, mal intégrés dans leur communauté, ambitieux ou fragiles psychologiquement, sont infléchies par cette reconfiguration des relations communautaires. À Sens, un horloger, Billon, ulcéré de ne pas être admis dans la garde nationale du lieu, se venge en tirant au fusil sur les membres de la municipalité avant de se suicider en faisant exploser sa maison, tuant d'un seul coup 25 personnes et en blessant 41 autres. En représailles, son cadavre est suspendu aux fourches patibulaires et il devient interdit de reconstruire à l'emplacement de sa maison. Cette contamination par la politique est comprise de façon opposée et contradictoire par les hommes engagés dans la vie nationale. Pour les monarchiens, il ne fait pas de doute que la propagation des idées politiques (pour eux des doctrines inspirées de Rousseau) ne peut avoir que des effets négatifs sur les paysans analphabètes, qui ont une « raison aussi bien organisée que celle des autres, mais moins exercée et plus susceptible d'erreur[1] ». Pour Grégoire et nombre de ses correspondants, la méfiance n'est pas moins grande. Ces défenseurs des Lumières se voient assiégés par la campagne et ses patois, exprimant au choix le préjugé ou la sottise. Une saine politique qui refuse le poids de la nature et de l'histoire doit être menée contre ces pesanteurs.

Les résonances des événements métropolitains dans les colonies sont tout autant marquées par des rebondissements stupéfiants et dramatiques. Dans un premier temps, les planteurs se saisissent de la revendication des « patriotes » pour se présenter comme les défenseurs des libertés contre le « despotisme », au point où, à Saint-Domingue, le gouverneur doit mettre fin par la force à leurs réclamations. Mais tous s'allient pour refuser l'égalité politique demandée par les « libres de couleur » remplis des espoirs suscités en France. Dans la grande île des Caraïbes, l'arrivée d'un mulâtre porteur des idées révolutionnaires, Ogé, met le feu aux poudres. Celui-ci se retrouve en octobre 1790 à la tête d'une insurrection qui est vite réprimée. Lui et ses amis sont mis à mort le 25 février 1791. À la suite de l'arrivée de troupes renforçant le pouvoir des planteurs créoles, une insurrection écrase les « petits Blancs » et les partisans de l'administration – Mauduit, le chef militaire, qui représentait l'autorité, est assassiné et châtré. Dans cette exaspéra-

1. Jean-Jacques Tatin, « La dissémination du texte Rousseau », *Littératures*, 69, 1988, p. 20.

tion continue qui voit le pouvoir militaire pris par les « grands Blancs », les mulâtres s'insurgent contre eux. Alors que ces deux camps se font la guerre sans réussir à prendre le pouvoir, le 22 août 1791, les esclaves se soulèvent brutalement, ralliant à eux des libres de couleur déçus par les Blancs. Rumeurs venues de France (le roi n'a-t-il pas accordé trois jours de liberté par semaine que refuseraient les révolutionnaires ?), pratiques anciennes de révolte et vaudou se mêlent. D'emblée la violence est extrême, incendies, carnages, viols sont pratiqués dans une ambiance de règlements de comptes mâtinés de millénarisme religieux. Plus d'une dizaine de milliers de morts auraient été comptés au bout de deux mois d'une guerre atroce. La violence est devenue une fin en soi. Jusqu'en 1792, trois grandes forces distinctes et rivales se partagent le territoire et concluent parfois des alliances fragiles. Les alliances et les luttes se conduisent autrement dans les îles voisines. Les commerçants « patriotes » de la Martinique massacrent les mulâtres que protègent les colons royalistes, qui réussissent à les vaincre militairement et à prendre le pouvoir ! Partout les colons ont profité de la dissolution de l'État pour instaurer la guerre civile, qui bénéficie aux esclaves révoltés. L'arrivée en métropole des nouvelles des îles fait l'effet d'une bombe. Les opposants à la Révolution ont beau jeu de dénoncer les apprentis sorciers de la Société des amis des Noirs, à commencer par Brissot, publiciste futur Conventionnel, qui passe, aussi aux yeux de certains jacobins, dont Robespierre, pour le responsable de troubles qui affaiblissent le pays.

L'armée déchirée

L'armée est profondément bouleversée par la nouvelle donne, d'autant que la constitution de gardes nationales, recrutées parmi les citoyens actifs, puis de volontaires, au recrutement plus large, aggrave les rivalités et jalousies qui existaient déjà entre les armes et les régiments français et étrangers. Une partie des officiers et de nombreux soldats veulent promouvoir une « démocratie militaire ». Tout cela remet en cause l'autorité de l'État et le commandement. Si bien que des conflits éclatent entre individus porteurs d'idées différentes, alors que les autorités locales sont démunies ou participent, elles-mêmes, à cette politisation ; or elles ne disposent pas d'instructions nationales, ne veulent pas perdre leur pouvoir face aux mouvements de contestation et sont souvent réticentes envers les officiers nobles.

Le maintien d'un code disciplinaire particulièrement strict dans la Marine, puisque les châtiments corporels sont en vigueur, mobilise les marins contre la hiérarchie. Dans les arsenaux de la Marine, les troubles commencent dès l'été 1789. Une émeute se déclenche contre le commandant militaire de la place de Toulon, Albert de Rions, en décembre 1789 ; celui-ci se retrouve en prison. Il s'agit autant d'une punition que d'une protection, car la municipalité et les gardes nationaux n'ont pas voulu s'interposer pour le défendre et il évite la mort de justesse par cette incarcération. L'Assemblée nationale intervient pour le libérer contre la demande du club Saint-Jean, affilié aux jacobins, mais il doit quitter la ville et est muté à Brest. En 1792, des officiers seront assassinés à Toulon sans que les édiles locaux interviennent. Quelques mois plus tard, l'arrivée à Brest de la flotte venant des colonies provoque de nouveaux troubles, alors qu'un comité insurrectionnel s'est mis en place à bord du bateau *Le Léopard*. Faute d'accord entre les mutins et les cadres, l'escadre est dissoute sans que le calme revienne. Un pacte est conclu contre les officiers, mêlant la population aux ouvriers et aux marins, si bien que la fête de la Fédération est l'occasion de manifestations et de cortèges contre les nobles. Devant la poursuite des émeutes, le conseil municipal, de sa propre autorité, décide de suspendre tout appareillage. Cette mesure constitue un empiétement sur les autorités militaires, attestant le vide politique créé par les rivalités entre le roi et ses ministres d'une part et l'Assemblée de l'autre. Elle est, logiquement, annulée par l'Assemblée nationale. Les échauffourées continuent dans l'automne et les agressions se multiplient contre les officiers en 1791 après que le commandant Duguay-Trouin eut échappé de peu à la mort en novembre 1790.

Dans l'armée de terre, les tensions sont au moins aussi vives. Face aux émeutes, les réactions sont diverses, entre fraternisation et répression, tandis qu'une partie des soldats déserte. Cavaliers, grenadiers, canonniers et fusiliers adoptent des positions différentes, les deux premiers groupes se rangent plutôt du côté de l'autorité, sauf dans les colonies, les autres sont plus critiques. En avril 1790, à Lille, des régiments s'affrontent pendant plusieurs jours, *via* une succession de duels et quelques rencontres frontales. Les rivalités traditionnelles entre les corps sont exploitées par les extrémistes des deux bords, créant *in fine* des clivages politiques. Les moindres incidents (une affaire de bal à Hesdin, un retard de solde et la volonté de contrôler les comptes à Nancy) suffisent pour faire éclater des conflits latents, qui trouvent aussitôt un écho politique et sont soutenus par les patriotes locaux, trop contents de s'opposer à des officiers, suspects d'être contre-révolutionnaires. Parmi les nombreuses révoltes qui émaillent l'été 1790, à Épinal, à Longwy, en Martinique où les soldats s'opposent aux planteurs pendant plusieurs mois, la révolte des Suisses du régiment de Châteauvieux à Nancy constitue l'affaire la plus grave.

Imitant un régiment qui avait obtenu une solde importante, les Suisses réclament contre la faiblesse de leur solde et la discipline qui leur est imposée. Le mécontentement est aggravé par la maladresse et la brutalité du général de Malseigne venu pour reprendre le commandement. Il est obligé de s'enfuir à Lunéville, mais les autorités de la ville le remettent aux édiles de Nancy, montrant le soutien apporté par les patriotes à la protestation des soldats. Avec l'arrivée de Bouillé, désigné par La Fayette, tout paraît rentrer dans l'ordre, lorsque des coups de feu provoquent un embrasement général. La rébellion gagne la ville, si bien que la garnison subit un véritable assaut mené par le général Bouillé. Un combat a lieu contre les 400 à 500 mutins, qui provoque au moins 110 morts, dont 55 chez les assaillants, 29 soldats suisses et 12 « bourgeois » les soutenant. Le jeune lieutenant Désilles, qui essaie de s'interposer, trouve la mort, devenant par là même un héros national pendant quelques mois. Des rues sont baptisées de son nom dans plusieurs villes de France : il représente alors le modèle du héros conciliateur, mais sera oublié dans les années suivantes. La brutalité de l'affrontement et de la répression rend compte du climat politique. Vingt-deux soldats suisses sont pendus, un est roué vif

– tous affichent une fermeté provocante aux yeux de leurs vainqueurs – et 41 envoyés au bagne de Brest, où ils deviennent rapidement objets d'un enjeu politique. Ces chiffres ne sont rien en comparaison de la comptabilité catastrophique que répand Marat. Deux mille six cents personnes auraient été tuées dont 400 femmes et enfants, 1 500 blessées, tandis que les assaillants auraient perdu 1 400 hommes.

La politique divise l'armée en 1790 : au moins un tiers des unités est concerné par des insubordinations. Les officiers tentent souvent d'interdire les contacts avec les troupes affectées par l'esprit révolutionnaire, et parfois emprisonnent les fortes têtes. Ne voit-on pas les sections parisiennes défendre des soldats congédiés, notamment suite à l'affaire d'Hesdin ? L'émigration affecte beaucoup de soldats et beaucoup plus d'officiers, ne serait-ce que contraints et forcés, 200 d'entre eux étant chassés de leurs corps. La violence à leur égard est réelle, même si 4 seulement sont victimes de leurs propres troupes. Un certain nombre d'entre eux s'engagent dans les conspirations contre-révolutionnaires qui naissent pour investir des places fortes, à Lyon en 1790, puis à Strasbourg et à Perpignan l'année suivante, ou bien composent des troupes dans les camps de Jalès en Vivarais, ou dans les réseaux de La Rouërie en Bretagne. La fuite du roi aggrave l'opposition des officiers, 1 500 refusent de prêter serment à la nation et près de 4 000 quittent le pays dans les mois qui suivent. Près des trois quarts des officiers de 1789 ont quitté l'armée en 1792, dont la moitié pour des raisons politiques.

La question religieuse

La Constitution civile du clergé, votée en juin 1790 et accompagnée de l'obligation du serment en novembre, accélère encore la politisation des tensions et contribue à la généralisation de la guerre civile. En tant que telle cette constitution civile n'est pas une invention de la Révolution. En Calabre, en 1783, sous l'influence des *illuministi* (partisans des Lumières et du despotisme éclairé), une réforme radicale des relations entre l'Église et l'État avait permis de récupérer des biens nationaux pour les vendre afin de reconstruire après un tremblement de terre. Un organisme d'État, la *Cassa sacra*, avait été chargé de l'opération qui profita surtout à la grande bourgeoisie. En Belgique, les réformes de l'administration de l'Église, introduites en 1788 par l'empereur d'Autriche, suscitent un rejet violent, sans que le contexte politique ait la radicalité française.

À partir de 1790, la nationalisation des biens du clergé, le refus de conserver le statut de religion officielle au catholicisme, surtout l'imposition du serment aux clercs, tout cela crée un débat national qui échappe à ses promoteurs, entraînant la division du clergé et la détermination des fidèles en fonction de leurs propres logiques. L'incapacité française à accepter la pluralité des cultes, contrairement aux États-Unis, crée la difficulté majeure. Les catholiques restés attachés à l'Église romaine ne peuvent pas obtenir la tolérance accordée *in extremis* aux protestants par la monarchie. En outre, dans l'attente de la réaction du pape jusqu'au printemps de 1791, ni l'Assemblée ni le roi ne tranchent en imposant des décisions. Si bien que, pendant plus d'un an, les Français sont amenés à choisir librement entre Église romaine et Église constitutionnelle, soit *de facto* entre Contre-Révolution et Révolution. Ces événements doivent un tel écho plus à leur intensité et à leur insertion dans une lecture politique qu'à une quelconque invention, car ils n'innovent pas vraiment par rapport aux mobilisations antérieures en faveur des jansénistes, qui avaient bénéficié d'un engagement populaire, notamment de la part des femmes, et ils s'appuient sur les souvenirs des guerres de religion, souvent fantasmés.

Naît alors une nouvelle géographie de la contestation, dessinant la carte d'une France catholique et traditionnelle du refus, *grosso modo* la France des périphéries contre la France du centre, acceptant la Révolution. Le désaccord met en cause, au-delà des revendications sociales ou économiques, des enracinements superstitieux et des mémoires douloureuses, expliquant que les violences passent directement par des attaques corporelles et des offenses sexuelles, à commencer par les fessées données par des femmes révolutionnaires sous l'œil complaisant des hommes – les religieuses réfractaires au serment en sont notamment victimes. C'est l'occasion d'un « défoulement collectif, scatologique et misogyne » permettant l'humiliation « d'adversaires privées de leur tête parce qu'on les suppose privées de raison, offertes aux jeux sexuels auxquels elles se sont *a priori* refusées »[1]. La violence trouve là un terreau sur lequel elle ne va pas cesser de se développer tout au long de la période, et ce d'autant plus facilement que la couverture politique peut être invoquée sans retenue. La proportion des réfractaires n'explique pas le déchaînement des violences, car dans le Massif central où 80 à 90 % des prêtres sont réfractaires, cachés dans leurs villages, les autorités ne vont pas les chercher. Dans l'Ouest, l'anticléricalisme des autorités, en souvenir des guerres de religion et des querelles jansénistes, a été en revanche le vecteur de la violence.

Les femmes jouent un grand rôle dans ces multiples événements : elles protégent les réfractaires, cachent les statues et participent aux coups de main. À Rouen, deux femmes sont fouettées par l'assistance pour avoir offert, de façon provocatrice, un bouquet d'orties au prêtre constitutionnel en pleine église. Les exemples dans l'Ouest ou dans l'Yonne conduisent à penser que si les femmes s'investissent plus que les hommes dans la résistance religieuse locale, ce n'est pas parce qu'il s'agirait du seul espace public que ceux-ci leur laisseraient, mais bien pour des raisons spécifiquement religieuses. À Bastia, le 1er juin 1791, une manifestation lancée par les femmes dévaste le palais épiscopal, dans une opposition à la Constitution civile du clergé, à la Révolution et à la France. Les femmes ont commencé par une longue procession de sept heures dans une tension religieuse considérable. Il faut toute l'autorité de l'homme politique le plus écouté dans l'île, Paoli, pour trouver un compromis. Ce mélange rappelle, querelles linguistiques comprises, les conflits qui existent dans de nombreuses régions traversées par des identités régionales, à commencer par les émeutes de Sommières, dans le Gard. L'escalade est rapide : des injures, on passe aux coups, et la répression jette des populations entières dans un refus de l'État.

1. Philippe Bourdin, *Le Noir et le Rouge*, Clermont-Ferrand, Presses universitaires Blaise-Pascal, 2000, p. 240.

Contre les pèlerinages et les messes contestataires, la troupe bat la campagne, traque les réfractaires, terrorise les ruraux, punit les notables et se retrouve ici et là face à face avec des bandes armées.

Que ce soit dans la Haute-Garonne ou le sud de la Loire, gens ordinaires et femmes s'affrontent avec les municipalités autour de la présence des prêtres réfractaires, accusés d'être des « fanatiques » et pourchassés. Symétriquement, les curés constitutionnels, dénoncés comme des « loups ravisseurs » autour de Toulouse, sont l'objet de brimades, de menaces, voire de coups de feu ou de jets de pierre, et les presbytères sont dévastés. La troupe intervient contre des manifestants, pour essayer de maintenir le prêtre constitutionnel ou pour détruire des lieux de culte clandestins. Les cérémonies essentielles, baptêmes et sépultures, entraînent des frictions entre groupes opposés provoquant parfois mort d'homme. Il serait fastidieux de faire l'énumération de tous ces faits de médiocre envergure, répétitifs, qui créent pourtant une situation dramatique dans de nombreuses régions. Leur comptabilité permettrait cependant de prendre conscience de l'entrée dans un climat politique inédit. Dans les plus petites communes rurales, la mobilisation est perceptible au travers de la désignation d'individus chargés d'incarner les convictions collectives d'un groupe, le cas échéant à l'encontre des voisins. Naissent ainsi des notabilités locales, véritables porte-parole de la Contre-Révolution, destinées à jouer des rôles importants dans les années suivantes. Il n'y a eu ni acculturation politique, ni « descente du politique », mais bien investissement du politique par les structures et les dynamiques locales antérieures, qui se retrouvent fortifiées et légitimées par contrecoup. En outre les conflits sont colorés par une sensibilité qui insiste sur l'expiation et la souffrance, qui prépare les curés réfractaires et leurs ouailles au sacrifice et à la mort. Certaines régions se soudent dans le refus de la Constitution civile du clergé, comme le nord des Deux-Sèvres ou les Mauges, si bien que des communes organisent leurs gardes nationales dans la défense de ce qu'elles estiment être leur droit, s'engageant *de facto* mais en conscience dans la Contre-Révolution. Dans à peu près un tiers du pays, la division introduite par la Constitution civile entraîne une guerre civile.

Les héritages locaux jouent un grand rôle. Le Sud-Est et l'Ouest se souviennent des guerres de religion ; dans l'Yonne, la rigueur janséniste a mobilisé les ruraux et les a accoutumés à la liberté, soit parce qu'ils résistaient à leur curé janséniste, soit parce qu'ils le soutenaient contre l'État ! Les oppositions les plus marquantes affectent le sud de la France, même s'il ne faut pas oublier l'entrée des paysans dans Vannes en février 1791, ou les émotions paysannes en Alsace, qui s'accompagnent de pogromes contre les populations juives. En Avignon, terre papale agitée par les luttes entre chefs de famille et groupes sociaux, les références politiques provoquent une guerre civile ouverte entre partisans de la Révolution et du rattachement à la France et opposants. Une armée « patriote » partie d'Avignon mène une campagne militaire contre Cavaillon et Carpentras. En juin 1790, quatre hommes sont pendus par les patriotes locaux. Le pire est atteint ailleurs : à Nîmes, les luttes anciennes entre protestants et catholiques dégénèrent en opposition politique radicale, créant des factions qui s'affrontent physiquement en mai et juin 1790. Les catholiques, qui ont voulu conserver le pouvoir politique en s'appuyant sur les classes populaires rurales, se heurtent aux protestants, manufacturiers et ouvriers, contrôlant les gardes nationales. Près de 300 morts sont comptés, la foule ayant dans certains cas dépecé et éviscéré des cadavres qui ont été ensuite traînés dans les rues, jetés dans les fossés, profanés et rendus méconnaissables. La répression féroce appliquée par les protestants sur les catholiques jette les meneurs de ce groupe dans la Contre-Révolution la plus active. D'autres « bagarres » se déroulent à Montauban, à Mende, à Millau, en passant par la mise à mort d'une cinquantaine de paysans dans l'Allier. Dans cette série, les camps organisés à Jalès sont emblématiques : ils rassemblent autour de chefs plutôt contre-révolutionnaires des ruraux catholiques, simplement soucieux de se défendre en août 1790 devant des rumeurs de massacres, puis dans un esprit plus marqué en février suivant, ne serait-ce qu'en réaction contre les autorités départementales qui adoptent une position très dure et identifient ces rassemblements à la Contre-Révolution. Cette lecture politique systématique entraîne inéluctablement répression militaire et morts d'hommes. Dans de nombreux départements, des administrateurs et leurs opposants, ruraux rejoints par des curés et des nobles, s'engagent dans des chocs frontaux que le ministre Roland essaie de désamorcer en rappelant, mais en vain, le cadre théoriquement tolérant de la loi du 7 mai 1791 et l'illégalité de l'internement des clercs réfractaires. Mais la faiblesse de l'exécutif interdit toute intervention et surtout l'aggravation des conflits légitime la violence, y compris aux yeux même des administrateurs, libres d'interpréter la loi à leur guise ! En avril 1792, 42 directoires départementaux ont adopté une position dure contre les prêtres réfractaires, hostile au gouvernement et au roi. Or ce coup de poker politique est gagnant à la suite des « journées » de juin et d'août 1792 qui consacrent la déchéance de la monarchie par l'emploi de la violence : la France est bien coupée en deux.

Les violents absous

Une logique se met en place dans ces régions, où toutes les raisons possibles d'entrer en conflit, rivalités, vengeances, haines... se rejoignent et se renforcent mutuellement, exacerbant les divisions politiques et imposant peu à peu le dogme de l'« infaillibilité naturelle de la justice populaire[1] ». Or ces rivalités sont non seulement orientées par l'opposition entre ami et ennemi, mais exploitées, consciemment ou non, par nombre d'individus et de groupes qui trouvent là leurs propres intérêts. Dans le cas d'Avignon, des éléments radicaux, désireux d'assouvir des vengeances brutales, deviennent les fers de lance de l'armée patriote, utilisant la résistance de Carpentras pour justifier le recours à la force. Ils dénoncent rapidement leurs alliés initiaux qualifiés d'abord de modérés, puis de traîtres à la cause

1. Haïm Burstin, *Une révolution à l'œuvre, le faubourg Saint-Marcel (1789-1794)*, Seyssel, Champ Vallon, 2005, p. 229.

révolutionnaire, et se revendiquent comme des « brigands » à l'image d'un des meneurs, Jourdan, surnommé « Coupe-Têtes » à la suite de ses récits sur son rôle en juillet 1789. Ces éléments violents sont d'abord combattus par les députés de l'Assemblée constituante qui prennent parti hors du contexte local. Mais ils ne peuvent pas empêcher ces « brigands » de s'emparer de la mairie et de dénoncer leurs alliés de la veille. Les antagonismes de quartier et de clans sont ici réinterprétés par les luttes politiques nationales permettant à chacun d'invoquer une légitimité. Plus gravement, l'autorité de l'État est donc affaiblie avant même d'être établie, puisque nombre d'administrateurs décident de leur propre chef d'intervenir au nom de leurs convictions. Certains autorisent la traque des réfractaires ; le maire d'Arles, Antonelle, se met quant à lui à la tête d'une petite troupe, emportant un mortier et 200 bombes pour aider les patriotes d'Avignon contre leurs ennemis.

Il suffit alors qu'une représentation de la Vierge d'une église d'Avignon répande des pleurs miraculeux pour que des femmes proches des patriotes évincés de la municipalité se saisissent d'un révolutionnaire, Lescuyer, et le lynchent, en octobre 1791. En réaction, 60 personnes, prises parmi les modérés qui ont perdu le pouvoir, sont massacrées et leurs corps mutilés jetés dans la tour dite de la Glacière. Le passage à l'acte s'est fait spontanément. La violence la plus brutale ne trouve aucune limite, même si le défoulement sexuel vis-à-vis des femmes détenues semble être resté plus de l'ordre du fantasme que de la réalité (contrairement à ce qui en sera dit plus tard). Dans une espèce de sidération collective, les tueurs restent en poste avant d'être poursuivis par les nouvelles autorités qui les remplacent peu après. Mais, lorsqu'ils sont jugés au début de 1792, le contexte politique les fait bénéficier d'une amnistie, recommandée même par le journal de Brissot, qui estime que la révolution ne peut pas se faire sans dégâts. Leur lutte contre la Contre-Révolution fait oublier leurs crimes. Ils réussissent même à retrouver leur pouvoir dans la ville, donnant de la Révolution une image particulièrement négative. Manifestement, dans la vallée du Rhône, l'enchevêtrement des violences est tel que l'amnistie est inévitable. Une commune tout entière n'aurait-elle pas obligé neuf hommes à creuser leur tombe avant d'être fusillés au cours d'un des épisodes de cette guerre civile entre cités voisines ? Les meneurs d'Avignon seront ultérieurement guillotinés, mais entre-temps ils ont permis que les divergences politiques deviennent irréconciliables. L'affaire d'Avignon est exemplaire, car elle montre aussi que les chefs des « brigands » tiennent une double partition. Ils s'affichent publiquement très violents et justifient les atrocités de leurs hommes, cependant ils en empêchent quelques-unes, jouant ainsi ce rôle d'intermédiaire que nous avons déjà rencontré.

Reste que la nudité de la brutalité est en quelque sorte occultée parce que des élites nationales veulent tout lire politiquement. Lorsque le seigneur de Poleymieux, près de Lyon, est mis à mort, démembré, et sans doute victime d'actes d'anthropophagie, Marat ne retient que sa désignation comme contre-révolutionnaire pour parler de son sort et rejeter l'accueil fait à sa veuve par l'Assemblée. Il est vrai que cela se passe après le massacre du Champ de Mars de juillet 1791. Les réclamations religieuses, alliant convictions inébranlables, conduites sacrificielles et attentes millénaristes, n'ont pas été comprises par les élites patriotes : leurs convictions sécularisées les faisaient rechigner à les voir autrement que comme des régressions ou des archaïsmes. Ces dimensions demeurent mal acceptées par nombre d'historiens, qui veulent les comprendre à part égale avec les idées et les idéologies, sans les placer dans un tout autre plan que le politique. Si l'on peut penser que la Révolution confond la sphère privée avec la sphère publique, c'est surtout dans la prise en compte des réactions face au phénomène religieux que la confusion devient dramatique. D'où la mésaventure survenue à l'abbé Raynal, philosophe reconnu avant 1789, lorsque, s'adressant en 1791 à l'Assemblée constituante, il proteste contre le pouvoir accru des sociétés populaires. Vigoureusement contredit, il est appelé par dérision le « prêtre Raynal », et on tire de son œuvre, l'*Histoire philosophique des Indes*, des extraits qui le mettent en contradiction avec lui-même. Les Lumières ont été dépassées par la radicalisation politique et par la violence populaire, qui en est au cœur.

Les aventures politiques

La contamination par le langage politique de toutes les contestations culmine dans les grandes villes, et surtout à Paris, dans l'essor d'une agitation urbaine déconcertante pour les autorités patriotes, qui se sentent menacées par ces ouvriers turbulents, en même temps qu'elles affrontent les prêtres réfractaires et les aristocrates. La volonté de politiser les travailleurs urbains, en les détachant de la tentation aristocratique, s'appuie davantage sur les patrons que sur les compagnons toujours suspectés d'insubordination et de révolte. Pour un révolutionnaire poitevin, agitations nobiliaire et ouvrière sont ainsi liées.

Le petit peuple fait peur et se heurte en permanence aux gardes nationales, dirigées par La Fayette. La conviction se renforce par la coïncidence, le 28 février 1791, entre la marche des habitants du faubourg Saint-Antoine sur le château de Vincennes transformé en prison, et la dénonciation de nobles qui, aux Tuileries, tentent d'enlever le roi, et sont rassemblés sous le nom des chevaliers du poignard. Qu'il y ait eu la tentation d'un complot aristocratique est ici indéniable, mais les peurs de complots faussent l'appréciation de la situation. Les tentatives d'enlèvement du couple royal ont été dénoncées dès la fin 1789, la plus dramatique étant celle qui a été menée par le marquis de Favras. Sa tentative, qui est sans doute une manipulation politique, échoue, ce qui le conduit à la mort en février 1790. En janvier 1791, le club monarchique est suspecté d'agiter les mécontents parce qu'il distribue du pain aux pauvres ; une foule patriote attaque alors l'hôtel de Clermont-Tonnerre. Plus encore que dans les années qui ont précédé 1789, les jeux sont complexes, mettant aux prises aristocrates, Cour et roi, autorités patriotes, jacobins et cordeliers, urbains stabilisés et populations flottantes, partisans des réformes et opposants, sans oublier ceux qui attendent des améliorations immédiates de leur niveau de vie, d'où qu'elles proviennent. Dans les villes de province, les compromis semblent peu possibles parce que les édiles ont peur des troubles et que les manifestants urbains se trouvent plus facilement en minorité. C'est le cas à Angers et à Nantes par exemple, où des émeutes ouvrières sont réprimées, violemment dans le premier cas. Les conflits sont donc innombrables, complexes et permettent des interprétations fondées sur le secret et le complot.

Dans le Poitou et la Bretagne, des nobles complotent, rassemblant autour d'eux mécontents et militants. La Rouërie tisse ainsi des réseaux au nord de la Loire, ce que fait aussi La Lézardière au sud, tandis que sa fille achève de rédiger un traité de philosophie politique qui légitime l'ordre monarchique. Le livre, qui ne sera publié dans sa totalité qu'au XIXe siècle, illustre cependant les liens réels entre pensée et action chez ces contre-révolutionnaires, voués dès ces années à une vie clandestine. Dans le Sud, les conflits ont provoqué la création de forces armées plus ou moins affichées. Dès 1790 la noblesse de Montauban est organisée en bandes appuyées par des domestiques et des porte-chaises. Autour de Lyon convergent des nobles auvergnats, mais la tentative de soulèvement de la ville, les 25 et 26 juillet 1790, échoue. Cependant l'idée d'une insurrection générale à partir de la bordure orientale du royaume est dans les têtes. Entre réalité des intrigues, propagande et intoxication, les frontières sont floues, la presse de droite et de gauche alimentant les rumeurs, pratiquant la désinformation, exagérant les menaces ; elle mène une politique du pire qui vise à discréditer les tentatives de gouverner au centre en cherchant des compromis. L'appel à la violence de certains publicistes de droite ou de gauche, Marat ou Rivarol, contre les hommes de gouvernement pèse d'un poids considérable. Les publications de gauche débattent sérieusement de la possibilité de massacrer les officiers aristocrates, traîtres, et d'assassiner le roi, en évoquant le droit au tyrannicide.

Ne respectant aucun individu ni aucune institution, ces injonctions aggravent les conséquences des erreurs politiques qui sont inévitables dans l'exercice du pouvoir ordinaire, mais récurrentes dans la situation particulière de la France, alors que le roi et la Cour jouent double jeu, que la légitimité se diffracte à l'infini et que l'émotion conduit à des positions tranchées. Au nom de leur engagement révolutionnaire qui les pousse à contester le pouvoir central et l'armée régulière, Marseille et Lyon réussissent à rejeter les troupes de ligne de leurs territoires, qu'elles remplacent par des gardes nationales ! Les patriotes de la petite commune bourguignonne d'Arnay-le-Duc s'arrogent, eux, le droit de contester les passeports des tantes du roi, partant pour l'exil. En février 1791, ils les immobilisent deux semaines, dans l'attente de l'ordre de Paris les autorisant à poursuivre le voyage. Ce sont ces inquiétudes et cet intérêt porté à la chose publique qui expliquent les réactions des populations de Sainte-Menehould et de Varennes devant la fuite de la famille royale le 20 juin 1791, d'autant plus que les ruraux se sont mobilisés contre les nobles locaux.

Varennes et l'échec des modérés

C'est dans cette perspective qu'il faut comprendre l'échec de la tentative de fuite de la famille royale le 20 juin 1791 vers la frontière de l'est, pour se mettre sous la protection des troupes de Bouillé. L'événement a été raconté à de nombreuses reprises. Plusieurs points sont à souligner. D'une part, le roi et ses proches sous-estiment totalement la politisation des masses provinciales. Estimant que seule une minorité d'activistes parisiens est responsable de la radicalisation, ils se soucient peu d'avoir été reconnus pendant le voyage et ne prennent pas véritablement de précautions. De la même façon, le général Bouillé a notablement méconnu l'hostilité que la simple présence de troupes suscitait, dès lors qu'elles n'étaient pas acceptées par les autorités et par les gardes nationales locales. D'autre part, les plus petites autorités et les militants les plus humbles se sentent investis de responsabilités et revendiquent leur légitimité politique. On le voit lorsque Drouet pousse les administrateurs de Varennes à arrêter la berline royale, lorsque les gens ordinaires ne cèdent pas à la menace que font peser sur eux les soldats de Bouillé et lorsque le procureur Sauce, épicier de son état, excipe de l'autorité de la nation qu'il représente et n'obéit pas à son roi, malgré ses propres hésitations et l'opposition de sa mère demeurée plus respectueuse de la majesté royale. La Révolution est bien accomplie puisque tous les citoyens s'estiment membres du souverain, garants de la nation, en conjonction ou en rivalité avec les autorités parisiennes. Un peu partout des troupes, plus ou moins encadrées, contrôlent les frontières, entreprennent des visites domiciliaires à la recherche d'opposants, tandis que des citoyens se réunissent dans les assemblées primaires, donnant à ces réunions présumées temporaires une autonomie et une légitimité imprévues. Dans les mois qui suivent, cet enthousiasme patriotique s'exprime par l'enrôlement de nombreux volontaires, souvent des citoyens « passifs », pour répondre aux besoins de troupes aux frontières.

Ces innovations étaient déjà évidentes lorsque les restrictions avaient été apportées au départ des tantes du roi. En juin 1791, Louis XVI et son entourage butent sur cette légitimité revendiquée au nom du pays, qui limite de fait leur liberté de mouvement sans qu'ils osent passer outre. Le roi et sa famille se remettent aux mains de l'Assemblée. L'organisation militaire de Bouillé s'effondre aussi, les officiers ne risquent pas un coup de force, comme en juillet 1789 dans les jardins du Palais-Royal. Les échecs précédents et la perte de confiance dans la hiérarchie sociale ont joué, à côté des ratés de l'organisation. Enfin le pari de la politisation a été gagné par les patriotes, puisque les gens ordinaires résistent ainsi à l'autorité royale, hors de toute révolte archaïque, dans un cadre purement laïc et politique. La faillite de l'opération montre aussi la médiocrité de la Contre-Révolution active. Le coup monté par la famille royale et Fersen ne reçoit aucun soutien des monarques étrangers, sauf du roi de Suède, Gustave III, qui tente, en vain, d'organiser depuis Aix-la-Chapelle une croisade pour entrer en France ! Mais ni la Prusse, ni l'Autriche ne lui prêtent attention. Il n'est même pas invité à Pillnitz ; les partages de la Pologne sont alors autrement plus importants, si bien que les espions suédois vont en France inutilement et que les plans d'invasions restent dans les cartons.

Tous ne comprennent pas cette mutation du pays. La première victime est sans conteste le comte de Dampierre tué par ses paysans au moment où il va saluer Louis XVI, sur le chemin de Paris. Ce seigneur local paie ainsi son geste de mépris envers la puissance politique qui contrôle désormais le roi, et sa résistance à tout changement – d'autres personnes attachées à l'Ancien Régime sont molestées plus ou moins gravement par la foule faisant craindre le pire pour la famille royale. Le roi lui-même et Marie-Antoinette sont définitivement déconsidérés : ils ont montré leur duplicité vis-à-vis de la nation et sont comparés à des animaux ramenés à l'étable. L'attitude du roi le 14 juillet 1790 avait déjà choqué par son détachement affecté ; la fuite du couple royal achève de ruiner le respect qui pouvait encore exister pour lui dans l'opinion publique. Les dernières victimes de cette fuite avortée sont les révolutionnaires venus escorter le roi, et tous ceux qui proclament qu'il a été l'objet d'un enlèvement afin de maintenir la fiction de la légitimité constitutionnelle. Cette version est imposée par les députés à l'Assemblée constituante, mais ils se heurtent à l'incrédulité des masses et à l'action des jacobins. On comprend que ces derniers puissent apparaître comme les authentiques défenseurs de la nation et que les mesures radicales pour lutter contre les comploteurs et les traîtres puissent trouver grâce aux yeux des partisans de la révolution. La royauté est incontestablement morte.

À droite, cette fiction ne trouve pas d'adhérents et des otages se proposent publiquement pour défendre le roi prisonnier, certains d'entre eux souhaitant même que le roi prenne la tête de la Contre-Révolution violente. En même temps, de nombreux nobles quittent le pays, estimant être déliés de leur obéissance au roi, dorénavant prisonnier en France. Bouillé est, évidemment, un des premiers à partir. Ces départs justifient par contrecoup les dénonciations d'ennemis cachés de la Révolution, qui attendraient le moment favorable pour agir. L'annonce de la fuite a traumatisé le pays dans son ensemble et provoqué la mobilisation de nombreuses troupes sur les frontières, les autorités locales craignant l'entrée en guerre. S'agit-il d'un prélude à la terreur, la légalité ayant été violée par les initiatives de contrôle et de surveillance ? À voir l'unanimité des réactions militaires dans le pays contre ceux qui menacent l'ordre, on peut penser que, à l'inverse, les administrateurs emploient la force armée à l'encontre de tous les adversaires potentiels de la Révolution, dans la suite logique des réactions des années précédentes. Mais comme pour d'autres occasions, la fuite du roi est saisie pour régler des comptes avec les opposants locaux : une espèce de grande peur anti-seigneuriale est ainsi repérable dans l'Ouest.

Cet épisode atteste enfin clairement que la légitimité n'est plus détenue par les seuls représentants institutionnels de l'État. L'exemple en est donné par les militants estimant exprimer la force de la loi, dans la ligne des réflexions de Lavicomterie et des publications du journaliste Robert. L'épreuve de force ne tarde pas puisque, face à l'agitation des jacobins et des mouvements populaires, les patriotes au pouvoir, appuyés sur La Fayette et Bailly, s'opposent fermement aux demandes de déchéance du roi. Une manifestation des gardes nationaux, partisans de La Fayette, fait une grande impression, le 23 juin, sur les courants critiques de gauche et de droite. La tension déjà vieille de plusieurs mois entre patriotes modérés et gardes nationaux parisiens d'un côté, jacobins, cordeliers et mouvements populaires de l'autre débouche sur un affrontement le 17 juillet 1791. Une pétition est donnée à signer sur le Champ de Mars à l'initiative des cordeliers et des jacobins. À la suite de péripéties brouillonnes, qui témoignent de la médiocre réflexion politique des autorités, les pétitionnaires sont fusillés sur le Champ de Mars, laissant derrière eux une cinquantaine de corps, consacrant ainsi la fin de l'unité des aspirations patriotes. Ce qui s'est produit là est la réussite, provisoire, des partisans d'une révolution inscrite dans le respect de l'ordre, dans le refus des agitations populaires et dans le désir que les forces liées au pouvoir central, à commencer par les gardes nationales, soient les seules détentrices de la force armée. Mais c'est aussi le divorce avec cette force populaire qui avait été seule à contrebalancer, par sa violence, les menaces et les entreprises des partisans de la monarchie. Les modérés tentent de s'en séparer, en espérant pouvoir contrôler le pouvoir exécutif, mais en oubliant la puissance de la Contre-Révolution. Si les patriotes de l'Ouest, par exemple, ont pu manifester contre les nobles et déplorer la fuite du roi, ils saluent pourtant la fermeté de l'Assemblée qui a su éviter les dérives populaires. Il convient en outre d'ajouter que la journée du 17 a été une vraie journée de dupes. Les jacobins se sont *in fine* abstenus de soutenir la manifestation, laissant les cordeliers et le petit peuple parisien seuls face à l'interdiction. La maladresse des représentants de l'autorité est aggravée du fait que l'information leur échappe aussitôt. Si on relève 13 morts après la fusillade, le bruit d'un massacre de 400 personnes – même de 1 000 – circule. Les historiens, prudents, s'arrêtent à une cinquantaine de victimes. Les hommes au pouvoir en tirent des conséquences opposées. D'une part, La Fayette tente de disposer de forces sûres venant de la gendarmerie ; de l'autre, ses opposants plus révolutionnaires estiment avec Pétion qu'il ne sera pas possible de s'opposer aux mouvements populaires, inaugurant une attitude durable qui va rendre possibles les « journées » révolutionnaires jusqu'en 1795.

Le massacre du Champ de Mars illustre l'aggravation des incompréhensions entre tous les groupes politiques et la radicalisation de l'opinion, capable désormais de penser qu'il convient d'abandonner la monarchie pour la république et de lutter contre les catholiques soupçonnés de contre-révolution. Il est possible d'en trouver la confirmation *a contrario* dans les analyses de Sieyès. Après la fuite du roi, celui-ci estime que tout compromis est devenu impossible, autant par la médiocrité des acteurs principaux, incapables d'incarner une représentation indiscutable, que par la virulence des jacobins qui exploitent la situation. Profondément convaincu que les inégalités de condition et d'intervention dans la vie publique doivent servir de fondement à l'équilibre politique, il aurait poussé les députés proches de lui, comme Le Chapelier, à « terminer la Révolution » pour endiguer les dérives possibles, qu'elles viennent des contre-révolutionnaires ou des clubs.

Les tentatives pour « terminer la Révolution » ont fait couler beaucoup d'encre et suscité de l'ironie ou de sévères critiques. Hors de tout jugement partisan, elles témoignent d'abord de la nécessité pour toute société de mettre un terme à ses dissensions et à ses conflits internes. Les multiples exemples que le monde nous a offerts dans le dernier siècle devraient nous inciter à plus de tolérance dans l'appréciation de l'échec de ces hommes de 1791 à endiguer la violence – qu'ils avaient contribué à déchaîner et qui avait porté un groupe au pouvoir. Déchaîner la violence est toujours une opération risquée, puisque le dynamisme créé peut échapper à ceux-là mêmes qui l'ont lancé en espérant le contrôler. L'apocalypse qui se produit à Saint-Domingue doit être rappelée pour comprendre le climat dans lequel tous les acteurs baignent à ce moment. Pour les vainqueurs, le retour à la paix est beaucoup plus difficile à obtenir que l'ouverture de la guerre civile, puisqu'il convient d'entraver les revendications des concurrents et pas seulement de supprimer les adversaires. Dans ce genre d'opérations, les renversements d'alliance sont fréquents et se réalisent selon les attentes des plus frustes et les calculs des plus tacticiens. Les détenteurs de l'autorité n'avaient pas encore perçu la gravité des violences qui se produisaient, et dont ces pages viennent de rendre compte. Ils étaient toujours assurés que l'État pouvait aisément surmonter des agitations populaires avec un peu de négociation et une fermeté calculée. Ils avaient sous-estimé les effets de la politisation des mécontents, et n'avaient pas les moyens de s'opposer, au besoin militairement, à leurs opposants radicaux engagés les uns et les autres dans des complots et des manœuvres de propagande. Aux yeux de leurs rivaux, les hommes au pouvoir, obligés d'adopter une gestion étatique, passent pour tenir un double langage. Ces difficultés vont se poser d'une façon récurrente jusqu'en 1799, mettant successivement en cause tous les groupes arrivés au pouvoir. L'adoption des lois pénales en septembre et octobre 1791 témoignent cependant de cet effort pour établir l'État solidement. La peine de mort est maintenue, mais elle n'est que « la privation de la vie », tous les supplices sont abolis. Elle est applicable pour 45 cas, dont la moitié concerne les atteintes à la sécurité de l'État. La sévérité des lois est indéniable, même si elle rompt avec les pratiques antérieures : or dans le même temps, pour essayer de trouver une paix sociale, une loi amnistie tous les individus condamnés pour révolte, libérant par exemple les soldats suisses envoyés au bagne de Brest, qui sont devenus des martyrs.

Le recours à la guerre

L'épisode du Champ de Mars illustre exemplairement comment la conjonction entre principes, pratiques politiques, aspirations collectives et double jeu, qui se produit depuis plusieurs années, contribue à entraîner la Révolution dans une radicalisation de plus en plus grande, ce que la fin de 1791 confirme avec la marche à la guerre. Dès janvier 1790, la Cour a essayé d'utiliser les risques de conflit entre l'Angleterre et l'Espagne pour réarmer le pays, éventuellement l'engager dans une guerre de diversion et rétablir par ce biais la puissance du pouvoir exécutif. La crainte, justifiée, que le roi ne joue un tour aux « patriotes » pousse à ouvrir un débat sur le droit de la guerre. Aux termes d'une discussion qui mêle arguments et manœuvres, un compromis partage la responsabilité de la guerre et de la paix entre le roi et la nation, en même temps que l'Assemblée déclare la paix au monde.

Cette déclaration proclamée par l'Assemblée, le 22 mai 1790, affirme que la France inaugure une nouvelle position en invoquant le « droit des gens », récuse la diplomatie secrète et la conquête et surtout ces relations entre souverains à quoi la diplomatie se résumait. Ce texte sert d'horizon de pensée et trouve aussitôt un écho à l'étranger auprès des « patriotes », donnant à la France une image exceptionnelle de « terre de liberté ». Mais ceci met en place une organisation du monde sur le mode amis/ennemis de la liberté, introduisant ainsi les prémisses d'une guerre civile mondiale, au sens où la guerre ne se mènera plus pour des raisons de rivalités entre souverains, pas encore pour des oppositions nationales, mais pour des motifs idéologiques, divisant les communautés. Si la guerre de conquête est répudiée, la guerre de défense pourra être nécessaire contre les « despotes », ce qui va autoriser rapidement des dérives idéologiques. Par ailleurs, l'Assemblée réserve le pouvoir du roi sur la conduite de la guerre, en concurrence avec la nation ; elle prolonge ainsi de fait la politique d'alliance, ce qui mécontente les patriotes qui s'estiment trahis. Varennes a pourtant dévoilé la duplicité du roi, ruinant la position de ceux qui, comme les feuillants, soutenaient ses prérogatives, et a également entraîné cette forte réaction populaire devant la crainte de l'invasion du pays par les armées étrangères pour supprimer la Révolution. Il ne s'agit pas là d'une vue de l'esprit puisque c'est précisément ce que les Autrichiens viennent de faire pour la révolution « belgique », comme on dit alors.

Le traitement du rattachement d'Avignon et du Comtat à la France et des possessions en France des princes allemands montre les ambiguïtés de la majorité de l'Assemblée. Alors que la majorité des députés lient droit positif et droit naturel dans le souhait pragmatique d'assurer la victoire de la Révolution en France, les radicaux, dont Robespierre, invoquent clairement le droit des gens et exaltent la rupture créée par la Révolution émancipatrice des peuples, obligeant tous les protagonistes, même les plus opposés à leurs vues, à se situer sur leur terrain. C'est dans ce cadre de pensée que les manœuvres complexes du roi et des députés face à un éventuel recours à la guerre extérieure pour résoudre les contradictions intérieures trouvent leur place. Entre le roi qui envisage la guerre pour réaffirmer son pouvoir et qui regroupe autour de lui un « parti » nobiliaire capable d'un coup de force et les radicaux qui veulent changer de régime, les feuillants d'un côté et les amis de Brissot de l'autre s'affrontent. Les uns veulent éviter la guerre et toute reprise de la violence révolutionnaire. Les autres pensent que la menace d'entrer en guerre devrait permettre de renforcer leur pouvoir dans l'Assemblée et par contrecoup d'annuler les concurrences entre législatif et exécutif, en canalisant autour d'eux les élans populaires.

Pour cela, Brissot et son groupe se lancent dans une opération risquée. Ils réagissent manifestement aux échos de la révolte de Saint-Domingue vue comme le résultat des manipulations des contre-révolutionnaires en place dans l'île et qui peut provoquer la perte de la colonie au profit des Anglais ou des Américains. Brissot lie le soulèvement des esclaves avec l'arrivée sur place de la nouvelle de la fuite du roi. Le complot est d'autant plus craint que cette explosion s'est faite parfois au nom du roi ! La menace des conspirations contre-révolutionnaires étant ainsi comprise, ces députés donnent logiquement une grande place aux déclarations belliqueuses des princes, notamment à celle que l'empereur et le roi de Prusse ont signée à Pillnitz. Celle-ci est plus une rodomontade, ordinaire dans les usages diplomatiques antérieurs, qu'une intention déterminée de lutter contre la France révolutionnée. Mais envisagée dans le nouveau cadre de lecture qui se met en place, cette déclaration prend une importance qu'elle n'avait pas et elle devient insupportable pour l'opinion française. Ce faisant, les brissotins ont pris la responsabilité de l'exacerbation de l'enthousiasme national. La suite des événements montre à quel point ils n'eurent pas les moyens d'encadrer le mouvement qu'ils ont encouragé pour des raisons de politique intérieure.

Ainsi, ce qui pouvait passer initialement pour n'être que des divisions internes a donné naissance à une situation de guerre civile, les nouveaux principes rencontrant les rancunes anciennes et les rivalités inédites. La prolifération des occasions de concurrence entre les pouvoirs rivaux et les manœuvres politiciennes ont achevé de fragiliser les équilibres instables bâtis par les élites centristes à l'Assemblée, pour déboucher dans cette aventure d'une guerre, que l'on peut qualifier de guerre civile mondiale ou de guerre totale. La mutation des cadres de pensée a certes permis cette évolution, mais, puisque ce ne sont pas les porte-parole du droit naturel qui contrôlent le pays, l'idéologie n'a été invoquée que parce que les autres protagonistes se sont révélés incapables de proposer un idéal aux masses populaires mobilisées dans un camp comme dans l'autre depuis deux ans. Les combinaisons politiques ont aussi rendu illisibles les débats d'assemblée pour ceux qui attendaient des solutions simples. La guerre contre l'étranger et la Contre-Révolution parachèvent cette installation de la France dans la guerre civile, rendant caducs toutes les analyses nuancées et tous les compromis. Si la formule « la Révolution a dévoré ses enfants » a du sens, c'est en soulignant que l'instauration du principe révolutionnaire au travers de la violence collective ne pouvait s'achever, faute d'un pouvoir fort et cynique, que par un coup d'arrêt brutal imposant l'amnistie et la suspension des rivalités – ou se poursuivre soit dans une fuite vers toujours plus de violence, soit dans un dévoiement au service d'un intérêt particulier.

Chapitre 4

Violence et conflits de légitimité

L'Assemblée constituante se clôt sur la volonté affirmée des députés d'achever la Révolution, c'est-à-dire de circonscrire le champ du politique ; l'État, incarné par l'Assemblée et le roi, doit seul posséder la légitimité de la violence. La fuite du roi et la manifestation du Champ de Mars montrent la fausseté de cette position, puisque la concurrence politicienne entre les deux instances n'a pas cessé, que la violence populaire est restée considérable et ne peut pas être canalisée. De nombreux groupes en tirent la conclusion qu'ils peuvent légitimement user de la force lorsqu'ils l'estiment nécessaire, ce qui rend la Révolution proprement interminable. Il convient d'ajouter que cette compétition politique affecte tout le pays et tous les niveaux de responsabilités, puisque la décentralisation administrative et politique est extrême.

Cette situation autorise la concurrence entre des individus à la recherche de satisfactions individuelles et provoque une remise en cause des habitudes de pensée, obligeant à définir ce que doit être la vie politique. Se télescopent une crise des notions et des concepts, le choc brutal de passions et d'ambitions et l'invention de règles organisant la vie collective. La vacuité du pouvoir de l'État, qui en découle, permet l'émergence de nouveaux groupes d'interlocuteurs dans la vie politique, qui profitent des occasions pour s'affirmer comme légitimes représentants d'une orientation nationale. Le Cercle des Antipolitiques d'Aix, qui naît en 1790 et trouve un écho dans l'année suivante, illustre bien ces enjeux complexes. Opposés aux « hommes d'État » et à tous ceux qui entrent dans les intrigues politiques, ses membres entendent ne se référer qu'au bien public, pour entreprendre le grand projet de régénération du pays. Par avance, ils considèrent les administrateurs avec méfiance ; ceux-ci sont toujours soupçonnés de ne pas vouloir appliquer la loi, si bien que les clubistes estiment avoir le droit de se substituer à eux le cas échéant.

La recherche des alliances populaires

Les rivalités de légitimité sont immédiates dès les premiers jours de l'Assemblée législative. Les députés élus, même s'ils ne sont pas des nouveaux venus ignorants de la chose publique puisqu'ils possèdent en général une expérience acquise les années précédentes à un titre quelconque, se heurtent cependant à trois obstacles. Le premier, d'ordre protocolaire et symbolique, est représenté par la place du roi dans l'Assemblée. Comment se comporter, en effet, face au roi présent avec les représentants de la nation, quelle hiérarchie établir entre les fauteuils du roi et du président, quel usage faire des chapeaux pour manifester le respect sans tomber dans la soumission ? Le deuxième vient des rapports avec les députés de l'Assemblée précédente, *a priori* retirés de la vie politique nationale, mais qui continuent à jouer un rôle réel, en peuplant des administrations (départementales ou judiciaires notamment) qui leur redonnent de fait le pouvoir perdu de droit. Une troisième difficulté tient à la division survenue dans le club des jacobins après le massacre du Champ de Mars. Un nouveau club, vite baptisé du nom du couvent des Feuillants où les réunions se tiennent, est créé par la majorité issue de cette scission, hostile à toute idée républicaine et à la manifestation populaire. La manœuvre a des conséquences négatives puisque l'appellation « jacobins » est laissée à la minorité qui peut inscrire ses activités politiques et ses réseaux de correspondance dans la continuité des liens existant avec le peuple révolutionnaire placé au cœur du processus politique. Ainsi, que ce soit au nom de la lutte avec les opposants contre-révolutionnaires, au nom des fonctions administratives exercées ou au nom du courant d'opinion puissant qu'ils représentent, un certain nombre de révolutionnaires jacobins peuvent se poser en défenseurs de la nation et du peuple, critiquant la modération coupable dont feraient preuve les autorités nationales trop timorées et compromises avec le roi et la Cour. L'illustration peut en être donnée par Vadier, constituant revenu dans son département ariégeois et futur membre éminent de la Convention, qui se déplace parfois accompagné d'une troupe d'hommes menaçants pour intimider les aristocrates de l'Ariège et qui oblige la foule à se découvrir lorsqu'il devient président du tribunal de district.

Les mouvements populaires trouvent aussi de nouvelles définitions selon les supports qu'ils reçoivent. Dans les campagnes de l'Ouest, du Centre et du Nord, des bandes circulent, réclamant la taxation des prix des grains et le contrôle des échanges. Des foules se constituent, rassemblant parfois quelques milliers de personnes, véritables petites armées, pillant des convois à Dunkerque, à Noyon, à Évreux. Les revendications sont parfois clairement politiques, mêlant les catégories sociales dans les petites villes, trouvant ici et là des porte-parole issus de milieux aisés, nobles en rupture sociale, industriels en lutte contre des rivaux… L'événement marquant se produit à Étampes, le 3 mars 1792, où le maire, Simoneau, patriote convaincu mais hostile aux « désordres », est mis à mort dans une émeute. En présentant ces opérations, parfois très structurées, comme des actions légitimes contre les « accapareurs », les jacobins se présentent en partisans des plus pauvres contre des modérés incapables d'assurer la vie quotidienne et la lutte pour les idéaux de la Révolution.

Cette nouvelle vague de violences rurales se greffe sur les mobilisations paysannes qui traversent encore le Sud-Ouest et atteignent elles aussi un apogée, le 12 mars, avec le meurtre de Colinet, lieutenant criminel au présidial d'Aurillac. Il s'agit là d'une véritable « insurrection générale » qui dure trois semaines et se marque par de nombreux incendies de châteaux. Des bandes rurales réclament l'abolition des rentes « féodales », saccagent et pillent à nouveau des châteaux, sans que les autorités puissent intervenir puisque les victimes sont considérées – le plus souvent à raison – comme des contre-révolutionnaires et que les gardes nationales des localités se joignent aux émeutiers. Les administrateurs ne peuvent ni contrôler, ni avaliser, ni désavouer ces désordres autant par conviction que par stratégie pour garder le pouvoir. En outre, ils ne disposent pas de forces armées et ne peuvent pas se couper des groupes hostiles aux émigrés et aux prêtres réfractaires. Dans le sud du Massif central, des châteaux sont incendiés dès décembre 1791 et à nouveau dans une « guerre des châteaux » en avril 1792 dans le Gard. Ailleurs, des « bandes noires » d'origine urbaine, parfois liées aux milieux protestants, terrorisent les riches et les tièdes, avec l'appui plus ou moins extorqué des jacobins. Ces bandes se qualifient de « pouvoir exécutif », procédant parfois à des mises à mort. Elles mêlent toujours pratiques archaïques, luttes confessionnelles traditionnelles et revendications politiques nouvelles.

Cette espèce de jacquerie ne s'arrête pas avant les lois de l'été 1792 et du printemps 1793, qui abolissent définitivement les droits existants sur les terres, répondant aux demandes paysannes. En insistant sur le compromis noué entre élites politiques jacobines d'une part, paysans et petits artisans de l'autre, l'analyse classique de la Révolution française met le doigt sur les raisons pour lesquelles fut acceptée cette sorte de « dictature jacobine » qui accoutume à l'exclusion des opposants identifiés à des profiteurs et à des traîtres. Ainsi, en janvier 1792, Isnard décrit-il la guerre à mener entre « le patriciat et l'égalité » en ces termes : « La classe la plus dangereuse de toutes se compose de beaucoup de personnes qui perdent à la révolution, mais plus essentiellement d'une infinité de gros propriétaires, de riches négociants, enfin d'une foule d'hommes opulents et orgueilleux qui ne peuvent supporter l'égalité, qui regrettent une noblesse à laquelle ils aspiraient… enfin qui détestent la constitution, mère de l'égalité. » Cette alliance composite semble bien être une novation française, permise par le cadre politique. Les campagnes anglaises sont dans les mêmes années traversées de mouvements de sensibilités proches, mais les taxateurs, qui interviennent brutalement dans le marché des subsistances pour fixer des prix « justes », ne reçoivent pas l'appui d'un groupe politique quelconque. Ils peuvent tout au plus bénéficier d'une tolérance de la part des autorités locales, « prisonnières du peuple » en quelque sorte, ou d'un ralliement temporaire des troupes stationnées sur place. Le rituel populaire d'un « désordre ordonné » qui cherche ainsi à établir une « économie morale » par la force reçoit en France seulement, du fait d'une conjoncture inédite, cette lecture qui en change le sens et donne, du même coup, une autre dimension à la vie politique, ouverte aux négociations comme aux surenchères.

L'action préventive devient légitime pour certains groupes révolutionnaires. Autour de Mende, ils répriment un début d'insurrection générale en mars 1792. De leur côté, les Marseillais, déjà impliqués dans des actes illégaux depuis 1789, dénoncent vigoureusement le pouvoir exécutif national estimé incapable selon eux de supprimer les réseaux de conspirations qui sévissent dans les villes de la vallée du Rhône. Le 26 février 1792, 2 000 gardes nationaux investissent Aix de leur propre autorité pour chasser un régiment « aristocratique » et s'opposer au directoire départemental accusé de royalisme. Un mois plus tard, Arles, déclarée en état de rébellion par l'Assemblée nationale, subit le même sort, avant que d'autres « courses civiques » soient organisées dans tout le Sud-Est à l'encontre des opposants à la Révolution, du moins tels que les voient les Marseillais et leurs alliés, notamment les antipolitiques d'Aix. Dans les mois suivants, appuyés parfois par des rassemblements importants, ces « missionnaires patriotes » épurent des municipalités, dissolvent des clubs royalistes. L'affrontement avec les troupes dépêchées sur ordre de l'Assemblée est évité de justesse, le département se pliant *in extremis* à l'injonction de Paris. Dans l'Ouest, des pratiques identiques ont lieu à l'encontre de municipalités favorables aux prêtres réfractaires et qui recourent à la Déclaration des droits de l'homme pour justifier leur position.

La légitimité est désormais recherchée dans les textes fondateurs de la Révolution ou dans les mouvements de masse, donnant la possibilité de conclusions opposées. Ainsi, face à l'émergence des sans-culottes comme force politique organisée, les patriotes se divisent en deux camps opposés, jacobins contre feuillants. Ceux-ci entendent faire respecter l'ordre social, ceux-là veulent une révolution régénérée. L'antagonisme est illustré par les deux fêtes qui se déroulent en avril 1792 : l'une est dédiée à la mémoire de Simoneau, l'autre aux Suisses de Nancy amnistiés par l'Assemblée et sortis du bagne. Il ne s'agit pas seulement d'une rivalité politicienne, mais bien d'un clivage fondé sur des lectures différentes de la situation et des pratiques différentes, puisque, pour les plus radicaux, la loi peut dorénavant être établie au travers des relations intersubjectives nouées entre les révolutionnaires, en usant au besoin de la violence la plus brutale. Les Marseillais l'expriment avec cette phrase qui ouvre la voie à tous les possibles : « les défenseurs de la liberté doivent dire : nous avons du fer prêt à être teint du sang des tyrans » et des ennemis.

La guerre et la radicalisation accélérée

Le nombre des ennemis va brutalement augmenter avec la déclaration de la guerre, le 20 avril 1792. Chaque groupe politique espère retirer un bénéfice politique de la guerre, qu'elle soit victorieuse ou non. Parmi les jacobins, un rassemblement de députés se détache qui va être désigné par le terme de girondin ; il justifie cet engagement au nom de la fierté nationale et révolutionnaire : un pays fort de 25 millions d'hommes libres ne peut pas accepter la menace d'une poignée d'émigrés et de despotes. Les députés espèrent se débarrasser par la même occasion des ennemis intérieurs, aristocrates et « noirs », qui se dissimulent encore dans le pays. Sauf une minorité, dont Robespierre ou Marat qui ont vu les exploitations politiciennes possibles, ou le député Becquet qui craint que les peuples voisins ne résistent par réaction naturelle à une agression injustifiée, les autres sont dans l'attente de cette épuration. Dans un enthousiasme messianique, la guerre apparaît comme un sacrifice que la France fait à la cause de l'humanité, entamant une guerre civile mondiale et consacrant la politique révolutionnaire à la lutte contre les adversaires des novations. Pour beaucoup, la gloire ne peut qu'être au rendez-vous pour la nation qui se charge de la purification du monde. Pour la Cour et pour les révolutionnaires modérés, la guerre doit servir, même au prix de défaites, à discréditer les sans-culottes et les jacobins et à imposer le pouvoir militaire ou même à faire revenir à la monarchie antérieure. Les émigrés, qui n'attendent que l'occasion d'en découdre, veulent de leur côté opérer une reconquête de la France et punir les fauteurs des errements révolutionnaires. La Révolution entre dans une spirale de désignation de l'ennemi qui va se révéler sans fin.

Reste que, majoritairement, les partisans de la Révolution expriment une opinion commune favorable à une guerre préventive contre ceux qui ont abandonné leur patrie, se mettant d'eux-mêmes hors du droit. L'unité autour de la patrie menacée change le cours des événements plus qu'on ne dit ordinairement. Depuis 1791, les enrôlements de volontaires pour renforcer les effectifs de la troupe et pallier les désertions ont remporté un véritable succès dans beaucoup de régions. Cinquante mille recrues s'engagent ainsi dans l'armée en 1791 et 70 000 en 1792. Il convient de souligner qu'il s'agit d'hommes jeunes, souvent des citoyens passifs, qui ne pouvaient pas entrer dans les gardes nationales ; ils expriment ainsi une ambition personnelle comme leur adhésion aux idéaux nationaux et révolutionnaires. Les gardes nationales, nées en 1789, dans la suite des milices bourgeoises, sont ainsi doublées par ces formations de volontaires, plus pauvres, plus radicaux politiquement. Ils composent une nouvelle force qui va recevoir le nom de « fédérés » pour les provinciaux qui partent pour défendre Paris, contre les ennemis de l'extérieur, mais aussi contre ceux de l'intérieur, contre-révolutionnaires et « anarchistes ». Indiscutablement un « jacobinisme populaire » existe bien. La preuve en est donnée par le faible recrutement qui s'opère dans les zones marquées par les luttes religieuses, à commencer par l'Ouest. Se créent également des compagnies franches intégrant des hommes venus des pays voisins, comme les Provinces-Unies. Les campagnes de recrutement insistent sur la nécessité de lutter contre les ennemis dangereux, si bien que le pays est traversé par le grouillement de troupes qui, compagnie par compagnie, gagnent leurs cantonnements, diffusent leurs idées, rencontrent les patriotes locaux et entrent dans les querelles des villes traversées. Une véritable « union sacrée » s'instaure en 1792, excluant les adversaires de la Révolution, devenus ceux du pays, à commencer par les ennemis de l'intérieur. Dans cet élan général, la France est pourtant d'un certain point de vue « dénationalisée », puisque son sort est identifié à celui de l'humanité. La suite des événements obligera à revaloriser la nation française identifiée à la Révolution.

Il convient d'insister sur l'engagement que prennent ces volontaires. S'équipant souvent à leurs frais, parfois aidés par leurs communautés, ils défilent devant elles et portent véritablement leurs espoirs ; il s'agit bien là d'une communion très vive avec des idéaux collectifs qui témoignent de la profondeur de la politisation. Cet élan déborde les hommes politiques, car l'enthousiasme entraîne des réactions brutales. Une petite affaire, banale, en témoigne. En mars 1792, un volontaire angevin laissé pour mort par trois paysans près de Blain, en Loire-Inférieure, est vengé par ses camarades qui tuent un des agresseurs. Dans ce climat, les rivalités entre groupes politiques sont complexes. Ainsi le *Chant de guerre de l'armée du Rhin*, devenu quelques mois plus tard *La Marseillaise*, est une chanson initialement proposée en alternative aux couplets jugés dangereux de *La Carmagnole* qu'il fallait contrer dans l'esprit du compositeur Rouget de Lisle et de son promoteur le Strasbourgeois Dietrich. La chanson est popularisée, sur leur route vers Paris, par les fédérés marseillais, autant fervents patriotes que fermement opposés à Marat ! Selon un schéma fréquent au sein de toute période révolutionnaire, les divisions, d'origines politiques, sociales, culturelles, régionales aussi, ne jouent donc pas entre deux camps mais aussi à l'intérieur de chacun, entraînant des surenchères en permanence. Il faut ainsi comprendre la véhémence des paroles de *La Marseillaise* dénonçant la « horde d'esclaves » et poussant à répandre le « sang impur » des « complices de Bouillé » et des traîtres. Dans la lutte contre les « barbares », le plus révolutionnaire est le plus radical. On attend aussi que les troupes étrangères se rallient à la Révolution, rejoignant leurs frères véritables. Ce ne sera que par la suite que l'ennemi sera identifié à l'étranger et que la Révolution s'engagera dans une défense de l'identité nationale. Le pays s'engouffre ainsi dans de nouvelles perspectives peu contrôlées qui permettent toutes les interprétations ; on soupçonne Robespierre, par exemple, de collusion avec les ennemis de l'intérieur.

Les premières défaites, logiques étant donné le mélange de troupes disparates et rivales et la désorganisation du commandement, sont donc incompréhensibles pour tous ceux qui sont partis confiants dans la supériorité nationale et qui estiment qu'un peuple « libre » est par définition supérieur à tous les autres. Elles renforcent la conviction que la guerre n'est pas ordinaire et que celle-ci se mène autant au-dedans qu'au-dehors. Robespierre avait justifié son opposition à la déclaration de guerre en estimant qu'il convenait de purger d'abord la France des ennemis de l'intérieur, avant de s'occuper de ceux de l'extérieur, s'il en restait alors. Chaque revers devient alors le résultat d'une conspiration ou d'une trahison, dans le droit-fil d'habitudes de pensée partagées par les protagonistes des deux bords extrêmes. La violence se déchaîne, par exemple, contre l'hôtel du prince de Condé, chef de l'armée des princes, en août 1792. L'urgence est forte en effet devant la succession d'échecs qui affectent l'armée et qui sont lus comme des trahisons. À l'issue d'un combat près de Lille, une retraite ayant tourné à la panique, le jeune général Dillon est estimé traître et massacré par ses soldats. L'épisode est repris par la presse ultra-révolutionnaire qui y voit la justification de sa défiance envers les officiers de l'armée de ligne ; Marat préconise même leur mise à mort. Les journaux contre-révolutionnaires jouent la politique du pire, appréciant les défaites des troupes et annonçant les représailles qui sont supposées s'abattre sur le pays après la restauration de l'ordre sous la direction des émigrés victorieux. La *Gazette de Paris* se réjouit de la débandade des troupes et de la mort de Dillon, alors qu'elle avait déjà publié une déclaration d'émigrés le 30 avril 1792, signée « les vengeurs de l'autel, du trône et des opprimés », qui menaçait du « glaive de la justice » les « sectaires » et les « jacobites ».

Parmi d'innombrables déclarations où l'on présente le sacrifice consenti de ses biens, de ses enfants et de son corps, un certain Charles Jullien déclare à la barre de la Convention qu'il brûle de prodiguer son sang et d'offrir son corps pour le maintien de la constitution et le repos de l'État, comme d'autres membres de sa famille dont le sang a coulé pour la patrie. Dès le printemps 1792, les blessés et les parents des morts se présentent devant l'Assemblée, exposant leurs mutilations ou leurs vêtements criblés de balles, inaugurant un culte des corps souffrants qui trouve son apothéose dans les années suivantes. En mai, le premier « soldat martyr » serait le grenadier Pie, qui, gravement blessé, demande à être achevé pour ne pas voir la honte de la journée de combat. L'immortalité devient un objectif politique, accentuant et modifiant la laïcisation révolutionnaire. La Révolution et la mort nouent un rapport complexe témoignant d'une sensibilité politique qui confond le civil et le militaire tués par l'ennemi intérieur ou extérieur, abolissant les hiérarchies et dramatisant les abominations lorsqu'elles sont subies par des enfants, des femmes ou des vieillards. Ces attitudes ne sont pas réservées aux patriotes, puisqu'une partie des émigrés partage peu ou prou ce désir de se sacrifier pour l'honneur comme pour le trône et l'autel. La guerre implique dorénavant toute la société, ce qui modifie radicalement sa conduite et son impact sur les populations. Peut-on y voir les prémices de la « brutalisation » des conflits, qui se met en place ensuite en Europe ?

Cependant ces dimensions nationalistes et quasi mystiques ne doivent pas faire oublier la trivialité d'autres sentiments, à commencer par la recherche d'avantages matériels. Le marquis de Mirabeau, tout enflammé qu'il est, ne néglige pas d'assurer l'avenir de son très jeune fils en lui donnant une place dans l'armée contre-révolutionnaire. Le goût du lucre, le sadisme ou le désir de revanche font que l'entrée des troupes contre-révolutionnaires dans le nord-est du pays s'accompagne des dégâts ordinaires causés par la soldatesque. La désillusion est rapide chez des populations qui avaient attendu leur libération. Politiquement aussi, la guerre durcit les positions. Les brissotins au pouvoir sont amenés à accuser la Cour et le comité autrichien et à proposer des mesures exemplaires contre les ennemis intérieurs, prêtres réfractaires, garde du roi, ainsi que la constitution d'un camp de gardes nationales près de Paris. Le refus opposé par le roi aux peines à l'encontre des réfractaires et au rassemblement des fédérés s'accompagne du renvoi des ministres brissotins ainsi que de Pétion, maire de Paris, provoquant l'Assemblée et les sans-culottes parisiens. Échappant à toute autorité, ceux-ci envahissent les Tuileries – et l'Assemblée – le 20 juin 1792, sans rien obtenir. La mobilisation des volontaires et des révolutionnaires parisiens légitime ainsi le mouvement populaire qui est, encore une fois dans l'illégalité et l'impunité, l'arbitre des conflits entre les hommes d'État, qui tentent pourtant de le canaliser. La violence semble d'autant plus nécessaire que le roi s'appuie dorénavant sur les feuillants et La Fayette et que la déroute militaire s'aggrave.

Les coups de force

Dans l'été 1792, l'appel au peuple joue un rôle central identique à celui qu'il avait déjà joué en 1789, mais ses conséquences seront beaucoup plus importantes : les conflits sont en effet plus affirmés et la politisation affecte dorénavant tous les aspects de la vie du pays. Ses promoteurs sont dépassés, d'autant que, paradoxalement, ils ne peuvent pas se prononcer ouvertement contre leurs rivaux politiques situés à leur gauche. Ainsi, le procureur général syndic de la Seine, Roederer, a bien approuvé la journée du 20 juin, mais en réprouvant à l'avance « tout acte tendant à la désorganisation des pouvoirs ou à leur division », concluant que « seule la constitution pourra sauver la constitution ». Les brissotins soulignent les risques que la politique du roi fait peser sur le sort du pays et de la Révolution, et Brissot prend l'initiative de faire proclamer par l'Assemblée « la patrie en danger » le 11 juillet. Cette mesure a pour effet de faire siéger en permanence les administrations, de lever de nouveaux bataillons de gardes nationaux et de volontaires, suscitant l'entrée des citoyens passifs dans la garde nationale, ce qui est admis le 30 juillet. L'élan s'accompagne d'une nouvelle campagne dans les sections parisiennes réclamant la déchéance du roi, ce que les brissotins refusent alors qu'ils tentent de revenir au pouvoir et qu'ils ne veulent pas dépendre des sans-culottes. Les calculs des brissotins pour contrôler à leur profit la violence deviennent délicats après le 7 juillet 1792 car, devant l'imminence des dangers intérieurs et extérieurs, les députés ont été amenés à s'unir sur l'initiative de l'évêque constitutionnel Lamourette, refusant les factions. L'histoire a retenu le « baiser Lamourette » comme l'exemple même de l'illusion politicienne. Pourtant cet appel illustre le fait que l'unité proclamée par les révolutionnaires au nom de la nation légitime à l'avance toutes les entreprises justifiées par la défense du pays, et rejette dans l'enfer de la contre-révolution ceux qui seront suspectés de fractionner la représentation nationale. Les ennemis intérieurs et extérieurs sont tous amalgamés dans l'anathème du lieu emblématique de la Contre-Révolution, Coblence. L'émotion aggrave les oppositions.

Les contre-révolutionnaires pratiquent eux aussi la politique du pire. Les émigrés inspirent la fameuse déclaration du duc de Brunswick, connue à Paris dès la fin juillet. Alors que le journaliste contre-révolutionnaire, Rozoi, déplore sa modération, ce texte signé par le général prussien menace Paris d'une exécution militaire s'il est porté atteinte à la famille royale. Si bien que sa diffusion renforce les extrémistes, que ce soient ceux qui, à gauche, préparent un coup de force contre le roi, en se défiant des brissotins, ou que ce soient, à droite, les journaux contre-révolutionnaires qui ne cessent d'appeler à l'insurrection. Ces derniers, renversant une fois de plus les mots d'ordre révolutionnaires, interprètent la proclamation de la patrie en danger comme un appel à défendre le roi et les propriétés, et incitent les partisans de la royauté à venir défendre le roi contre un soulèvement jacobin annoncé. L'urgence est réelle puisque l'entrée des Marseillais dans Paris a provoqué des affrontements avec des Parisiens contre-révolutionnaires et que les insurrections royalistes agitent les campagnes du Sud-Est et de la vallée du Rhône. Un troisième rassemblement d'hommes en armes animés d'intentions véritablement contre-révolutionnaires cette fois-ci se tient auprès de Jalès. Une vraie bataille rangée se déroule avec les gardes nationaux révolutionnaires, laissant plusieurs centaines de morts derrière elle, obligeant les royalistes à rentrer dans une clandestinité dont ils sortiront épisodiquement après 1795, avant leur retour sous la Restauration. Leur médiocre organisation explique ces échecs ; reste que le sud du Massif central est engagé dans une révolte permanente.

Alors que l'Assemblée se défie du roi et proclame l'inconstitutionnalité des demandes de déchéance, elle est pourtant incapable de réagir aux bruits d'une nouvelle fuite de Louis XVI, et est taxée d'immobilisme par les jacobins et les sections parisiennes. Dans l'effervescence qui n'est pas retombée depuis le 20 juin, alors qu'aucun consensus ne s'établit à propos de l'usage de la force, un Directoire secret, lié à certaines sections et aux fédérés, prépare l'insurrection. La bataille, préparée systématiquement, qui se livre autour du palais des Tuileries le 10 août est la conséquence de ce conflit des légitimités. Le roi, soutenu par les troupes suisses, des volontaires nobles et une partie des gardes nationaux, est confronté à une foule de gardes nationaux, de fédérés et de sans-culottes venus des sections parisiennes dirigée par la Commune insurrectionnelle. Celle-ci s'est instituée hors des jacobins de gouvernement et surtout des girondins, et elle a été confirmée dans ses prétentions en réunissant les fédérés le 14 juillet 1792.

Le détail des événements rend compte des changements de légitimité qui viennent de se produire. Tout se joue dès six heures du matin quand Roederer essaie d'éviter l'affrontement en entraînant la famille royale dans l'enceinte de l'Assemblée, illustrant exemplairement la défaite d'une ligne politique qui flirte avec la violence sans pouvoir ni l'orienter ni l'éviter. L'Assemblée se soumet à la loi du plus fort en attendant l'issue du combat entre les défenseurs du roi et les militants révolutionnaires, pour statuer sur le sort de la monarchie ; Roederer, devenu traître aux yeux de tous, se cache tandis que l'Assemblée se saborde en laissant la réalité du pouvoir à la Commune. Le responsable de la défense des Tuileries, Mandat, chef de la garde nationale, a été appelé à la Commune de Paris où il est dépouillé de son commandement, puis arrêté et abattu peu après. Les membres de la Commune insurrectionnelle le remplacent aussitôt par le brasseur Santerre, tandis que Pétion, qui avait retrouvé son poste de maire avec l'appui des sans-culottes le 14 juillet précédent, ne joue aucun rôle et est consigné dans la mairie. Parmi les violences qui commencent la journée, des partisans du roi, habillés en gardes nationaux, sont dès six heures capturés, jugés sommairement et exécutés aussitôt. La foule assemblée autour des Tuileries manifeste son hostilité lorsque le roi et ses proches la traversent, elle est ensuite le témoin de l'arrivée hésitante des fédérés, des premiers coups de feu, puis de l'envahissement du palais ; elle se mêle enfin aux tueries et aux atrocités commises à l'encontre des Suisses et des défenseurs de la monarchie. Il y aurait eu au moins 1 000 morts au cours de la journée.

Si, le 31 juillet 1792, la Législative pouvait rappeler à la section Mauconseil, qui déclarait ne pas reconnaître Louis XVI comme roi, qu'elle n'avait pas compétence pour faire une semblable déclaration, le 10 août, les hommes de gouvernement et une partie des sectionnaires, éclipsés par des militants déjà reconnus pour leurs actes violents, dépendent du résultat des affrontements. Les révolutionnaires victimes de cette journée deviennent même les premiers objets du culte des martyrs de la Révolution lors d'une cérémonie funèbre qui a lieu le 26 août. Le 10 Août est un singulier désaveu des députés, qui décrètent la création d'un tribunal pour poursuivre les responsables de la journée, c'est-à-dire les royalistes vaincus. Ce tribunal extraordinaire, institué pour « juger les crimes commis dans la journée du 10 août courant », juge 32 accusés. Quinze sont acquittés, les autres sont guillotinés, place du Carrousel, face aux Tuileries. La guillotine, punition des traîtres, reçoit alors manifestement la signification politique qui lui est attribuée depuis, les exécutions précédentes n'ayant pas eu un pareil retentissement. En octobre, le tribunal est supprimé, il aura servi autant à effrayer les ennemis qu'à montrer la détermination des députés, si bien que l'on peut voir ce tribunal éphémère comme un essai de « terreur » légale. La pression radicale explique aussi le décret du 14 août qui décide de la destruction des « monuments élevés à l'orgueil, au préjugé et à la tyrannie ». Si ce décret est une menace à l'encontre des œuvres d'art jusqu'en octobre 1793 et annonce le « vandalisme » ultérieur, son application demeure liée aux rapports de force nationaux et locaux.

Les élites politiques et les militants hésitent sur les positions à prendre. Ils sont poussés par des logiques revendicatrices, sans programme spécifique, adaptant au fur et à mesure des pratiques d'émeutes traditionnelles au cadre politique qu'ils utilisent plus qu'ils ne contrôlent. Les masses de manœuvre demeurent dans une autonomie réelle, que ce soient les gardes nationaux ou les fédérés qui portent des revendications sociales et politiques radicales et élémentaires. Les spectateurs-acteurs, présents ici comme au 14 juillet, légitiment de leur côté les actes spectaculaires effectués sous leurs yeux et avec leur concours. De multiples scènes sont ainsi emboîtées les unes dans les autres, que l'on ne peut pas désassembler sans en perdre le sens. Chaque groupe tient une partition différente de celles de ses voisins, et sans doute faudrait-il les subdiviser encore pour faire apparaître ceux qui sont emportés par le mouvement sans le vouloir, mais qui essaient d'obtenir un visa de bonne conduite pour faire oublier leurs hésitations, comme ceux – et celles parfois – qui, au contraire, se joignent aux combattants pour en découdre, telle la militante Claire Lacombe.

La violence qui se déchaîne dans ce genre de journées résulte de ces attentes et de ces logiques diverses. On comprend alors que les hommes de gouvernement soient amenés à accepter le 10 Août, en déplorant les morts. Un cas exemplaire est celui du commandant des Suisses, d'Affry, éloigné des Tuileries le 10 août. Protégé par les députés, il est renvoyé dans les cantons suisses à l'issue d'une procédure embrouillée qui rappelle la façon par laquelle Besenval avait eu la vie sauve en 1789, sans que les militants en aient l'explication. Si les meneurs de l'insurrection peuvent posséder un pouvoir militaire réel, ils ne peuvent se prétendre les représentants de la nation, d'autant qu'ils ont été débordés par tous ceux qui ont pillé, dépouillé, démembré ou brûlé les morts. Ce serait de ce spectacle que Bonaparte, jeune officier, aurait tiré sa méfiance des masses et la conviction qu'il faut les entraîner par un coup d'éclat. Les observateurs européens, comme nombre d'historiens par la suite, ont été frappés par les atrocités commises. Leurs jugements sur ce qui peut apparaître comme une « deuxième révolution » auront souvent été sans appel.

La prise en compte de ces mécanismes emboîtés permet pourtant de comprendre comment les logiques antérieures ont convergé jusqu'à ce point, sans système de pensée ou de gouvernement, mais bien à la suite d'enchaînements de situations conflictuelles. Rester dans la sidération, telle qu'elle s'offre par exemple dans les tableaux et les représentations de l'époque, contribue seulement à faire de la Révolution une histoire fantasmatique, rendue inexplicable. Les explications sont au contraire triviales. Dans les campagnes de l'Ouest, en août, des insurrections paysannes sont orchestrées par les contre-révolutionnaires organisés autour de La Rouërie. Elles se produisent aux limites de la Bretagne, près de Laval et autour de Bressuire. Si la première ne mérite d'être signalée que parce qu'elle met en avant Jean Chouan, acteur important ultérieurement dans la chouannerie, la seconde est plus grave par le nombre des personnes concernées et surtout par la sévérité de la répression qui fait peut-être 400 morts. Les troupes qui se rassemblent, un peu fortuitement, ne font pas de quartier et se livrent à des atrocités, notamment en découpant les oreilles. Les pratiques de sauvagerie sont entrées dans le domaine politique et les administrateurs et autres représentants de la politique gouvernementale ne peuvent pas impunément s'y opposer. Elles apparaissent comme des exécutions punitives, récusant la timidité de l'État et légitimées par les déclarations proprement terroristes de leurs acteurs. Violence et politique semblent dorénavant indissociables.

En août et septembre 1792, le sud-est de la France est marqué par une succession de tueries qui touchent des administrateurs jugés contre-révolutionnaires ou des prêtres réfractaires exécutés après des procès expéditifs. À Toulon, des « contre-révolutionnaires » sont pendus et mutilés par la « fureur populaire » que les jacobins laissent s'exprimer. À Eyguières, les « missionnaires » marseillais mettent 11 hommes à mort après avoir investi militairement la petite ville qui résistait. Des pratiques de même nature ont lieu ici et là dans le Bassin parisien et à Orléans à partir de septembre. Une « grande peur » traverse encore l'Ouest, de juillet à septembre, accompagnée d'incendies de châteaux et de mises à mort de nobles et de prêtres réfractaires par des ruraux qui s'estiment porteurs de légitimité. Sans justifier ces violences, l'avancée des troupes de Brunswick et la reddition de Verdun ont joué un rôle important dans la peur collective qui se répand parmi les populations, et les fait se tourner autant contre les ennemis de l'intérieur réels ou fantasmatiques que contre les administrations en place, jugées peu capables de contrer la menace. Les massacres relèvent de la logique validée le 10 août par l'Assemblée. Dans le vide de pouvoir établi par la suspension du roi et l'attente des élections des députés pour la Convention, les ministres restent en place, mais ce sont la Commune insurrectionnelle et les réseaux des clubs et des militants qui gardent le pouvoir. La contre-épreuve est donnée à Carcassonne quand des « taxateurs » populaires, dont une femme, sont, contrairement à ce que le moment peut laisser croire, jugés et exécutés pour avoir demandé l'application de cette économie morale que les masses du nord de la France appliquent. La marche de la Révolution se conjugue selon les rapports locaux entre les forces concurrentes sans qu'aucune ne possède la totalité du pouvoir. Saint-Domingue en offre encore un exemple exceptionnel, puisque l'île est divisée selon des équilibres militaires fragiles entre Blancs, mulâtres et esclaves, entre bandes de toutes sortes, associées ou rivales. L'État est inexistant, si bien que les pires violences sont courantes, y compris le recours à la noyade d'esclaves devenus inutiles pour leurs anciens alliés.

Les massacres de Septembre

Ces massacres ont donné lieu à de nombreux débats. Il est possible de résumer brièvement les faits ainsi. Après plusieurs jours de radicalisation continue, des groupes pénètrent spontanément dans les prisons pour tuer des opposants jugés menaçants pour les Parisiens. Rapidement, comme en 1789, des meneurs se dégagent, dont Maillard, qui improvisent des tribunaux instaurant une sorte de légalité. Ces massacres peuvent être présentés selon trois points de vue. Ils correspondent d'une part aux pratiques de vengeance des masses, quand elles sont mues par des angoisses et des ressentiments. Les citoyens n'ont pas « renoncé à leur force individuelle[1] » et ils refusent que la violence soit le monopole de l'État. Des guerres de religion jusqu'aux tueries perpétrées en 1917 dans la Russie, l'histoire est marquée de ces terreurs pratiquées par des groupes locaux, autonomes. Les autorités, à quelque niveau que ce soit, y compris dans certaines sections pourtant peu modérées, se sont évertuées à les encadrer et à les endiguer, ne pouvant, ni ne voulant, les entraver.

D'autre part, ces massacres mettent en scène des hommes qui se situent dans une position d'intermédiaire pour donner un cadre juridique, rudimentaire, à ces mises à mort. Ceux-ci rivalisent avec les orientations politiques des députés et tentent de bâtir un nouveau cadre politique qui accueille la violence populaire. Le « sans-culottisme » trouve son terrain d'enracinement, ce qu'il n'avait pas réussi à faire jusque-là. Nombre de militants confirment ici leur participation aux journées précédentes et continuent leur carrière politique dans les comités ou les armées révolutionnaires l'année suivante, avant d'être dénoncés comme des « hommes de sang » en 1795. Enfin, ces tueries sont perpétrées dans un rituel de corps à corps, satisfaisant éventuellement des pulsions sadiques et voyeuristes. Les tueurs exécutent leurs victimes publiquement devant des spectateurs, garants à la fois de leur légitimité et des transgressions. Quelques tueurs prolongent leurs actes par des paroles provocantes, énumérant les violences et annonçant parfois des actes d'anthropophagie, exhibant des morceaux de cadavres pour choquer un public, féminin ou riche, censé être différent d'eux-mêmes. Ces dépeçages se produisent après la mort et s'accompagnent parfois de cortèges punitifs ostentatoires. Il ne s'agit pas d'une violence d'État, dissimulée ou légitimée philosophiquement. Les émotions les plus élémentaires rythment ces actes, ce qui explique que certains prisonniers, comme l'abbé Sicard, soient élargis par des individus devenus soudain chaleureux, mais qui auraient tout aussi bien pu les assommer.

1. Jacques Antoine Hippolyte de Guibert, *De la force publique considérée dans tous ses rapports* [1790], cité par Bernard Conein, « Langage politique et mode d'affrontement, le jacobinisme et les massacres de Septembre », thèse, EHESS, 3 vol., 1978, t. I, p. 140.

Globalement il est possible d'estimer qu'en trois jours un peu plus de un millier de prisonniers enfermés dans les dépôts parisiens, entre 1 090 et 1 395, sont massacrés. La grande masse des victimes a été des hommes, notamment des prêtres réfractaires et des prisonniers de droit commun, considérés comme des opposants dangereux. Parmi les femmes emprisonnées, 8 % seulement sont assassinées et il semble que ce ne fut qu'à la Salpêtrière que des viols (une trentaine) aient été commis. En revanche, des tortures sexuelles et des profanations ont été pratiquées sur des femmes – des récits du moins en font état. L'indécision sur la réalité des actes demeure toujours à propos de la princesse de Lamballe ou de Marie Gerdeler, la « belle bouquetière », mais ce doute compte moins que la vigueur avec laquelle ces fantasmes ont été propagés par des narrations légendaires, témoignant de la violence latente contre les femmes accusées de corrompre le royaume, craintes pour leur attrait sexuel, rejetées par le sang qui les identifie. Pour ces aspects, les massacres appartiennent bien à la mort « ensauvagée », pour emprunter une formule de l'historien Philippe Ariès, qui rappellent les violences commises par les émeutiers anglais de la Révolution de 1640. S'ils ne sont pas une étape vers « la terreur », ils représentent un tournant politique et politicien dans les négociations établies entre révolutionnaires de gouvernement, militants sans-culottes et porte-parole des assemblées et des clubs. Ils doivent être comparés, par exemple, avec les exécutions de « traîtres » commises en mai et juin 1794 en Pologne, notamment à Varsovie. Les « patriotes » polonais au pouvoir réussissent ensuite à désigner les responsables de ces crimes et punissent quelques meneurs, dont 7 sont pendus ; en France, en revanche, l'état des luttes politiques ne permet à aucun groupe de se dissocier des massacreurs, au moins avant 1795, date à laquelle des procès leur sont intentés.

Si quelques mois plus tard des récits circulent dans le pays et dans toute l'Europe, les réactions immédiates furent plus limitées. L'énormité des massacres sidère les consciences et les autorités parisiennes ou nationales ne s'interposent pas, autant par incapacité d'agir que par acceptation tacite de ce qui est une réponse, sans doute mauvaise, aux contre-révolutionnaires. La

« septembrisation » est ainsi prise comme une mesure de salut public dans des cas extrêmes. Mais ces massacres constituent clairement une menace pour les hommes de gouvernement : ils disqualifient toute autorité, rabaissent les idées politiques à un rituel corporel et montrent la force autonome de groupes populaires. Les ministres se taisent comme les députés, à l'exception des girondins qui expriment des condamnations, avec quelques jours de retard et d'une façon ambiguë. Les débats à l'Assemblée évoquent peu ces événements. Ils insistent, le 4 septembre, sur la générosité des hommes qui ont sauvé l'abbé Sicard de la mort, ou sur l'assurance donnée au député Chabot par les tueurs d'arrêter leur vengeance, avant que soient abordées des questions anodines, relatives aux officiers de la gendarmerie de Seine-et-Oise ou à l'enregistrement des sommes encaissées par les employés des messageries !

À Lyon, où 11 prisonniers sont massacrés dans une prison le 9 septembre, les autorités girondines s'arrangent pour ne pas accuser les sans-culottes locaux, malgré la présence de femmes armées et l'approbation ouverte d'un club de la ville. Les girondins, qui avaient accepté la violence populaire jusque-là, l'encourageant parfois, s'en détachent avant de la condamner clairement après la victoire inespérée de Valmy, exemple de la « bonne violence ». Depuis le 10 août, l'Assemblée et les ministres avaient dépendu de la Commune insurrectionnelle et avalisé des mesures répressives comme des réglementations économiques limitant les échanges. À partir du 17 septembre, la Commune limite ses prétentions politiques.

Le 20 septembre, Valmy consacre la légitimité de la Convention, l'assemblée nouvellement élue dans des élections nationales qui ont réuni les partisans de la Révolution issue du 10 Août, face à toutes les autres instances de pouvoir qui revendiquent leur propre légitimité populaire, des clubs aux assemblées primaires. Le vaincu de Verdun, le général Beaurepaire, est proposé à l'admiration nationale pour redonner une image plus valorisante de la patrie. Sa mort est pourtant restée mystérieuse. Avant la reddition, réclamée par la population bombardée par Brunswick, la municipalité de Verdun avait demandé au général prussien de trouver

« une manière de faire la guerre moins désastreuse pour les citoyens ». Beaurepaire s'est-il suicidé par incapacité à faire face ou pour s'opposer à ce déshonneur ? L'Assemblée adopte la seconde solution, ce qui lui donne l'occasion de condamner les lâches et de compenser les massacres de Septembre par un geste héroïque – plus tard de punir sévèrement la population de Verdun. Il entre au Panthéon mais sans faste, ne pouvant pas balancer les résonances des massacres. Comment réagir autrement quand les députés avaient décidé, en apprenant la prise de Longwy, que les maisons qui avaient été « livrées » aux ennemis seraient détruites une fois la ville réoccupée, reprenant au passage des pratiques judiciaires de la monarchie ? Dans cette perpétuelle recherche d'équilibre entre attentes répressives et stabilisation politique, l'Assemblée franchit un pas important le 9 octobre en permettant la création de commissions militaires pour juger les émigrés capturés dans des opérations armées. Mis hors la loi, ils doivent être exécutés après simple enregistrement des faits. La radicalité de la mesure n'est pas neuve, elle prolonge des habitudes héritées de la monarchie et a peu de chances d'être appliquée dans un premier temps ; elle répond à la peur inspirée par ces troupes qui appuient les armées étrangères et qui veulent provoquer le retour à la monarchie d'avant 1788. Elle lie étroitement le salut de la Révolution au sort de la nation, mais donne un pouvoir qui va se révéler rapidement discrétionnaire à des groupes politiques, hors de tout contrôle.

De leur côté, les montagnards – le mot va désigner peu à peu les députés qui s'opposent aux « brissotins » ou aux « rolandins », eux-mêmes regroupés par l'historiographie sous le nom de girondins –, accusés de soutenir les sans-culottes et de cautionner ces tueries, finissent par les revendiquer. Dans un discours célèbre, le 5 novembre, Robespierre répond à Louvet : « Citoyens, vouliez-vous une révolution sans révolution ?... Est-ce le code criminel à la main qu'il faut apprécier les précautions salutaires qu'exige le salut public ?... Car toutes ces choses-là étaient illégales, aussi illégales que la révolution, que la chute du trône et celle de la Bastille, aussi illégales que la liberté elle-même », concluant : « La force n'est-elle faite que pour protéger le crime[1] ?» L'ampleur des massacres survenus à Paris crée la rupture. Ils deviennent une des pierres d'achoppement sur laquelle les groupes politiques, en France comme en Europe, se constituent.

L'hégémonie montagnarde

Ces événements consacrent l'échec de la monarchie constitutionnelle et la naissance de la deuxième révolution dans ce contexte de guerre où les alliances sont indispensables. Ne pas punir le roi risque de provoquer une nouvelle action punitive populaire, promise par le meneur sans-culotte Jacques Roux, ancien prêtre, le 1er décembre 1792, exigeant une justice rapide et exemplaire. Les girondins n'hésitent pas à utiliser la menace d'une insurrection pour rallier les indécis à leur politique. Vergniaud parle le 31 décembre du risque de voir la Révolution dévorer ses propres enfants. Il a oublié – et les historiens qui le citent avec lui – que son groupe a accéléré ce processus de désignation de l'ennemi comme moteur de la vie politique. Jusque-là, lui et ses amis pouvaient incarner la ligne de défense contre les opposants, la Cour, les royalistes et les émigrés. À partir de la fin 1792, alors qu'ils ont vaincu ces adversaires, ils n'osent pas se retourner contre leurs alliés, qu'ils craignent, en les désignant comme contre-révolutionnaires ; c'est ce que fera Robespierre un an plus tard en les assimilant aux étrangers. Faute de porter un vrai projet politique et parce qu'ils emploient un vocabulaire radical désaccordé avec leurs pratiques, les girondins perdent leur capital de confiance et se retrouvent peu à peu assimilés aux ennemis de la nation. La violence qu'ils ont voulu utiliser à leur profit, en lançant le pays dans la guerre et en confirmant la Révolution comme une croisade populaire, se retourne contre eux et les discrédite à jamais. C'est particulière-

1. Albert Soboul, *La Civilisation et la Révolution française*, Arthaud, 1970, t. II, p. 18.

ment visible à Lyon où la municipalité, proche de Roland, est remplacée par des jacobins revendiquant le recours à la force.

À la fin de 1792, le procès du roi est l'occasion d'une lutte mortelle entre girondins et montagnards pour le contrôle de l'Assemblée et de la Révolution. La personnalité du roi et même les motifs de l'accusation pèsent peu devant l'utilisation politique de la punition. Avec les discours de Robespierre et de Saint-Just, le champ politique est organisé selon la distinction ami/ennemi ; les opposants sont désormais repoussés hors du domaine de la légalité, hors de l'humanité, même, en ce qui concerne les individus qui représentent des obstacles à la réalisation de la Révolution – en l'occurrence, le roi. Louis doit mourir pour que la république vive. Le roi n'est pourtant pas mis hors la loi, les députés ne suivant pas Saint-Just jusque-là. Les montagnards se montrent cependant plus habiles que les girondins dans la gestion du procès, incarnant la fermeté qui apparaît nécessaire pour éviter les débordements populaires et effrayer les contre-révolutionnaires. Le 21 janvier 1793, la mort de Louis XVI est une opération ambiguë. Elle ne provoque pas beaucoup de réactions, d'autant que son déroulement est étroitement contrôlé pour en donner une image banale. Pourtant, ici et là se manifestent des désaccords, notamment à Rouen. Paradoxalement, la figure du roi retrouve une sacralisation auprès de ses partisans, unis dorénavant derrière Louis XVII et le régent et débarrassés des querelles de personnes. L'idée que Louis XVI a souffert la passion du Christ, déjà attestée avant 1793, se répand dans toute l'Europe où circulent des estampes représentant l'événement. Lors de l'exécution, des individus se sont approprié des reliques, dont des linges trempés dans le sang du roi, attitudes qui témoignent des attentes miraculaires de cette époque, comme de l'échec de la Convention à dénier toute signification politique ou sacrée à cet acte. La volonté de rendre impossible tout pèlerinage sur la tombe du roi échoue également, malgré l'obsession pour faire disparaître un corps, dont la charge symbolique demeure très forte. L'angoisse est manifeste devant cette mort qui rompt un équilibre consacré.

On comprend que certains Conventionnels aient été manifestement saisis de vertige devant le procès du roi. Sa mort a dépassé les intentions des acteurs individuels et a institué un régime nouveau, désacralisé, dans lequel tous ceux qui sembleront ne pas adhérer au projet commun pourront être eux aussi mis à mort, au nom de la loi. Dans cette perspective, l'incarnation symbolique du pouvoir central fait problème précisément parce que les montagnards les plus radicaux en récusent la nécessité et parce qu'ils ont conduit l'Assemblée et la nation à accepter la mort du roi comme le résultat d'un processus sans acteurs. La question se pose de savoir qui va faire parler la loi et s'il faudra en user « contre le peuple ». Mais qui endossera cette responsabilité, s'il ne se dégage pas une « avant-garde » capable de resacraliser le pouvoir et la loi, garde-fou contre la violence des hommes sans vergogne ? Cependant, là encore, les événements radicalisent tout le processus politique : l'entrée en guerre de l'Angleterre change la donne. La montée des périls exige des réponses simples pour que les forces populaires mobilisées dans tout le pays puissent permettre d'y faire face. Devant la menace très réelle d'une nouvelle invasion sont décrétés la levée de 300 000 hommes, l'envoi de Conventionnels en mission pour surveiller l'application de la loi et contrôler les administrations locales et la création d'un tribunal révolutionnaire, ceci renouant avec les tentatives précédentes renforçant la centralité du pouvoir.

Sans qu'il s'agisse de l'ouverture d'une nouvelle période, cette exécution renforce pourtant le rapport de la Révolution à la mort. Ceci d'autant plus que l'assassinat du député Le Peletier de Saint-Fargeau par un royaliste, le 20 janvier, donne au pays le premier martyr républicain. Son corps est placé au centre d'un cérémonial de nature religieuse, qui se répétera ensuite, et sa fille est adoptée par la nation. La question centrale n'est pas de chercher à comprendre pourquoi des individus comme Robespierre et Saint-Just en particulier arrivent à tenir des propos extrêmes qui correspondent à des trajectoires personnelles et à un climat intellectuel et culturel spécifique, mais pourquoi ils incarnent une ligne politique qui rallie à elle la Convention. Paradoxalement, les députés sont majoritairement acquis à la politique girondine, notamment en ce qui concerne l'organisation du pouvoir, la primauté de la représentation nationale, le libéralisme économique et les rapports avec les sans-culottes. Or ils basculent *de facto* et suivent les montagnards.

La faible majorité des voix au sein de l'Assemblée interdit de penser qu'une seule logique d'exclusion a prévalu : il y a bien eu débats. La médiocrité tactique des girondins a beaucoup compté, que ce soit en ouvrant l'armoire de fer qui se trouvait dans les appartements du roi sans contrôle des autres groupes, ou en souhaitant « l'appel au peuple », pour statuer sur le sort du roi, ce qui apparaît comme une manœuvre, remettant en cause l'existence même du pouvoir politique de la Convention. Cet appel peut être compris en effet comme une ouverture ambiguë aux forces populaires dont tous les députés se méfient ! Mais à côté de ces maladresses, des explications peuvent s'inspirer des analyses de Gramsci autour de la notion d'« hégémonie. » Alors que tous les Conventionnels refusent le contrôle économique et condamnent les émeutes parisiennes de février 1793, alors que Robespierre l'impute même à la Contre-Révolution, les girondins sont incapables de rassembler autour d'eux les énergies révolutionnaires. Ils sont vus peu à peu comme responsables de la vie chère et deviennent les cibles des dénonciations des sans-culottes dont les mouvements se structurent. Ils perdent l'hégémonie intellectuelle qu'ils possédaient et sont identifiés à un groupe ne cherchant que ses intérêts, incapable de fédérer les attentes de toutes les composantes du pays. Leurs partisans perdent également la confiance des sans-culottes dans les sections parisiennes. Les montagnards incarnent, en revanche, la détermination révolutionnaire, alors qu'ils n'entendent pas céder une parcelle de leur pouvoir et comptent même en acquérir d'autres. En mars 1793, ils estiment qu'une partie de la représentation nationale mérite d'être « septembrisée », à l'occasion de l'attaque des imprimeries des girondins à Paris, et le 18 mars, ils présentent les girondins comme les partisans de demi-mesures face aux soulèvements royalistes. C'est bien l'existence de la Convention face aux autres pouvoirs qui est en jeu. Contre les menaces de la Contre-Révolution, mais aussi des ultra-révolutionnaires, l'intransigeance montagnarde représente la seule force capable de résister.

Devoirs et responsabilités d'une « avant-garde »

Ces mesures sont les résultantes des tensions internes de l'Assemblée, soumise elle-même aux pressions des clubs, ceux-ci étant eux-mêmes en compétition avec les sections. C'est ce qu'illustre la naissance du tribunal révolutionnaire. Alors que les nouvelles reçues de la frontière belge sont désastreuses et provoquent, comme en septembre 1792, des inquiétudes et des demandes de répression expéditive contre les « traîtres », les 8 et 9 mars, une tentative de journée populaire contre la Convention est lancée depuis le club des jacobins, la Commune de Paris et certaines sections. Ces dernières, à l'origine de simples découpages électoraux, deviennent à ce moment les cadres d'assemblées d'électeurs qui se jugent légitimes pour intervenir dans la vie politique et créent des occasions d'intervention pour des individus entreprenants. L'essai d'épuration de la Convention fait long feu, mais, d'une part, des émeutiers sectionnaires dévastent les imprimeries girondines, de l'autre, les montagnards lancent à l'Assemblée l'idée de restaurer un tribunal extraordinaire. Dans les débats complexes qui se déroulent dans la nuit du 9 au 10, ce n'est que par leur habileté rhétorique que Danton et surtout Barère réussissent à désamorcer la crise, en rassemblant les députés autour de la nécessité de « vivre pour la patrie » et de faire mourir ses ennemis, boucs émissaires nécessaires pour garantir l'union. Dans une envolée consacrée à l'Angleterre comparée à la Carthage des guerres puniques, Danton réclame de « boire le sang des ennemis de l'humanité » et, rappelant que les massacres de Septembre ont eu lieu faute de justice exemplaire, il incite la Convention à être « terrible pour dispenser le peuple de l'être » en adoptant, rapidement et sans discussion, des mesures extraordinaires. Mais lorsque Robespierre félicite les sectionnaires qui viennent de briser les presses girondines et tente de faire adopter un texte prévoyant que le futur tribunal révolutionnaire doit réprimer en priorité les atteintes portées au pouvoir central et à Paris, Isnard, girondin, voit là le risque de la guerre civile au bénéfice des montagnards. Il fait donc voter un article dénonçant plus largement toute entreprise contre-révolutionnaire, sans autre précision, ce qui émiette ainsi la répression légitimée et va permettre, involontairement, la prolifération de la violence.

Le résultat, paradoxal, de ces journées est donc la création d'une institution judiciaire révolutionnaire destinée à éliminer les adversaires de la Révolution, qui est soumise à une commission recrutée dans le groupe des girondins. Qui plus est cette commission va temporiser plus d'un mois ! Les montagnards ont cependant réussi à devenir les porte-parole des revendications radicales et continuent d'avoir le soutien de la Commune. Enfin, les groupes d'ultra-révolutionnaires, conduits par Varlet ou Fournier, continuent d'agiter certaines sections, au nom de principes sociaux ou politiques radicaux. Il convient de garder en mémoire ces jeux compliqués. Il est impossible d'y voir l'expression unique d'une politique de terreur ; mais il s'agit bien plutôt de repérer les négociations qui se mènent entre hommes de gouvernement et militants pour que la défense du pays soit assurée vaille que vaille. Dans cet espace mouvant, le langage de la violence et de la surenchère est le seul qui échappe à toute critique, ce que Danton a bien compris, mais la réalité de la conduite du pays est différente, tenant compte des individus, de leurs trajectoires, de leurs alliances et des aléas des batailles politiques ou militaires.

Le printemps 1793 constitue de ce point de vue un moment exceptionnel dans la désignation des hommes incarnant la force de la Révolution. Alors que les girondins, présents jusque-là dans les sections, en sont peu à peu exclus, perdant la confiance des militants, les montagnards et divers médiateurs se trouvent en rivalité pour conquérir la direction de l'opinion. Marat, journaliste, Conventionnel, vivant retiré de l'action quotidienne, ne peut pas constituer ce point d'équilibre. Jusqu'à sa mort, il empêche des meneurs-nés, Hébert, Roux, Leclerc, de se poser en porte-parole d'une politique terroriste partagée avec l'aile gauche de la Convention. Les montagnards en revanche sont à la fois fermement attachés à la primauté de la représentation nationale et au libéralisme, refusant là-dessus tout compromis avec les sans-culottes, y compris dans le respect des règles vestimentaires, puisqu'ils ne portent ni la carmagnole, la veste des sans-culottes, ni le bonnet phrygien, encore moins les sabots et le pantalon. Ils condamnent moins la richesse que son mauvais usage, tout en reconnaissant la légitimité de la demande populaire qu'ils traduisent en refusant la charité au profit de la fraternité.

En étant en contact avec des meneurs, ou avec les « femmes révolutionnaires » dont ils encouragent précautionneusement les débuts, ils canalisent les revendications populaires contre les girondins et se posent en intermédiaires entre la culture de gouvernement, propre aux élites de la Convention et aux administrateurs départementaux, et l'attente d'une politique expéditive. Pour les députés de la Plaine, ils sont les seuls capables de garantir les acquis de la Révolution face aux contre-révolutionnaires et aux demandes populaires. De nombreuses preuves de cette compétence sont apportées. Face aux soulèvements qui touchent une grande partie du territoire et débouchent sur la « guerre de Vendée », désignation due à ces luttes internes, les montagnards incarnent la politique la plus claire – mais aussi la plus dangereuse à terme. Mais peuvent-ils faire autrement que de pousser au décret du 19 mars qui envoie à la mort après un jugement sommaire les porteurs de cocardes blanches ou d'armes, lorsque Dumouriez vient de passer à l'ennemi, que des provinces se soulèvent en Bretagne et en Alsace, qu'un député, Bourdon, est « assassiné » (comme il le dit lui-même…) à Orléans et que l'Europe entière est en guerre contre la France ? Comment se positionner autrement lorsque les girondins entreprennent d'envoyer Marat, puis Hébert à la guillotine en mai 1793 par l'intermédiaire de la commission des Douze, qui peut préfigurer une dictature de Salut public ? Le décret du 19 mars, trop rapidement rattaché à la Vendée alors qu'il vise d'abord les Bretons, peut apparaître comme une des premières marches de la terreur ; il est cependant dans le droit-fil de pratiques répressives de la monarchie qui avait généralisé les justices prévôtales en 1789 et il est surtout le résultat de l'émotion qui traverse l'Assemblée devant les révoltes rurales et devant la « trahison » du général Dumouriez.

Dumouriez incarne une ligne politique discréditée d'un seul coup par son passage à l'ennemi et la remise par ses soins aux Autrichiens de députés de la Convention et d'un ministre, présents dans son armée ! Pour beaucoup de députés du centre, cette trahison rend les girondins à jamais suspects. Ces deux faits expliquent que des députés passent spontanément des girondins aux montagnards, qui semblent incarner une ligne politique plus efficace. Le Tribunal révolutionnaire, qui naît dans ces conditions, devient une « scène politique » où les conflits sont radicalisés et mis sur la place publique. Il ne s'agit pas d'invoquer des « circonstances », mais de relier tous ces faits pour en comprendre le sens. Preuve régulièrement méconnue de cette nécessité de méthode : les Conventionnels entendent si bien conserver un équilibre politique, entre contre- et ultra-révolutionnaires, que le 18 mars précisément un décret stipule que la peine de mort s'applique à quiconque veut instaurer la loi agraire, ou en d'autres termes le partage des communautés.

Si le jacobinisme identifié au centralisme a du sens au XIXe siècle et explique l'interprétation donnée dans les décennies suivantes, il n'existe pas comme tel pendant la Révolution, le mot recouvrant alors une palette d'une diversité incroyable. Il prolonge certes le mouvement qui a animé tous les Conventionnels, de la Montagne ou de la Plaine, pour instaurer la prééminence de l'Assemblée sur toutes les autres instances politiques contre leurs rivaux de gauche comme de droite, mais, depuis l'automne 1792, les rivalités et la multiplicité des scènes politiques ont redécoupé le paysage politique national. Les girondins ont profité de l'effacement du Conseil exécutif censé incarner la centralité gouvernementale pour diriger le pays depuis la Convention et les comités qu'ils contrôlaient. Les administrations départementales et locales ont pris l'habitude d'opposer entre eux tous les multiples émissaires dépêchés par les différentes institutions pour affirmer leur légitimité. Des clubs, sociétés populaires ou sections ont prétendu faire de même au nom du « souverain » ou de leur radicalité proclamée. Que les uns ou les autres ne se situent pas dans le même horizon politique, plus modéré ou plus radical, inscrit dans le droit positif ou naturel... est important, mais sur le fond ne change pas la donne : le pouvoir est à l'encan au nom de principes réversibles.

L'exemple des « citoyennes républicaines révolutionnaires » est éclairant en ce domaine. Le club naît le 13 mai 1793, bénéficiant d'une aide timorée des jacobins, répondant à la demande de quelques femmes actives dans les journées parisiennes depuis juillet 1792 et qui participent à la radicalisation des sections. Leurs demandes d'être armées contre les ennemis et contre les accapareurs restent sans réponse, mais ne peuvent pas être refusées ouvertement par les hommes dans les clubs ou à l'Assemblée, parce que le rapport de force ne le permet pas. Les premières militantes remarquées, Théroigne de Méricourt ou Olympe de Gouges, ont été proches des girondins ; elles sont disqualifiées à partir de 1793, avant de connaître l'une et l'autre des fins tragiques. Leurs trajectoires méritent d'être rapprochées de celles des fondateurs du Cercle social qui, depuis 1790-1791, œuvrent pour une démocratie directe et perdent tout crédit devant l'arrivée en politique de populations plus radicales et d'individus plus arrivistes. Leurs revendications demeurent, mais sont dorénavant portées par des groupes sociaux appartenant plus aux milieux populaires. Seuls les girondins prennent parti contre le club des citoyennes républicaines révolutionnaires au printemps 1793, mais elles font d'eux les responsables de la vie chère ; elles soutiennent Marat et Hébert, et apparaissent comme fanatiques de Robespierre. L'illusion du lien entre femmes révolutionnaires, montagnards et hébertistes se déchire quelques mois plus tard, lorsque ceux-ci peuvent se passer de celles-là, devenues proches des enragés Leclerc et Varlet – rivaux de Hébert au sein des mouvements sans-culottes. Malgré les antipathies des montagnards et des hébertistes et malgré la loi, sans doute une soixantaine de femmes se retrouvent dans les armées comme combattantes dans les premiers mois de 1793. Certes cette présence reste anecdotique, mais elle témoigne de l'enthousiasme des gens ordinaires et de l'impossibilité pour les élites, hommes de gouvernement et porte-parole, fondamentalement misogynes, de les exclure vraiment de l'espace militaire et public avant la fin de 1793, quand s'amorce la reprise en main des Conventionnels sur le pays.

Dans ce début d'année 1793, la Révolution a véritablement rompu toutes les contraintes, les hiérarchies et les habitudes, elle a libéré toutes les potentialités et toutes les attentes et a pu réussir à intégrer même les pires violences. Cela n'a pu se réaliser qu'en usant d'une lecture politique binaire – amis contre ennemis de la Révolution – pouvant s'adapter aux multiples configurations locales ou sociales. Sous l'apparente unité du discours qui organise le pays en deux camps opposés, révolutionnaires contre contre-révolutionnaires, existent des pluralités de revendications, rivales, chacune assurée de sa légitimité, s'exprimant désormais par des interventions violentes. Les femmes-soldats et les « citoyennes révolutionnaires » représentent sans doute l'illustration de ces inventions politiques les plus innovantes autorisées *de facto* par la situation du pays. Elles cristallisent aussi exemplairement les craintes d'un complet renversement des normes.

Chapitre 5

Violences et défaut d'État

La France de l'été 1793 est traditionnellement présentée comme un pays attaqué de toutes parts et affaibli par des rébellions et des révoltes, menacé par les avancées des ennemis aux frontières pour ne laisser que le centre, Paris, impulser la défense nationale. Jusqu'en juillet 1793, il y eut plutôt une situation confuse qui laissa finalement quelques villes et quelques groupes isolés face à la Convention. On comprend mal que la fameuse carte qui présente Paris identifié à la Révolution assiégé en 1793 continue de circuler et d'être apprise par des générations d'étudiants, ou que l'on propage toujours l'opposition entre la province « girondine » et le Paris « jacobin ». Ces clichés ne sont que de pieux héritages historiographiques qui permettent de faire oublier la violence « provinciale » et d'accabler (ou de féliciter) un petit noyau de radicaux rendus coupables de tous les crimes (ou de toutes les audaces). Cette cartographie fantasmatique grossit les traits en faisant du Bordelais ou de la Normandie ces blocs d'opposants qu'ils n'ont jamais été, elle désigne Bourges comme la capitale imaginaire d'un fédéralisme que la ville a pourtant refusé. Elle accrédite surtout l'idée que l'unité parisienne existe autour du Comité de salut public et de la Convention qui assumeraient la lourde responsabilité de la sauvegarde de la Révolution au prix de l'acceptation de la violence. Non seulement cette vision des choses est fausse, mais elle a surtout l'inconvénient de véhiculer une interprétation qui rend incompréhensible le déroulement des faits et qui légitime deux formes d'analyses, opposées et parfaitement complémentaires, l'une faisant de la Révolution française le modèle du progrès assiégé par la réaction, l'autre le modèle de l'État totalitaire.

Urgences et concurrences

La période se caractérise par l'urgence ressentie pour répondre aux menaces et par la confusion des pouvoirs. Il suffit par exemple que Danton propose, dans un discours, le 27 mars, que toute personne souhaitant la Contre-Révolution soit mise hors la loi pour que le compte rendu rédigé par les secrétaires de l'Assemblée, le 30, donne à ces paroles la forme d'un décret, laissé à l'appréciation des instances judiciaires. La peur qui traverse le pays et la multiplicité des acteurs politiques dans un espace institutionnel mal délimité et en perpétuel déchirement facilitent l'accès à la légitimité de la violence. Dans cette situation, les hommes qui se situent au premier plan de la scène nationale sont loin de posséder le pouvoir, ou même de le contrôler. Ils le partagent et le disputent avec leurs pairs, mais surtout avec l'ensemble des forces disparates qui contribuent à la marche de la défense nationale.

Depuis le 10 Août et les massacres de Septembre, la part des initiatives des sections, des assemblées primaires et des clubs n'a cessé de grandir à Paris comme dans tout le pays au nom du droit de se saisir de la force lorsque l'exécutif semble défaillant. Un courant puissant mais composite, malgré les apparences, légitime les interventions venues des sections et des sociétés populaires et double souvent les actes de l'Assemblée, nouant des contacts directement dans tout le pays. Ce mouvement est remarqué dans de nombreuses villes comme à Lyon, où les sections et les clubs, d'obédiences opposées, arguent de leur légitimité contre leurs opposants à la municipalité, au département ou à la Convention elle-même. De nombreux comités départementaux de Salut public naissent pour organiser la défense de la Révolution. Les « anarchistes », cordeliers, « maratistes » de Paris sont alors dénoncés par de nombreuses pétitions émanant de villes ou de sections de province. Cette force issue de la conjonction des initiatives individuelles prolonge et amplifie la détermination déjà rencontrée autour de tous ces porte-parole qui ont incarné un mouvement pour dire la loi. La France est en effet parcourue par des missionnaires. Car si les Conventionnels envoient dans les départements les « représentants en mission », choisis dans l'Assemblée, pour encadrer la levée des 300 000 hommes et contrôler de fait les administrations départementales soupçonnées de modérantisme, ces députés rencontrent d'innombrables autres envoyés dépêchés par des sections, des clubs ou des administrations, qui se sentent également porteurs de légitimité, puisqu'ils émanent, eux aussi, du peuple souverain, incarné dans les assemblées primaires. Les conflits de juridiction, de hiérarchies institutionnelles et de personnes sont considérables et se traduisent en termes politiques, déclinant tout le spectre des opinions. À cet égard, la culture politique révolutionnaire a totalement imprégné la société française.

Au-delà de l'*a priori* qui voudrait que toute pratique populaire soit effectivement démocratique, les errements sont inévitables dès lors que les règlements de comptes sont transfigurés par des lectures politiques dichotomiques. Jouent alors l'attribution de fonctions et de places à des individus peu compétents, voire indignes de les exercer, l'élimination de tous ceux qui essaient de trouver des compromis pour éviter des représailles inutiles à l'encontre de populations simplement mécontentes et non pas royalistes, l'acceptation de violences inqualifiables commises sous des prétextes politiques, les surenchères dans les dénonciations et le rejet de tous les péchés à éradiquer sur les « nobles », puis les « étrangers », ou la « Vendée »... Les montagnards et les députés centristes portent des responsabilités. Ils détournent à leur profit les revendications sectionnaires à Paris, et réussissent à incarner une ligne politique qui réforme le pays en mêlant inextricablement les violences les plus effrayantes aux mesures les plus salutaires. Le lien doit être fait entre les positions économiques et éducatives adoptées par les montagnards. Le 4 mai, le « maximum » des prix des grains est décrété par la Convention. Le 30 mai, l'implantation d'une école primaire par commune est décidée, au cœur de la crise politique. La Montagne répond aux demandes populaires, ce que les girondins ne peuvent plus faire, mais il ne s'agit que d'une alliance tactique : quand celle-ci n'est plus nécessaire, les résolutions sont abandonnées de fait. Les rivalités politiques prennent le pas sur l'examen des réalités. Dans le règlement de la question coloniale et de l'esclavage, les positions des montagnards et des sans-culottes ont été manifestement déterminées en 1793 par l'opposition systématique à Brissot et à ses amis plus que par toute autre considération, jusqu'à permettre à des colons cyniques de discréditer des révolutionnaires.

Là encore, la complexité des faits ruine les interprétations trop rapides, car l'analyse des jugements rendus à la suite du décret du 19 mars montre que, hors de la « Vendée » où la plus grande violence est employée dans la suite des conflits antérieurs, la répression n'est pas conduite sans précaution. Les commissions militaires ne condamnent pas aveuglément les personnes qui leur sont adressées : ainsi, des juges ne retiennent pas le port d'armes pour envoyer à la mort des paysans de la Dordogne, estimant que l'habitude de porter des armes est avérée. Reste que l'extrême confusion des textes législatifs et les pressions exercées localement sur les tribunaux expliquent des jugements dramatiques et incohérents. Il suffit qu'une commission accuse un boulanger de détournement de grains pour qu'il soit envoyé à la mort, tandis qu'un autre reste en vie parce que le délit reproché n'est pas qualifié de la même façon. L'équilibre est fragile entre la volonté de maintenir les règles juridiques, qui est le propre de nombreuses cours, et la demande de répression qui s'exprime chez les militants locaux, attendant que leurs adversaires soient mis hors d'état de nuire. L'incertitude de la délimitation du champ du politique est grande, surtout dans les zones de guerre civile. La radicalisation des événements va aggraver les mécanismes répressifs dans tout le pays.

L'invention de l'ennemi intérieur, la Vendée

L'exemple de la Vendée est l'exemple le plus significatif de cette situation. À partir de la déroute d'une colonne armée envoyée depuis La Rochelle vers la Loire, le 19 mars 1793, une lecture politique transforme des révoltes rurales, certes nombreuses et déterminées, mais disparates et sans unité, en une guerre menée par des contre-révolutionnaires dangereux. Le soulèvement éclate en mars à la suite de nombreux affrontements locaux, provoqués pour des raisons économiques, sociales et religieuses, sur lesquelles il est inutile de revenir ici, sauf à insister sur l'importance des antagonismes qui traversent cette zone. Les conflits religieux, entre catholiques et protestants notamment, ont laissé des séquelles graves et la violence latente ne demande qu'à s'exprimer. Les mêmes mouvements insurrectionnels sont réprimés brutalement mais efficacement en un mois au nord de la Loire. L'efficacité de la répression a fait oublier aux contemporains, ensuite aux historiens, qu'au milieu de mars les bandes armées s'étaient soulevées en même temps autour de Nantes, de part et d'autre de la Loire. La dispersion des insurgés de la rive droite, incapables d'alliance avec leurs homologues de l'autre rive, mérite que l'on s'y arrête pour comprendre comment, dans un processus mêlant imaginaire et rivalités politiciennes, la Vendée a été construite, et ceci pour les siècles suivants.

Les nouvelles que les montagnards donnent des événements survenus au sud de la Loire servent autant à accuser les girondins qu'à justifier leur radicalisation et celle des sans-culottes. L'emploi même du mot de « guerre de Vendée » au moment où les affrontements qui dévastent la vallée du Rhône de 1790 à 1815 ne trouvent aucune dénomination, rappelle que l'identification hasardeuse de la Vendée à une contre-révolution née surtout dans les Mauges et autour de Nantes relève d'abord des luttes parisiennes. Le succès est inespéré. Les « massacres » de Machecoul, une petite ville au sud de Nantes prise par les révoltés, font frémir lorsqu'on annonce 400 à 800 victimes des tortures infligées par les royalistes, hommes et femmes, sur des gardes nationaux et des patriotes ; la réalité semble avoir été d'à peu près 160 tués. Des volontaires et des corps de troupe affluent de toute la France pour composer une armée disparate, traversée de rivalités militaires et politiques, impossible à commander – ce qui laisse le champ libre à tous ceux qui profitent de l'état de guerre pour piller, tuer et violer. Les défaites deviennent inexplicables et la guerre nourrit la guerre. Les vendéens sont décrits comme des fanatiques dangereux, soutenus par le gouvernement anglais de Pitt, puis l'incapacité des administrateurs locaux est stigmatisée, ceci d'autant plus facilement qu'ils sont proches des girondins ; à partir de l'été, les manœuvres des girondins et des généraux nobles deviennent la clé explicative, enfin les montagnards sont soupçonnés d'indécisions. Une spirale se met en place qui vérifie ses annonces catastrophiques du fait même de l'inadéquation des mesures prises avec la réalité. Les rumeurs alarmistes tiennent une place considérable dans la radicalisation. Il est vrai que la Vendée n'est pas le seul exemple de propagande, puisqu'il est annoncé en mai 1793 que « cinquante mille chefs de famille ont été égorgés à Marvejols », pendant l'insurrection rapidement défaite de Charrier autour de Mende. Mais la Vendée va cristalliser toutes les peurs.

Le malheur de la « Vendée » tient à sa place dans le dispositif politique, hors de sa réalité sociale et politique. Elle ne représente pas une véritable région, comme les imprécisions géographiques des évocations et des ordres l'attestent, mais un symbole politique forgé et instrumentalisé dans des luttes internes, au même titre que Coblence et que Pitt. Ce symbole est une des raisons de la naissance du Comité de salut public en avril, machine de guerre politique contrôlée par les montagnards, qui coordonne les comités de surveillance théoriquement institués dans chaque commune après le 21 mars, contre le Comité de défense générale créé par les girondins le 1er janvier. La guerre de Vendée devient le lieu où se font les carrières politiques nationales entre des groupes rivaux qui se livrent à des surenchères et à des alliances complexes entre girondins, dantonistes, montagnards, hébertistes, sans-culottes et enragés. Les mots de la plus grande violence sont les seuls possibles, sous peine de passer pour modéré.

Pendant l'année 1793, seuls les sans-culottes tirent leur épingle du jeu, ayant imposé le langage convenant à une armée qui cache les raisons de ses défaites et réclame toujours plus d'hommes, d'argent et de violences. Sur ce terrain, où les techniciens du militaire sont disqualifiés d'avance, ils contrôlent peu à peu toutes les armées. La Vendée sert de tremplin aux sans-culottes parisiens, comme Ronsin, et aux protégés de Vincent, le tout-puissant secrétaire du ministère de la Guerre. Elle sert aussi de champ d'expérimentation à la levée en masse supposée être la solution à la résistance contre-révolutionnaire. En septembre 1793, cette force populiste, plus démagogique que démocratique, provoque la défaite de l'armée montagnarde de Nantes pour assurer sa victoire politique. Dirigées en dépit des règles militaires, laissées à des chefs corrompus et incapables pour une part, les troupes sont logiquement battues dès qu'elles rencontrent des masses imposantes de paysans appuyés sur des noyaux de soldats expérimentés. Pendant des mois, les campagnes sont ravagées et les villes assiégées et investies tour à tour, provoquant des milliers de morts et des exodes considérables. Mais face à la menace, l'unité nationale est réaffirmée en permanence, notamment par Barère, qui joue un rôle central. Le comble est atteint le 1er août 1793 quand Barère confond toutes les oppositions à la Convention, les lie à l'or de l'Angleterre et conclut sur la destruction des émigrés de Coblence et des brigands de la Vendée, légitimant la répression demandée par les sans-culottes. S'il est impropre d'évoquer un « génocide » ou un « populicide » pour parler de cette guerre qui n'identifie aucun groupe à détruire, sauf tous les contre-révolutionnaires du pays, en y amalgamant les girondins et les modérés dans une liste sans fin, cela ne diminue pas l'importance des massacres commis l'hiver suivant.

La Vendée est une de ces guerres où des troupes, mal encadrées et laissées à leur propre peur, commettent des atrocités. D'un côté, les insurgés ont repris les habitudes anciennes des révoltes rurales, chassant et mettant à mort les représentants de l'État, pillant les bourgs, avant que leurs chefs ne réussissent à les détourner, pendant un temps, de ces pratiques qui ont un aspect de revanche et une dimension messianique. Ils acquièrent aussi une conscience politique réelle, comme le font au même moment leurs homologues dans le Massif central. De l'autre côté, la communion contre la Vendée se réalise aisément, parce que la désignation d'un ennemi public canalise et légitime la violence. Sur fond de discours d'une extrême violence, la guerre donne lieu à un déchaînement des mises à mort et de la répression. À La Rochelle, en mars 1793, des sans-culottes, hommes et femmes, se saisissent de prêtres réfractaires prisonniers, les lynchent, les éventrent et les démembrent puis se promènent dans la ville en arborant des restes humains, têtes, organes internes, testicules. Outre des pratiques venues des guerres de religion, ils reproduisent ici le rituel des massacres de Septembre, s'instaurant justiciers et imposant l'adhésion des proches auxquels ils demandent « Est-ce que le cœur te fait mal ? » pour démasquer les tièdes. Mélangeant les genres, des pratiques archaïques aux innovations démocratiques, ils investissent le champ politique et le transforment, puisque la révolution radicale est assimilée à ces orgies violentes. Dans l'immédiat, ils soudent de force autour d'eux les autorités et les militants et, indiscutablement, permettent que la Révolution unifiée résiste à la Contre-Révolution, avant que, quelques années plus tard, cette acceptation de la violence nue ne devienne incompréhensible pour tous ceux qui l'ont acceptée. Ceci permet de comprendre le rôle éminent que joue Carnot, membre du Comité de salut public, dans l'effort de guerre, attendant son heure dans sa rivalité avec les sans-culottes.

En avril 1793, le bon bourgeois Benoît Lacombe, choqué par la brutalité du langage des sans-culottes, mais qui conserve ses engagements politiques, écrit : « Le citoyen président nous a fait lecture du *Moniteur* qui nous annonce qu'on purge bien l'aristocratie et que la guillotine va bon train [1]. » Sa réserve est partagée par de très nombreux individus soucieux de la survie de la nation. La violence est regrettable mais jugée indispensable quand les ennemis semblent aidés par des traîtres. Elle s'inscrit aussi dans les traditions de la monarchie vis-à-vis des révoltes.

Le recours au coup d'État

Les historiens toujours obnubilés par le poids de Paris oublient que la Révolution a commencé à Rennes et à Grenoble, qu'elle a été défendue ardemment par Marseille, par exemple, ceci expli-

1. Joël Cornette, « La personne, l'histoire et le récit : le destin de Benoît Lacombe... », *Revue d'histoire moderne et contemporaine*, 1985, p. 572-590.

quant l'importance des rivalités entre villes et groupes politiques et contribuant à la faiblesse des institutions. Les rivalités entre girondins, montagnards et sans-culottes affectent tout le pays et, dès le mois de mai, des administrateurs de Marseille, de Caen, de Bordeaux et de Lyon déclarent leur opposition plus ou moins ouverte aux sans-culottes, voire aux montagnards comme à Marseille et à Toulon où les sections se débarrassent d'eux. À Marseille, à la suite de clivages complexes, les sections de la ville s'opposent à la municipalité jacobine et aux représentants en mission obligés de quitter la ville en mai et au début de juin. Assurés de leur légitimité depuis le début de la Révolution, les Marseillais s'engagent dans des opérations politiques risquées, récusant la Convention montagnarde, estimée despotique, et Marat, considéré comme un partageux. Le jacobinisme local se trouve ainsi en porte-à-faux sur tous les plans avec la Montagne à la Convention.

À Lyon, alors que les luttes politiques sont vives depuis des années, les révolutionnaires ont triomphé de leurs adversaires contre-révolutionnaires en 1792 ; mais ils sont divisés entre des administrateurs départementaux modérés, des assemblées primaires, les sections, plutôt favorables aux girondins, et un noyau de militants sans-culottes, autour de Chalier, qui s'est emparé de la municipalité. Au printemps 1793, les sectionnaires réussissent à contrôler peu à peu les organes de pouvoir et à se faire élire à la mairie de Lyon, chassant Chalier et ses amis au terme d'un véritable coup de force. Le 29 mai, des troupes acceptent de se ranger sous l'autorité des sections, les administrateurs du département se taisent et les représentants en mission sur place n'interviennent pas. Les sans-culottes livrés à eux-mêmes sont obligés de se rendre à la force armée. Une vingtaine de morts seraient à déplorer – la propagande dit aussitôt plusieurs centaines. Le projet politique des sections lyonnaises, comme des sections marseillaises ou toulonnaises, est à l'évidence ambigu, entre refus de l'autorité centrale, souhait d'un égalitarisme communautaire et revendication d'une démocratie directe comprise localement. Jouent également la volonté de revanche de certains girondins et l'action de contre-révolutionnaires authentiques qui essaient de profiter de l'occasion.

Depuis Paris, ces événements reçoivent une lecture diamétralement opposée puisque, au même moment, les sans-culottes, soutenus par Marat au sein de la Convention, commettent un coup d'État. Ils obligent les députés à exclure, sous la menace des canons, les députés girondins de l'Assemblée, les 31 mai et 2 juin. Il s'agit de la fin d'un bras de fer entre girondins et sans-culottes. Depuis le début avril, les premiers n'ont cessé de reculer, acceptant le contrôle des prix réclamé par les enragés, l'intégration des volontaires dans l'armée de ligne et le recrutement parmi les sans-culottes. Ils ont échoué à casser le mouvement sans-culotte, mais ont pu refuser la levée d'un corps de 20 000 hommes qui aurait été, de fait, rival des fédérés proches de leurs sensibilités. Le 12 avril, Marat est traduit devant le tribunal révolutionnaire provoquant une manifestation des sections parisiennes et en retour le soutien de la Plaine aux girondins. Or dès le 24 avril, Marat est acquitté, avec l'appui des montagnards. La deuxième contre-attaque girondine dénonce « l'anarchie » sans-culotte et les autorités parisiennes. La réunion des suppléants des Conventionnels est évoquée à Bourges pour se libérer de l'influence de la capitale. Le 24 mai, les meneurs sans-culottes, Hébert et Varlet, sont arrêtés, entraînant de nouvelles protestations soutenues par les montagnards.

Après une préparation par les sans-culottes, l'offensive contre les girondins commence le 31 mai, mais ne réussit qu'à supprimer la Commission des Douze, qui passe alors pour une machine de guerre girondine. En revanche, le 2 juin, l'Assemblée bascule pour de bon en abandonnant les girondins définitivement isolés. Le coup de force a mêlé la force armée, l'usage du vote d'assemblée, les tactiques politiques les plus ordinaires, notamment la politique du pire, mais aussi le compromis, puisque la plupart des girondins échappent dans l'immédiat à la répression. Les discours ont été particulièrement vifs. Les propos vindicatifs de certains députés girondins comme Vergniaud contre Paris font assimiler les girondins à des « fractionnistes », accusation grave au moment où le territoire national semble éclater, puisque la Vendée contrôle une partie de l'Ouest ligérien, que la Corse se sépare de la France sous la conduite de Paoli et se range aux côtés de l'Angleterre, et que les Espagnols reçoivent le soutien de populations pyrénéennes. Pourtant de nombreux administrateurs et des clubs provinciaux prennent des positions hostiles aux sans-culottes parisiens, considérés comme anarchistes. Leur position est motivée par le rejet de mesures économiques et de toute forme de démocratie directe laissée aux mains de militants issus des milieux populaires. Ce mouvement naît pour préserver la « liberté » de la Convention, mais aussi pour lutter contre les sans-culottes locaux.

À partir du 5 juin, une campagne de pétitions est lancée dans de nombreuses villes de France pour revenir au respect de la constitution et de la liberté, en s'appuyant sur les assemblées primaires, considérées comme seules sources de légitimité. Les villes du sud et de l'ouest de la France, à commencer par Marseille et Rennes, sont bien placées pour mener cette campagne, ayant été depuis 1790 à la tête des luttes contre la Contre-Révolution et pour avoir joué un rôle de premier plan dans les événements parisiens de 1792, par le biais des fédérés. Le respect du légalisme empêche toute initiative rapide, d'autant que la Convention montagnarde réussit le tour de force de proposer une nouvelle constitution, adressée à toutes les administrations du pays et soumise en juin à l'approbation des électeurs. Le vote est accompagné de la désignation de délégués devant converger à Paris pour consacrer l'unité du pays dans une nouvelle Fête de la fédération. La proposition de l'Assemblée est d'une grande force tactique. Invitant des représentants directs du souverain à Paris pour valider le choix constitutionnel, les Conventionnels court-circuitent les autorités locales, qui sont à ce moment leurs rivales les plus dangereuses, sans pour autant risquer d'être accusés de faire un coup d'État, puisque ce rassemblement n'a aucun caractère militaire. En effet, la réunion de délégués de gardes nationales prévue pour le 10 août 1793, dénoncée comme le moyen de donner à la Convention une armée prétorienne, est abandonnée. De ce point de vue, il importe peu de se demander si la constitution est bâclée ou non ; soumise à l'approbation et légitimant le droit à l'insurrection, elle répond incontestablement à la crise de légitimité qui touche le pays, d'autant que certains délégués la comprennent, à juste titre, comme le moyen légal de dissoudre éventuellement la Convention ! En outre, satisfaisant une revendication cordelière, la Convention abolit, le 23 juin, la loi martiale, qui avait été mise en place en octobre 1789 et qui était devenue le symbole de la répression des mouvements populaires depuis la fusillade du Champ de Mars, ceci renforçant la proclamation du droit à l'insurrection. Le droit naturel est donné comme horizon politique, mais les lois réglementant les attroupements demeurent en vigueur, limitant singulièrement la portée pratique de la décision !

S'instaurent alors un temps et un espace permettant que s'affirme l'hégémonie d'un des groupes rivaux. La forte participation au vote, contrairement à ce qui est assuré parfois, atteste que le débat n'échappe à personne et correspond bien à la mobilisation des multiples sociétés populaires, clubs et assemblées primaires. L'Assemblée n'a pas le pouvoir qu'on lui prête souvent, même si la Convention gagne la partie face à tous ses rivaux provinciaux dans ces mois d'été 1793.

L'écrasement du traître inventé, le « fédéralisme »

Dès la seconde moitié de juin, alors que les administrations départementales et municipales se sont engagées dans un appel à l'insurrection, qu'elles se sont liées les unes aux autres par des réseaux de correspondances et que se dessine l'idée du rassemblement, à Bourges, d'une Commission centrale, véritable Convention *bis*, les rivalités entre les villes, la crainte de la Contre-Révolution et les hésitations des administrateurs devant la légitimité politique vident le mouvement de toute unité. La stratégie de la Convention combinée à la peur de la Contre-Révolution et de la disette ruinent les tentatives insurrectionnelles.

Dans la vallée du Rhône, les sociétés populaires de la Drôme et les assemblées primaires du Rhône refusent de s'engager dans ce qui apparaît comme une mise en cause de la Convention. Dans l'Ouest, la guerre et la fidélité de l'armée à la Convention limitent toutes les tentations des administrateurs de s'engager contre Paris, les amenant même à renier des déclarations belliqueuses. Quelques administrateurs trop maladroits finissent sur l'échafaud, mais pas avant la fin de 1793. En Normandie, où il est difficile de repérer des lignes de démarcation simples entre ceux qui soutiennent la Convention et ceux qui acceptent ou revendiquent une autonomie politique, les incertitudes des administrateurs débouchent sur un faible engagement contre la Montagne et les sans-culottes parisiens. Les jacobins caennais, les fameux Carabots, participent bien à l'armée « girondine » conduite par Wimpfen, qui part vers la capitale pour lutter contre les « anarchistes ». Mais ces jacobins donnent suffisamment de gages révolutionnaires pour n'être pas touchés par la répression qui suit la défaite de Wimpffen. Son équipée n'a pas une portée politique considérable. Elle ne concerne en définitive qu'une poignée d'individus, y compris le fantasque Puisaye, qui a eu une carrière de révolutionnaire modéré et accepté le 10 Août, et qui se lance peu après dans une aventure contre-révolutionnaire tout aussi individualiste.

Dans le Jura, les administrateurs qui ne veulent pas s'allier aux Lyonnais et redoutent les insurrections contre-révolutionnaires réussissent à garder leur prééminence et à supplanter les sociétés populaires, adoptant la constitution montagnarde et le langage révolutionnaire tout en restant en place. Des négociations semblables sont menées à Poitiers par Thibaudeau, plus attaché au centralisme révolutionnaire qu'à la Convention. À Bordeaux, à Toulouse, dans le Jura, les déclarations fracassantes contre les anarchistes parisiens ne sont pas suivies d'une mobilisation conséquente. Les troupes annoncées sur le papier se réduisent à quelques centaines d'individus. La masse et le plus grand nombre des révolutionnaires locaux acceptent, de gré ou de force, la légitimité parisienne, notamment face aux contre-révolutionnaires présents qui profitent de la situation, et même face à leurs rivaux révolutionnaires des villes voisines ! Bordeaux connaît des phases de répression alternées, puisque la commission militaire qui s'installe traque d'abord les « fédéralistes » et les négociants – 68 sont exécutés rapidement –, avant que les représentants en mission n'imposent le respect d'une procédure qui ralentit le rythme des jugements et en diminue la gravité. Au total, une centaine de personnes meurent des suites de la répression.

Dans le Sud-Est, les choses se passent de façon plus dramatique, dans la suite des guerres civiles antérieures. Certains révolutionnaires rejoignent Marseille dans la révolte, tandis que d'autres, attentistes ou plus légalistes, ne veulent pas prendre le risque d'affaiblir la révolution alors que les contre-révolutionnaires locaux sont dangereux. Les élites protestantes des montagnes prennent position contre Paris et seront réprimées. À Lyon, les négociations menées entre des émissaires envoyés par la Convention, représentant différentes sensibilités, échouent à faire accepter l'autorité centrale. Malgré des décrets de la Convention, à l'issue d'un procès, qui insiste sur les illégalités commises, les Chalier, comme on les nomme, sont condamnés et les meneurs, dont Chalier lui-même, exécutés le 16 juillet. Lyon est dès lors déclarée ville rebelle par Paris. Cette déclaration n'entraîne pourtant pas aussitôt la répression, puisque l'ouest de la ville demeure libre d'accès, les Lyonnais étant eux-mêmes engagés dans des opérations punitives contre les jacobins voisins ! Il est nécessaire d'insister sur le mois pendant lequel les positions se décantent peu à peu dans toute la France, amenant la majorité des élites hostiles initialement au coup de force parisien du 29 mai et du 2 juin à se ranger du côté de la Convention. Ce délai oblige à penser que, contrairement à ce qui est trop souvent répété, les dénominations politiques ne sont pas transposables d'une ville à l'autre, qu'elles n'ont pas de lisibilité nationale et qu'elles sont, à l'évidence, des marqueurs dont l'efficacité vaut d'abord à l'intérieur d'un groupe précis. Il ne faut pas conclure qu'elles n'ont aucune valeur généralisable : le libéralisme ou le contrôle des prix, la solidarité communautaire ou l'égalité nationale, les convictions religieuses orientent les prises de positions partout. Mais les étiquettes « jacobins », « girondins », « muscadins[1] » sont d'usage local et les acteurs eux-mêmes ont abusé des confusions pour discréditer leurs adversaires. Il est toujours

1. Le mot stigmatise les jeunes gens modérés, ayant évité l'armée, et sentant le musc. L'usage va s'étendre ensuite.

regrettable que des historiens enfourchent sans précaution ces chevaux de bataille polémiques, pour expliquer trop simplement des conflits aussi complexes.

Marseille subit une attaque liée à ses relations antérieures avec Paris. En 1792, les Marseillais faisaient respecter l'orthodoxie jacobine dans leur région, usant de plus en plus de la force brute. Au printemps 1793, ils avaient pris l'initiative d'un mouvement contre les Conventionnels girondins, les « appelants ». Ils furent alors violemment désavoués par les montagnards et par Barère qui virent un risque de « fédéralisme » et de rivalité avec la Convention. Dans le même temps, les sections marseillaises appuyées par la municipalité réussissent peu à peu à s'unir contre les radicaux et les représentants en mission dénoncés comme « intrigants ». Dans un mouvement analogue à celui qui se passe à Lyon, au nom de la démocratie, les sections s'opposent à la Convention montagnarde et aux sans-culottes « anarchistes », elles entament un mouvement régional de défense armé. En réponse, l'armée de la Convention entre dans Marseille déclarée rebelle, le 25 août.

La reconquête de la ville s'accompagne d'un curieux épisode peu cité, qui témoigne pourtant de la complexité des positions politiques. Les jacobins revenus organisent à partir du début d'octobre un congrès des sociétés populaires, qui réunit plus de 1 500 délégués. En luttant contre Toulon ils entendent promouvoir une ligne politique inspirée par les hébertistes ; concurrente de la Montagne, cette tentative correspond avec celle de Vincent pour créer un comité central des sociétés populaires dans tout le pays. L'essai marseillais tourne court avec l'arrivée du représentant en mission Fréron qui, à la fois, radicalise la poursuite des « fédéralistes » de l'été et supprime le congrès, pourchassant même Isoard, son premier président. La Montagne combat ainsi sur sa droite et sa gauche, identifiant sa lutte à la Révolution. La répression qui avait débuté avec une certaine mansuétude (162 exécutions pour 528 prévenus) s'accélère, envoyant à l'échafaud 123 personnes sur les 219 jugées. Marseille perd son nom le 6 janvier 1794, devenant Ville-sans-nom pour expier la succession de « fédéralismes » dans laquelle elle s'est engagée depuis le début de 1793, qu'ils soient girondin, modéré-royaliste, ou cordelier !

La situation est encore plus grave pour Toulon, qui finit par ouvrir son port à la flotte anglaise et se rallie à la cause de la royauté, au moment où la Corse de Paoli devient un royaume anglo-corse. Il s'agit là d'une situation de guerre qui a dépassé les révoltes anti-jacobines et anti-sans-culottes du printemps 1793. De la mi-juillet à la mi-août, le mouvement sectionnaire des Toulonnais a rejeté les jacobins et est passé peu à peu d'une sensibilité démocratique communautariste à une affirmation de convictions autoritaires et monarchistes. Ce n'est qu'à la fin septembre et en octobre que les distinctions entre révolution et contre-révolution deviennent claires, ce que consacre en décembre la prise de Toulon par les troupes révolutionnaires. La violence qui s'abat alors sur la ville commence par l'exécution de 200 marins, avant que les représentants présents n'instaurent une procédure judiciaire qui condamne 290 personnes à mort. Au total, l'épisode aurait coûté la vie à plus de 800 individus, peut-être 1 100, et aurait entraîné la fuite de nombreuses familles, modifiant ainsi la société toulonnaise.

Lyon, Marseille et Toulon ont hérité d'histoires locales tellement conflictuelles que les conciliations même tactiques face à Paris sont devenues impossibles, si bien que ces villes entrent dans une dissidence, exploitée habilement par les contre-révolutionnaires. On mesure la distance avec Rouen où les rivalités locales s'atténuent pour éviter le risque que la communauté des élites éclate devant Paris. Les zones où les guerres civiles antérieures ont laissé des traces ne peuvent pas s'unifier pour intégrer les grilles politiques nationales et voient leurs fractures s'aggraver. Ces héritages de violences locales paraissent essentiels pour comprendre ce qui se joue au sein des communautés, à côté du langage politique. On perçoit, dans le labyrinthe des situations locales, à quel point les jeux n'étaient pas faits à propos de la légitimité révolutionnaire, puisque chaque rassemblement de citoyens se sent investi du pouvoir de décision tout en cherchant à se lier à une légitimité supérieure, *in fine* à la Convention appuyée sur la constitution. En revanche, ce qui apparaît est bien la conscience de tous ces Français d'être dans leur bon droit depuis 1789 et 1792. La vitalité des débats à l'intérieur des sociétés populaires, des clubs et des sections atteste, en tout cas, la nécessité de nuancer la vision de Cochin qui faisait de ces instances les moyens d'un quadrillage uniforme du pays par le jacobinisme.

Les exemples abondent qui illustrent que la vie politique se fait d'abord au niveau local avant de recevoir, ou non, la teinture nationale ; l'épisode « fédéraliste » ne doit pas faire oublier que les militants révolutionnaires demeurent finalement nombreux et actifs, déterminés à assurer la victoire de la démocratie révolutionnaire. Il ne faut pas oublier non plus l'existence des incertains, qui évitent la violence. Ainsi une commune de la Vienne attend avec impatience l'arrivée des vendéens, qui n'aura jamais lieu, pour se rallier à la Contre-Révolution. La communauté, bien conseillée par son curé, fait alors oublier cette velléité inassouvie, qui aurait pu lui coûter cher. La violence censée appartenir aux révolutionnaires parisiens n'a pas la réalité que toute une historiographie peu sensible aux complexités des terrains locaux lui prête. Les montagnards n'ont de puissance que parce qu'ils arrivent à influencer la masse des Conventionnels et à canaliser les tentatives des sans-culottes ; ils déchaînent la répression contre les « fédéralistes » après avoir reçu l'aval du pays à propos de la constitution ; ils ne possèdent surtout pas le contrôle des troupes, largement sous l'obédience des cordeliers. Leur seul pouvoir est celui de la parole – ce qui n'est pas négligeable. Ils s'affrontent non seulement aux idées et aux usages, mais surtout aux passions et aux émotions.

La mort de Marat

Le 13 juillet 1793, Charlotte Corday tue Marat. Au même moment, Jacques Cathelineau, premier généralissime de la Vendée, meurt de ses blessures reçues au siège de Nantes quinze jours plus tôt. La prise de Nantes par les vendéens, qui échouent de peu, aurait fait basculer l'histoire de France, puisque les Anglais ont failli s'emparer d'un port d'une importance exceptionnelle pour organiser des débarquements de contre-révolutionnaires. Rappeler cette possibilité n'est pas faire de l'histoire avec des « si », mais simplement montrer que rien n'était joué en cet été 1793, sauf l'acceptation, voire la revendication, du sacrifice suprême par de nombreux Français, comme par de nombreuses Françaises. En mars 1793, Cathelineau avait remis sa femme et ses enfants dans les mains de Dieu en prenant le commandement de la petite troupe qui s'élançait contre Cholet. Accepter de donner et de recevoir la mort fait ainsi partie de l'horizon mental de beaucoup, révolutionnaires ou contre-révolutionnaires. Si la figure de Marat se détache singulièrement de toutes les autres, c'est à cause de sa mort spectaculaire et des enjeux politiques qui lui sont attachés.

Jusqu'en 1792, Marat s'était acquis une réputation de révolutionnaire intransigeant et d'homme de sang, en réclamant par exemple la mort de 300 000 personnes, mais aussi une réputation de prophète, ce qui est peu original dans ces années qui voient la prolifération des prophétesses et des visionnaires et l'exaspération d'une mystique christique. Il ne convient pas d'être aveuglé par ses prophéties ni par ses réclamations de têtes à couper ou de souffrances supportées, même si son journal, *L'Ami du Peuple*, dispose d'une audience importante. Au printemps 1793, il se retrouve enfin au centre de l'actualité politique, à la suite de la mise en accusation par les girondins, qui font de lui le révolutionnaire le plus dangereux. La procédure qui aboutit à son acquittement est plus qu'une erreur de tactique de la part des girondins, puisqu'elle lui donne une aura qu'il n'avait pas encore, ce qui lui permet de surclasser ses rivaux comme Robespierre, entraînant le cours de la Révolution dans une surenchère nouvelle de purification du pays. En ces mois de juin et de juillet, il est l'objet d'une vénération et d'une détestation dans tout le pays, incarnant la pointe la plus extrême de la Révolution. Son assassinat par une jeune femme décidée elle aussi à tuer et à mourir consacre son triomphe. Il s'agit bien là d'une position exceptionnelle, qui dépasse de loin le cadre politique strict et met en cause des dimensions émotionnelles profondes.

L'acte de Charlotte Corday, si prémédité qu'il ait été, ne s'inscrit pas non plus dans une logique politique au sens strict mais plutôt dans une démarche héroïque de sacrifice consenti dans l'imitation des héros de l'Antiquité. Sans doute proche des girondins, influencée par une famille et une éducation marquées par le respect de la monarchie, cette jeune femme accomplit un acte individuel, qui relève de la sensibilité du temps, au-delà des enracinements sociaux et politiques. Elle n'oppose aucune résistance à son arrestation et se plie avec résolution et fermeté à son jugement. Attendant la mort avec une sérénité qui irrite rapidement les révolutionnaires, elle suscite l'amour du jeune Lux, qui la suit sur l'échafaud dans un geste d'amour suicidaire. Elle se défend d'avoir été guidée et revendique totalement ses responsabilités. Mise à mort sans trahir de faiblesse, elle déclenche tellement de passions que son cadavre subit des profanations et que sa mémoire est l'objet de polémiques immédiates. Un courant de journalistes modérés insiste sur son courage et sa beauté, tandis que les plus révolutionnaires insistent sur son caractère viril et sa laideur. Les imaginations les plus débridées se sont depuis emparées de ce geste d'une jeune vierge tuant un homme dans sa baignoire, soulignant la charge émotionnelle qu'il a eue d'emblée.

Marat, de son côté, est l'objet d'une liturgie et d'une rivalité politiques. Reprenant une pratique cérémonielle qui avait déjà eu lieu [1], son corps est embaumé, puis exposé et transporté dans Paris selon un circuit compliqué, alors que l'odeur du cadavre est manifestement insupportable et que sa peau verdit. Les citoyennes révolutionnaires sont les principales organisatrices de ce véritable culte, exhibant le corps déchiré, la baignoire, les feuilles de journal comme autant d'instruments de la passion, avant d'obtenir la confection d'un obélisque en bois à la mémoire du défunt. Il s'agit là de leur action politique la plus éclatante, tant la place des femmes est niée par la quasi-totalité des hommes révolutionnaires, qui profitent ensuite de cet assassinat pour associer dans la réprobation la plus graveleuse Charlotte Corday, Marie-Antoinette et même Madame Roland, la femme du ministre girondin ! Alors que le cœur de Marat est

1. Pour le Conventionnel Le Peletier tué en janvier 1793, et pour le meneur sans-culotte Lazowski tué en avril 1793.

placé dans le club des cordeliers, donnant à celui-ci une légitimité importante, les hommes expriment plus directement leurs rivalités politiques. Robespierre réussit à contrôler la mémoire de Marat, tandis que Hébert, Leclerc et Roux essaient de prendre sa succession dans la direction politique des sans-culottes. Paradoxalement, puisque Marat ne jouait pas jusque-là un rôle politique direct, sa disparition aggrave les tensions politiques.

Quelques mois plus tard, dans une optique plus politique, Marat est proclamé martyr de la Révolution, avec Chalier et Le Peletier, triade promue par les sans-culottes dans des liturgies véritablement religieuses. Un culte proprement religieux lui est dédié en Arles. De très nombreux discours sont tenus à l'occasion de fêtes qui voient des hommes et des femmes dévouer leur vie à la cause de la Révolution, ainsi que leurs enfants, rebaptisés Marat. Certains projettent même de faire circuler le corps du martyr dans les départements, à l'instar des pierres de la Bastille. Si le cantique « Ô cor de Jésus, ô cor de Marat [*sic*] » est bien attesté, il convient pourtant de rappeler qu'il n'est connu que de très peu de personnes et qu'il faut se garder d'une extrapolation trop rapide, même si Jésus a bien été proclamé sans-culotte. De clubs ou d'administrations de province arrivent des déclarations qui défendent les souvenirs des martyrs et affirment leur croyance dans l'immortalité assurée par le sacrifice à la cause révolutionnaire.

La mort fascinante et sacrée

Cette mort illustre le climat dans lequel se trouve le pays, que la période révolutionnaire n'invente pas, mais politise. La fascination de la mort, des reliques et des sacrifices traverse la société. Un exemple est donné par la conservation des têtes des deux émeutiers exécutés en août 1789 à Rouen par l'introducteur en France des cires anatomiques. Les cires ont une vocation médicale, mais servent aussi à l'expression de fantasmes de mort ; elles sont ensuite le moyen par lequel Madame Tussaud obtient renommée et succès commercial avec sa galerie célèbre. N'affirmera-t-elle pas avoir eu entre les mains les têtes de Philippe-Égalité et de

Robespierre ? Et elle montre les têtes de Louis XVI et de Marie-Antoinette. Cette sensibilité particulière devant la mort s'exprime parmi les prisonniers attendant le jugement et éventuellement la guillotine. Dans les prisons parisiennes, une sociabilité se met en place, on complote et on organise la vie quotidienne, on reçoit, on aime, on se distrait par la musique ou on élève son chien... La marche vers l'échafaud est un spectacle où le condamné joue en quelque sorte sa réputation, jugé sur un bon mot, sur la couleur de la robe, sur sa fermeté. Madame Roland, Lucile Desmoulins, Marie-Antoinette, Charlotte Corday marquent la foule, à l'inverse de Camille Desmoulins ou de Madame du Barry. Le jour de son exécution, Charlotte Corday aurait réclamé du bourreau un temps pour voir la guillotine, estimant qu'elle en avait le droit, n'en ayant pas vu auparavant. Au-delà de l'existence d'une réelle perversité, indéniable chez certains, beaucoup, spectateurs ou « acteurs », bourreaux ou victimes, donnent du sens à la vie par leur attitude devant la mort. Ce qu'attestent de nombreux condamnés entonnant des cantiques qui montrent l'acceptation de leur sacrifice. Foi catholique, échos du jansénisme sont repérables ; dans la mesure où la souffrance permet de rédimer le passé personnel et collectif, elle rejoint ce goût du sublime qui identifie l'époque et force les individus à se dépasser. Mais à quoi rattacher la fabrication de perruques avec les cheveux des guillotinés, réputés plus souples et plus agréables que ceux des morts plus âgés ou en mauvaise santé ? Le « vertige » de la guillotine affecte véritablement tout le pays, frappé devant la rapidité de la mise à mort, la novation de cette mécanique et le cérémonial qui l'entoure. L'image de la guillotine remplace celle de la lanterne qui recevait les pendus de 1789 pour identifier la Révolution et lui donner son caractère dramatique.

La mort héroïque est acceptée, voire recherchée, mais parfois inventée. Ainsi les soldats morts en fuyant devant les vendéens en mai 1793 à Thouars sont-ils l'objet d'une tentative d'héroïsation de la part de leurs camarades survivants, voulant faire oublier les conditions de leurs décès. Le suicide, tentation que Marat aurait eue dans sa jeunesse, est régulièrement évoqué pour attester la pureté des sentiments révolutionnaires. On sait que Robespierre annonce périodiquement sa propre mort, causée par les ennemis, et qu'il le fait sans doute en rivalité avec Marat. Si la proposition d'Olympe de Gouges à Robespierre de se jeter ensemble dans la Seine peut faire sourire, de nombreux exemples témoignent de la détermination de nombreuses personnes à donner leur vie, ou la mort. Roland se suicide, tandis que sa femme a pensé le faire, mais a voulu manifester sa résistance jusqu'au bout en écrivant elle-même son destin et en montant sur l'échafaud. Le Conventionnel Romme, qui se suicide en 1796, aurait chargé sa section de lui trouver pour femme la veuve d'un soldat mort au champ d'honneur. Ces anecdotes ne doivent pas être mal comprises. Elles renvoient à une sensibilité qui excède les catégories politique, philosophique ou religieuse, et se relie à l'aspiration des individus à se dépasser à l'occasion de circonstances exceptionnelles. La Révolution ne semble pas différente de toutes les époques pendant lesquelles des individus, jeunes pour l'essentiel, sont obligés de faire des choix personnels et se trouvent dans une liberté exceptionnelle, puisque les autorités traditionnelles sont absentes ou contestées. L'acceptation de souffrances, voire du sacrifice de la vie, devient alors normale, expliquant l'enthousiasme qui fait prendre des décisions sous le coup de l'émotion, jusqu'à entraîner vers des positions extrêmes.

La prodigieuse énergie libérée par tous ces événements modifie le rapport au réel chez de nombreux Français et Françaises. L'influence des philosophes ou des romanciers ne peut pas être tenue pour négligeable, mais pour la masse des gens ordinaires engagés dans ces luttes pour la vie et la mort, c'est plus l'économie libidinale que la raison qui les fait agir. Le corps, meurtri, exposé, sacrifié, est le vecteur par lequel l'engagement politique passe, dans une transparence que nous, lecteurs de l'histoire après Freud, devons admettre sincère dans ses déclarations, même si nous n'avons pas à les prendre au pied de la lettre. On comprend le traumatisme du désenchantement qui se produit quelques années plus tard, constatation faite, dans un camp comme dans l'autre, de l'inutilité, voire de la nocivité, de ce qui s'est passé. Mona Ozouf décrivant les fêtes de cette époque insistait sur le lien équivoque avec la violence, omniprésente, parfois effective, le plus souvent évoquée et contrôlée autant que possible par les organisateurs soucieux de ne pas se faire dépasser par les spectateurs[1]. L'histoire de la quête du sacré, sous toutes ses formes, y compris ses manifestations les plus irrationnelles et les moins contrôlables, demeure à faire. La question de Robespierre, « Vouliez-vous une révolution sans la révolution ? », se retourne contre lui, la révolution n'est pas qu'une translation de pouvoir ou de souveraineté, c'est aussi cet espace mal cerné d'aspirations multiples et contradictoires à un changement de la vie. Un moyen de le contrôler sera le transfert de sacralité que Napoléon opère sur sa personne.

Plus prosaïquement, la propagande se saisit de ces élans pour les récupérer. Le *Recueil des actions héroïques et civiques des républicains français*, édité par Léonard Bourdon en 1793, présente dans une volonté hagiographique simpliste des actes de bravoure et de courage exceptionnels. Ainsi l'exemple d'un grenadier du Gers qui arrache une balle de sa cuisse, puis trois jours après, alors qu'il a été blessé à la nuque, tue à l'arme blanche six Catalans. Quinze jours plus tard, alors que son flanc droit est entamé, une balle empoisonnée se loge dans un œil. On s'apprête à l'ensevelir quand il réclame de pouvoir continuer à répandre son sang pour la patrie. Les estampes et les lithographies jouent sur le même registre, n'hésitant pas à proposer des saints laïcs au public, sans souci de vérité. La résistance d'une femme près de Saint-Mihiel luttant contre des émigrés est transposée en Vendée, dans une localité baptisée pour la circonstance Saint-Milhier, tandis qu'un forgeron dit « de Bressuire », ayant renvoyé les balles reçues dans son chapeau, est dessiné se détachant sur un fond de montagne qui rappelle que l'épisode a été raconté la première fois à l'occasion d'un affrontement avec les Piémontais. Le saint et le philosophe ne sont plus proposés à l'héroïsation. Ils sont remplacés par le guerrier sacrifié, comme Beaurepaire, entré au Panthéon, temple mémoriel du sacrifice.

Ces inventions de la propagande, parmi lesquelles il faut compter la mort de Bara au début de janvier 1794, ou le naufrage héroïque du *Vengeur*, ne sont pas à considérer seulement pour ce

1. Mona Ozouf, *La Fête révolutionnaire, 1789-1799*, Gallimard, 1976.

qu'elles sont, des manipulations grossières de l'opinion ; elles correspondent également à une demande collective d'héroïsme. Dans ses lettres à son fils, la mère de Marc-Antoine Jullien, le tout jeune envoyé de Robespierre, ne cesse de l'exhorter au sacrifice pour la nation et la révolution, en invoquant la vertu et les exemples de l'Antiquité. En frimaire de l'an II, le représentant en mission Joseph-Augustin Crassoux laisse guillotiner son frère, commandant en second du vaisseau l'*Apollon*. L'exaltation de l'héroïsme explique, en juin 1793, si l'on en croit la légende, la demande incongrue d'un révolutionnaire nantais au moment de sa mort : il souhaite que l'on tanne sa peau pour en faire un tambour. Elle fonde aussi la fermeté des femmes vendéennes envoyées à la mort par les tribunaux révolutionnaires pour avoir assisté à la messe d'un prêtre réfractaire et refusé de porter la cocarde tricolore. Cette attitude crâne devant la mort s'accompagne évidemment de toute la haine et la violence qui s'expriment dans les appels au meurtre et aux atrocités des foules révolutionnaires et contre-révolutionnaires. Les limites ordinaires des règles sociales n'ont plus cours devant l'urgence comme devant l'importance de la tâche à accomplir. Est-ce vraiment nouveau ? Quelles que soient les époques, les émeutiers assurant préférer être pendus plutôt que de mourir de faim, les femmes annonçant qu'elles allaient égorger leurs enfants, les manifestants promettant l'extermination des riches ne disaient pas autre chose que l'affirmation de la mort acceptée, revendiquée ou promise.

Le bouleversement révolutionnaire donne cependant une acuité nouvelle à cette sensibilité. En témoigne par exemple la conviction que la dénonciation est devenue une « vertu » et une nécessité pour déjouer les « trames perfides » des ennemis de l'intérieur. Les excès entraînés par les dénonciations abusives auront été combattus par des tribunaux, mais ils alimentent cette dépréciation des adversaires qui s'accélère et contribue à la banalisation des violences, avant de prévenir toute tentation de réconciliation ensuite. Les ennemis ne sont que des « cannibales » féroces, les réfractaires sont des « bêtes noires à tonsure », toute une tératologie continue de proliférer, aidant à la déshumanisation des opposants. Ceux-ci sont accusés d'avoir supplicié les révolutionnaires, enterré des hommes encore vivants, cloué des femmes et des prêtres sur des portes... toutes choses d'ailleurs vraisemblables. La violence la plus brutale est rendue possible dans beaucoup de régions, où les conflits d'autorité permettent les interventions de multiples groupes et d'individus investis de pouvoirs.

Convictions et calculs

Cette rage de destruction, qui n'est donc pas inédite mais transformée, traverse tout le pays. Reprenant des pratiques judiciaires de l'Ancien Régime (ou de l'Italie de l'époque moderne), les maisons d'opposants contre-révolutionnaires à Annecy ou fédéralistes, comme celle de Buzot, à Évreux sont rasées en juillet et août 1793. De multiples exemples de cette volonté d'éradication sont attestés jusqu'en 1794, mettant en œuvre un redoutable esprit de sérieux qui traque les moindres traces de la féodalité. L'archaïsme des pratiques rejoint les nouvelles idéologies, lorsque, pendant la fête du 10 août 1793 organisée pour l'approbation de la constitution, David fait édifier un bûcher pour brûler les restes de la féodalité. Avant de populariser le « vandalisme » et d'en accuser les sans-culottes, Grégoire déclare le 8 août 1793 que le véritable génie est sans-culotte, participant à la surenchère dans la vision utilitariste de l'art et de la critique anti-élitiste. La naissance du musée des Monuments français, facilitée par le volontarisme de Lenoir, se situe exactement dans cet espace improbable entre destruction et conservation. Lenoir lui-même n'échappe pas au vertige nécrologique en prenant plaisir à serrer la main d'Henri IV, lorsqu'il assiste aux exhumations des tombeaux royaux de Saint-Denis, tandis que la vengeance populaire s'acharne *post mortem* sur les restes de Catherine de Médicis et de Louis XIV et que des fétichistes découpent des morceaux de cadavres pour en faire des reliques.

L'été 1793 est particulièrement marqué par les tensions qui traversent le groupe des responsables politiques face aux demandes populaires. En juin 1793, la proscription des députés girondins n'avait concerné qu'une petite partie du groupe des députés dénoncés. Ceux qui sont emprisonnés passent plusieurs mois avant d'être jugés et exécutés, pour répondre alors à la pression des hébertistes. Les conflits sont particulièrement violents dans les armées engagées en Vendée, où les officiers appartenant à des groupes rivaux s'emprisonnent et s'envoient mutuellement à la guillotine, au nom de la radicalité révolutionnaire. Le comble est atteint lorsque la levée en masse est décrétée, le 20 août, pour satisfaire les sans-culottes, provoquant une remise en cause des cadres et des pratiques militaires ordinaires, et conduisant notamment à des désastres dans l'Ouest. Mais les montagnards et les partisans de l'ordre national, comme Carnot, ont dû se plier, au moins momentanément, à cette exigence. Il n'est pas anodin de relever que Barère, dans son discours capital du 1er août, lie la défense nationale à la destruction des brigands de la Vendée, la mise en accusation de Marie-Antoinette et la destruction des mausolées de Saint-Denis. La fête du 10 août, sur laquelle il conviendra de revenir, est, selon la formule d'Édouard Pommier, la réponse « alambiquée » de la Convention à la sensibilité populaire. La fête unit la destruction des symboles à la libération des oiseaux portant aux pattes des banderoles sur lesquelles les articles de la constitution étaient écrits, ainsi qu'à l'ouverture du musée des Monuments français qui protège les reliques du passé dorénavant désacralisées [1].

À la question de Maurice Agulhon de savoir si le massacreur est l'homme de l'idéologie ou de son époque, on peut répondre qu'il est d'abord l'homme de son temps et de son espace, dans la mesure où il exprime des aspirations anciennes dans un moment où tout s'invente [2]. Dans un espace saturé de violences verbales et physiques, traversé de rumeurs et de discours dramatiques, l'homme de la Révolution, comme celui de la Contre-Révolution, laisse libre cours à ses peurs et à ses pulsions. Il faut ajouter qu'il est là aussi sans aucun doute l'homme de tous les temps quand les limites sociales ont été abolies par des conflits dotés

1. Édouard Pommier, *L'Art de la Liberté*, Gallimard, 1991, p. 127-129.

2. Maurice Agulhon, « Conflits et contradictions dans la France d'aujourd'hui », *Annales ESC*, 1987, 3, p. 595-610.

d'une importance réelle et symbolique considérable, et qu'il est enfin l'homme dont les plus cyniques ou les plus politiques se servent pour assurer leur prise de pouvoir. Il n'est pas, en tous les cas, seulement l'homme d'une idéologie révolutionnaire, découlant d'un rousseauisme improbable.

Alors que le sans-culotte se voit naturellement comme un vengeur, pour les plus convaincus et sans tenir compte de ceux qui profitent abusivement de la situation, les dirigeants politiques adoptent à l'évidence une position d'intermédiaire, canalisant et catalysant cette violence. Ceci explique les rodomontades proférées par de nombreux acteurs, épinglées à juste titre par l'historiographie ultérieurement. Westermann se vante ainsi en décembre 1793 d'avoir anéanti la « Vendée libre » sous les sabots de ses chevaux et d'avoir tué les femmes et les enfants, pour faire oublier la médiocrité de son commandement qui a mis en péril l'armée républicaine à plusieurs reprises et son opposition ouverte à des généraux sans-culottes. Il n'évite pas pour autant l'échafaud. Il faut comprendre de la même façon l'« invention » de Bara par le général Desmarres, soucieux de faire oublier des tares analogues et qui connaît le même destin, malgré la récupération de son héros par Barère et Robespierre dans leur lutte contre les hébertistes. C'est ainsi qu'il faut comprendre des déclarations fracassantes, comme celles du député Piorry annonçant l'arrivée du représentant en mission Ingrand à Poitiers : « Songez braves sans-culottes qu'avec le patriote Ingrand vous pouvez tout faire, tout obtenir, tout casser, tout briser, tout renfermer, tout juger, tout déposer, tout guillotiner et tout régénérer. Ne lui foutez pas une minute de patience. Que par lui tout tremble, tout s'écroule et tout rentre dans l'ordre le plus stable. » Ce à quoi l'intéressé répond : « J'ai jetté [*sic*] l'épouvante et inspiré la terreur, on a tremblé devant la représentation nationale. » Pourtant il maintient le département de la Vienne hors des incursions des colonnes infernales et le fait échapper aux destructions que les départements voisins connaissent – les religieuses vivant dans la Vienne, par exemple, ne subissent qu'une répression limitée.

L'ambiguïté des révolutionnaires devant ces manifestations de violence est réelle, entre acceptation et rejet, fascination et instrumentalisation. En témoigne l'utilisation du mot brigand, qui valorisait dans les années 1790 un type de contestation. Les « brigands » d'Avignon en ont profité. Mais cette figure rassurante d'une « violence rejetée loin de la ville et niée comme politique », pour reprendre la formule d'Albert Soboul, se transforme en 1793 en une image dangereuse, les « brigands » de la Vendée sont des forcenés qu'il convient d'exterminer, avant que le mot « brigands » ne désigne, à nouveau, tous les hommes de sang et de désordre que la société doit supprimer. Les représentations artistiques témoignent de cette ambiguïté, lorsque les illustrateurs recourent à l'image de l'Hercule gaulois au repos, portant sa massue fumante de sang, pour désigner le peuple, en même temps qu'ils insistent de plus en plus sur les images féminines. De la même façon, les atrocités en Vendée ne sont représentées qu'au travers de femmes ou d'enfants allégoriques, atténuant la réalité. La violence est inévitable, nécessaire mais doit être maîtrisée.

Enfin il n'est pas possible de ne pas voir un certain nombre d'exécutions comme des vengeances personnelles et sociales. Le général Custine, un temps héros de la résistance face aux Autrichiens et aux Prussiens, est guillotiné, payant de sa vie son arrogance imputée à sa noblesse. Ses vertus militaires, qui avaient été appréciées au début de 1793 lorsqu'il avait rétabli la discipline et réprimé sévèrement les soldats pillards et violeurs, deviennent les stigmates de son « aristocratisme » à la fin de l'année. Madame Roland, la reine, humiliée pour aller à l'échafaud, Malesherbes sont parmi d'autres des exemples de personnes punies pour afficher leur sens de l'honneur quand le patriotisme devient la vertu acceptable. L'individualisme est « aristocratique », mais il permet de comprendre aussi le mépris hautain manifesté par des condamnés à mort dans leurs derniers moments ; le « patriotisme » conduira des révolutionnaires au même mépris de la mort, mais dans un autre état d'esprit.

Vertu et « hommes pervers »

Robespierre dénonça, dans un discours célèbre, les « hommes pervers » qui l'environnaient et qui allaient provoquer sa mort. Sans vouloir entrer dans des approches psychologisantes ou moralisantes comme il y en eut beaucoup à propos des terroristes, il n'est cependant pas possible de ne pas s'intéresser aux personnalités des protagonistes. Autour de nombreuses personnalités gravitent des individus à mi-chemin entre œuvre de basse police et politique, comme Héron, ou Beausire autour de Vadier, membre du Comité de sûreté générale. La « privatisation » de la violence a été une réalité, comme l'attestent, près de Sainte-Affrique, les méfaits commis par les membres des « bandes noires » qui se signalent par des violences importantes et qui échappent à tout contrôle. Peu de travaux, même parmi les biographies, se sont intéressés à cette question. Il ne saurait y avoir que des réponses provisoires et des pistes de réflexion.

L'exemple de la mission de Javogues à Saint-Étienne semble particulièrement éclairant. Le représentant en mission, Javogues, est à l'évidence un être fruste, emporté, qui contrôle mal ses paroles et ses actes, accepte le recours à la violence sans toutefois s'y complaire et essaie de trouver des solutions simples aux difficultés économiques, politiques et religieuses auxquelles il est confronté dans le département de la Loire. La majorité des militants qui l'entourent appartient à une classe moyenne lettrée ; ils sont intégrés dans des réseaux de relations amicales et professionnelles, et ont réagi peu à peu devant les épisodes de la Révolution soit en voulant organiser la défense nationale, soit en essayant d'atténuer la misère populaire, soit en adoptant des positions anticléricales, voire antireligieuses. Un certain nombre d'entre eux connaissent des ruptures dans leurs trajectoires, nobles récusant leur groupe, comme Antonelle, mais aussi comme ce Potier de la Morandière, noble manceau devenu meneur des enragés locaux. Ces hommes nouveaux, « *outsiders* » à un titre ou un autre, ayant plus ou moins échoué jusque-là dans leurs rivalités avec leurs pairs, portent logiquement les mutations de la politique, en les conjuguant avec leurs propres enracinements personnels et sociaux. Avant l'irruption de la politique du fait de la Révolution, ils contestaient souvent l'autorité d'une façon ou d'une autre. Selon la priorité accordée à la question, leurs positionnements politiques ont varié du modérantisme au sans-culottisme. La plupart d'entre eux font une carrière militaire ou politique et sont attachés aux procédures administratives et judiciaires extraordinaires.

Cette dernière dimension est importante. La plus grande partie des acteurs de la Révolution ne sont pas prisonniers de leurs passions. Les clubistes eux-mêmes sont pour l'essentiel préoccupés des intérêts de leur communauté. Les tribunaux extraordinaires, commission militaire et commission révolutionnaire, n'adoptent des modes d'activité expéditifs que pendant peu de jours, en février 1794 essentiellement. Si, dans la Loire, où exerce Javogues, le nombre de personnes exécutées s'élève à plus de 70 sans doute, cela demeure relativement faible eu égard au nombre de suspects entendus et aux affrontements qui existent dans les différentes zones du département. La terreur dans la Loire a été d'abord une addition d'affaires traitées localement par des individus soucieux de leur autonomie vis-à-vis du degré politique supérieur, qu'il soit le district, le représentant en mission ou ses délégués, ou encore la Convention. Enfin, le dégoût devant les tueries et l'inquiétude concernant les sacrifices accomplis semblent bien avoir affecté nombre d'acteurs à la fin de l'année 1793, effrayés de ce qu'ils voyaient ou de ce à quoi ils avaient participé. Ce tableau en demi-teinte semble bien être celui qui s'applique à la plus grande majorité des représentants en mission. Ils sont loin d'être des « proconsuls » tyranniques et sanguinaires comme le veut l'historiographie. Dans un contexte de guerre civile ouverte, ils sont d'abord impliqués dans d'innombrables tâches administratives urgentes pour assurer la vie matérielle quotidienne des départements dont ils ont la charge ; encore n'ont-ils d'efficacité qu'au travers de collaborateurs conservant nombre d'attributions. S'ils impulsent des orientations, celles-ci ne sont pas radicales en permanence.

L'exemple lyonnais est éclairant sur ce point. Alors que la ville est investie et qu'un décret du 12 octobre 1793 entend la détruire, les représentants en mission, Couthon d'abord, puis Collot d'Herbois, Fouché et Albitte ensuite, mettent en place un système répressif qui fonctionne d'une façon complexe et évolutive. Les exécutions font autour de 2 000 victimes, sur la décision de la commission révolutionnaire ; Collot d'Herbois se pose manifestement entre le Comité de salut public, exigeant une punition remarquée de la ville, et le commandant de l'armée révolutionnaire, Ronsin, qui réclame des têtes, alors que la population de Lyon, notamment les femmes, manifeste pour la clémence. Dans cette conjonction particulière, cette terreur « légale » a été très forte, injuste envers nombre de Lyonnais qui avaient le seul tort de ne pas vouloir faire la Révolution selon les normes décidées à Paris, à côté des contre-révolutionnaires investis après coup dans la résistance de la ville ; mais cette répression est restée encadrée par des représentants de l'État qui ont canalisé les désirs de vengeance. C'est l'horreur de la mitraillade mal réalisée, débouchant sur un carnage, qui provoque une pétition signée de milliers de femmes. Collot est amené à se justifier, et même à défendre Ronsin en décembre devant la Convention – où il rencontre le soutien de Robespierre. À ce moment-là, la Convention ne peut pas s'engager dans une politique clémente.

Il est cependant paradoxal de penser que la répression à Lyon a bénéficié d'une attention aussi grande alors que la violence se déchaîne totalement dans l'île de Saint-Domingue en 1792 et en 1793. Planteurs et « grands Blancs » passés progressivement à la Contre-Révolution s'affrontent aux « petits Blancs » qui soutiennent davantage les jacobins, auxquels appartiennent les représentants en mission à la fin de 1792. Mais ceux-ci s'aliènent progressivement leur soutien en appliquant les lois favorables aux mulâtres, ce qui débouche sur des émeutes et sur une répression sévère organisée par Sonthonax, envoyé de Paris. Pendant ce temps, les esclaves et les « libres de couleur » révoltés tiennent le centre de l'île et, sous la conduite de Toussaint Louverture, se rallient à l'Espagne après l'entrée en guerre de ce pays dans la coalition européenne. À partir de juin 1793, la guerre qui fait rage entre les partisans de Sonthonax et ceux du nouveau gouverneur Galbaud débouche sur la destruction du Cap et le renforcement des esclaves rebelles, qui obtiennent leur affranchissement par Sonthonax, tandis que, à Paris, la Convention et les comités sont affaiblis par leurs divisions idéologiques, exacerbées par les menées souterraines des colons et de leurs amis. Entre combats, massacres, tortures, l'île est la proie des haines et des vengeances entre groupes sociaux, ethniques, aggravées par les luttes politiques comme enfin par les croyances religieuses. La Guadeloupe n'est pas épargnée, mais à un moindre degré. Plus généralement, tout l'arc caraïbe est dévasté par ce genre de conflits, dans lequel disparaissent les troupes métropolitaines. Ils mériteraient une attention plus grande que celle qui leur est portée ordinairement, ce qui mettrait les événements métropolitains en perspective, pour comprendre l'instrumentalisation des enjeux politiques, les formes et les conséquences des violences ou les occultations mémorielles.

La terreur a été *et* n'a jamais été à l'ordre du jour

Il était nécessaire de brosser ce tableau incomplet des vicissitudes et des drames dans lesquels la France se trouve pendant l'été 1793 pour apprécier les jeux politiques. C'est à ces violences, auxquelles il faudrait ajouter les difficultés économiques aggravées chaque jour, que les instances parisiennes ont dû faire face par des discours et des mesures politiques. Or contrairement à la lecture qui est souvent donnée d'une Révolution allant de l'avant vers des décisions de plus en plus radicales, il est possible d'insister au contraire sur les méandres suivis. La sortie du coup d'État des 31 mai et 2 juin s'est réalisée avec plus de prudence qu'il n'y paraît. Les girondins les plus en vue ont été éliminés, une partie d'entre eux arrêtés, mais Saint-Just lui-même a engagé la Convention au pardon. Son discours, qui identifie paradoxalement les girondins aux royalistes, limite les conflits politiques à un duel entre la Révolution et la Contre-Révolution et interdit ainsi toute intervention dans le champ du politique à des groupes hors des Conventionnels. Comment ne pas alors voir une stratégie dans ces jours de juillet où l'indécision règne et les menaces s'accumulent ?

La situation est complexe en effet. La constitution doit être approuvée par les « envoyés » élus dans toute la France et unis dans la fête du 10 août, mais les ambiguïtés sont grandes sur le statut et la place de ces délégués, ces « membres du souverain » capables de rivaliser avec la Convention. Certains attendent d'ailleurs explicitement la dissolution de la Convention au lendemain de la promulgation de la constitution. Arrivés à Paris, début juillet, ils se partagent entre tous les courants, y compris les girondins, pourtant battus, ou soutiennent la sensibilité sans-culotte et les cordeliers. La mort de Marat aggrave les tensions, avant l'annonce de la prise de la ville de Mayence par les troupes étrangères et l'accroissement de la tension sur le Rhin, tandis que Robespierre entre au Comité de salut public. Des bruits d'une nouvelle insurrection sans-culotte conduite par le Comité de l'Évêché courent les 1er et 2 août, en écho à une crise des subsistances. C'est au prix d'un contrôle étroit des rivalités politiques que les Conventionnels réussissent à organiser la fête du 10 août qui consacre l'unité du pays autour de sa constitution, tout en marginalisant les envoyés sans les heurter. L'arche contenant la constitution est placée symboliquement dans la salle des séances de la Convention, ce qui tout à la fois consacre la légitimité de l'Assemblée et lui permet de gouverner hors la constitution, puisque celle-ci est inappliquée. Pourtant la double représentation du souverain, la Convention et les envoyés, demeure effective une quinzaine de jours, avant que les envoyés ne se dispersent en confiant toute la représentation nationale à la Convention. Entre-temps, alors qu'ils sont porteurs d'un fort élan d'unité nationale contre les ennemis de la Révolution, à commencer par la Vendée, ils ont pesé sur le vote de la levée en masse le 23 août, ce qui satisfait une demande des sans-culottes.

Au cours de ce mois, la répression des « fédéralistes », l'organisation de l'armée et de l'économie amènent à des reclassements entre les différents groupes qui se disputent le pouvoir : hébertistes, enragés, montagnards, députés de la Plaine, membres des différents comités de gouvernement, sans parler des partisans des girondins devenus discrets. Ils composent autant de nébuleuses aux contours et aux alliances changeants et dont les relations conflictuelles se retrouvent à tous les niveaux de l'État, dans les institutions liées à tel ou tel groupe, dans les départements, les districts et les communes, sans oublier à ce dernier degré les différents comités, clubs et sociétés populaires ainsi que les sections où se retrouvent les militants. Pour priver les enragés du support du mécontentement populaire, le Comité de salut public organise des réquisitions de grains et décrète la mise en place de greniers d'abondance, après le décret du 26 juillet instaurant la peine de mort pour les accapareurs. Après un mois de tergiversation et de conflits, la Convention est à nouveau face à une radicalisation des sections sans-culottes appuyées par les hébertistes, qui prennent la tête d'une journée populaire, aboutissant à l'envahissement de la Convention le 5 septembre. Celle-ci décrète alors la création de l'armée révolutionnaire, l'arrestation des suspects et l'épuration des comités de surveillance, la promesse d'un maximum des prix et une indemnité de 40 sous aux citoyens présents dans les assemblées de sections, qui ne peuvent plus être permanentes. Reste à comprendre ce qui s'est passé ce jour-là et pourquoi la Convention utilise la « terreur » de cette façon ambiguë.

Dans une séance dramatique, pendant laquelle Robespierre reste discret, la députation sans-culotte réclame des mesures exceptionnelles, répondant aux mauvaises nouvelles venant des armées, notamment de Toulon passé à l'ennemi. Dans ce débat tumultueux, les décisions citées plus haut sont prises et la « mise de la terreur à l'ordre du jour » apparaît dans un discours de Barère. Celui-ci cite cette demande des sections sans-culottes mais surtout sans donner suite ! Ainsi, et contrairement à ce qui est donné pour assuré par l'historiographie, la terreur, dont le sens n'est d'ailleurs pas précisé, n'est pas mise à l'ordre du jour le 5 septembre, ni à l'ordre du jour de la Convention, ni de façon plus imprécise à un quelconque ordre du jour de la vie nationale. Le mot est cependant bien employé et correspond certainement à une demande populaire pour se débarrasser des ennemis et des traîtres, mais il ne reçoit pour autant pas sa traduction politique et juridique !

Il y a donc jeu ambigu des Conventionnels, à commencer par Barère, excellent dans ce genre d'exercice. Ils réussissent à empêcher les sans-culottes et les hébertistes d'imposer leurs vues, en contournant leurs demandes, en les citant sans en débattre dans l'Assemblée et finalement en rejetant les plus extrémistes dans l'illégalité. Les Conventionnels ne veulent pas se prononcer sur la terreur, mais sans refuser d'emblée le programme radical. Drouet qui souhaite que les révolutionnaires deviennent « brigands » est obligé de revenir sur cette position condamnée par l'Assemblée et appelle à n'« assommer un Prussien que la loi à la main ». Thuriot est applaudi quand il lui répond : « La France n'est pas altérée de sang, elle n'est altérée que de justice[1]. » La proposition faite par le Conventionnel Billaud-Varenne de convertir les jardins des Tuileries et les Champs-Élysées en champs cultivés, au nom de la lutte contre le luxe, n'est même pas relevée. Enfin, à une députation de jeunes citoyens désireux de verser le sang des traîtres, le président répond de « partir aux frontières », assurant que « pour nous, nous vous répondrons des ennemis de l'intérieur. » Il faut être attentif à ces petites phrases qui témoignent moins de la violence acceptée par les Conventionnels, comme il est si facilement dit, que de leur habileté à endiguer l'énergie révolutionnaire. En cela les manipulations oratoires de Danton, par sa fougue, de Barère, par son inventivité législative, sont exemplaires. Reste à ne pas être dupe des discours, qui expriment pour certains militants des émotions profondes, mais qui sont d'abord des armes politiques, parfaitement manipulées par des hommes, souvent juristes, devenus des professionnels de la politique. Ainsi la mise à l'ordre du jour n'a pas été effective institutionnellement, pourtant la « terreur » a bien été « à l'ordre du jour » dans de nombreux endroits suite à des initiatives individuelles ou à l'action de groupes armés. L'incapacité des élites révolutionnaires à affronter la réalité de la violence

1. *Archives Parlementaires*, t. LXXIII, p. 423-426 et 442 ; *Le Moniteur*, XVII, 1854, p. 521-528 ; Philippe Buchez et Pierre Roux-Lavergne, *Histoire parlementaire*, Paulin, 1836, t. XXIX, p. 43.

populaire autonome, qui s'est manifestée à maintes reprises depuis 1789 et encore en 1792, se retrouve encore une fois ici. On comprend ce que l'historiographie a retenu du 5 septembre et, aussi, comment les manipulations politiques des Conventionnels ont pu se retourner contre eux.

À l'ensemble de propositions radicales portées par les Parisiens ultra-révolutionnaires, la Convention paie donc le plus petit tribut possible. La création d'une armée révolutionnaire de 6 000 hommes et de 1 200 canonniers destinée à assurer la survie économique du pays est une victoire incontestable pour les hébertistes. Ces soldats sont destinés à garantir le ravitaillement des villes et à terroriser les contre-révolutionnaires, ils participent du contrôle que les sans-culottes possèdent sur le ministère de la Guerre ; on reste pourtant loin des attentes populaires. Les armées n'ont que de faibles effectifs et sont privées des guillotines qui avaient été réclamées. Les hébertistes doivent, en outre, obtenir, maintenant, les succès qui ont échappé à tous leurs rivaux. Il faut enfin souligner que la définition des suspects est due à Merlin de Douai, juriste de la Plaine, qui a estimé la sévérité nécessaire pour sauver la nation, préférant encadrer la répression plutôt que de laisser les sans-culottes se saisir à nouveau de la violence.

La détermination du Comité de salut public et de la Convention est ainsi affirmée, limitant un débordement en invoquant la rigueur, ne s'opposant pas frontalement aux extrémistes, mais tentant de les contrôler. Ce calcul est manifeste dans l'attribution d'une indemnité aux sectionnaires, puisque la permanence des sections est abolie en même temps. Les sections ne peuvent plus en effet se poser ni en émanations du souverain ni en rivales des clubs. La « levée en masse » est transformée par Barère en « réquisition » de la nation, mais le lyrisme de la plume ne peut pas faire oublier que la mesure ne concerne que les célibataires et les veufs sans enfants, même si cela représente 400 000 hommes sans armement. En outre le Comité impose, dans le même temps, le retour à Paris de tous les commissaires en province ou aux armées envoyés par les ministres et souvent en rivalité avec les représentants en mission. Sur ce point, il est pourtant obligé d'abandonner cette intransigeance et de tolérer que divers émissaires circulent, sous sa tutelle. La promesse d'un contrôle des prix est dans l'immédiat peu suivie, il faut une nouvelle journée pour que la loi du maximum général, destinée à encadrer les prix des denrées et des salaires, soit votée, le 29 septembre suivant. Entre-temps, les principaux porte-parole des revendications extrémistes ont été mis hors du jeu politique.

Dès le 5 septembre, les meneurs « enragés » sont poursuivis. Roux est emprisonné, Varlet l'est une quinzaine de jours après, puis Leclerc, tandis qu'une campagne animée par Chabot, Basire, Desfieux ruine le crédit des citoyennes révolutionnaires. Leur club est interdit le 30 octobre par une alliance entre les députés de la Convention et les hébertistes. Parler de calcul et de manipulation peut paraître choquant, mais l'exemple des citoyennes révolutionnaires ne permet pas de douter de la réalité de la chose. Soumises depuis 1791 à une critique constante de la part de révolutionnaires hantés par le pouvoir féminin, les femmes révolutionnaires se sont contentées de places marginales, se sont désolidarisées le cas échéant de réclamations matérielles, n'ont demandé que des reconnaissances symboliques. Alors qu'elles ne sont soutenues que par les enragés, elles sont victimes d'un affrontement organisé par les Conventionnels, qui les opposent aux dames de la Halle, indiscutablement moins politisées ! En même temps, des raids policiers sont lancés contre les prostituées du Palais-Royal, mais une seule d'entre elles est guillotinée, et pour avoir proféré des cris royalistes…

Cependant la faiblesse de la position du Comité de salut public explique que du « lest » soit lâché envers les exigences hébertistes. D'une part, des procès politiques conduisent à la mort les 21 girondins emprisonnés en juin, Madame Roland, la reine et Philippe-Égalité abandonné par les montagnards, ainsi que Barnave et Bailly. Le tribunal révolutionnaire se signale alors par sa sévérité, envoyant à la mort près de 50 % des personnes jugées. L'accusateur public, Fouquier-Tinville, joue un rôle important, mais c'est Hébert qui porte les accusations les plus terribles et les plus humiliantes contre Marie-Antoinette, accusée d'inceste sur son fils. D'autre part, les cordeliers sont les propagandistes du culte des martyrs de la Liberté (Le Peletier, Chalier et Marat) et de la déchristianisation qu'ils essaient d'imposer au pays. Diverses motivations expliquent cette démarche, y compris la « chasse de l'or », le vol des biens des suspects, qui sera dans les mois qui suivent l'une des accusations retenues contre des hébertistes et des dantonistes.

Par ces manœuvres, le Comité de salut public réussit, le 10 octobre 1793, à obtenir le contrôle effectif du Conseil exécutif, donc des ministères, en faisant promulguer le gouvernement révolutionnaire jusqu'à la paix, le 4 décembre suivant. La constitution, qui pouvait être invoquée éventuellement contre la Convention, est d'un seul coup renvoyée *sine die*, et surtout les membres du Comité se posent en porteurs uniques de la représentation nationale, discréditant à l'avance tout « gouvernement », comme toute velléité de contester leur suprématie. La victoire militaire contre les armées ennemies à Maubeuge les 15 et 16 octobre, par Jourdan et Carnot, la renforce, alors que Lyon et Bordeaux sont envahis par les troupes liées à la Convention, que les vendéens sont battus à Cholet et que Marseille est sous contrôle. Dès novembre 1793 des députés dénoncent ce « système de la terreur », tandis que les hébertistes estiment avoir été trompés. Cet épisode crée une « nouvelle espèce politique », qui relève plus d'une manipulation des opinions et des hommes que de la création d'un système en tant que tel. Est-il là aussi possible de voir simplement s'installer le jeu politique dans sa réalité, mêlant idées et idéaux, tactiques et combines ? Comment ne pas comparer ce qui se produit alors au jeu politique de la République romaine, et précisément à la pratique de Cicéron, grand modèle pour les révolutionnaires, tout à la fois philosophe et politicien retors[1] ? La faiblesse du pouvoir central s'y dévoile, révélant sa part de responsabilité devant l'explosion peu contrôlée des violences.

Sur un autre plan, une leçon à tirer serait de penser que la répression touche d'abord les régions et les zones divisées par des conflits internes, d'origines politique, sociale ou religieuse, et qu'elle épargne davantage celles qui demeurent soudées autour de

1. Merci à Keith Baker pour cette suggestion, renforcée par Tom Kaiser.

leurs élites traditionnelles. Celles-ci demeurent au pouvoir, font écran face aux envoyés parisiens, entravent les actions des radicaux locaux et protègent les minorités réticentes à la Révolution pourvu qu'elles ne se manifestent guère. En d'autres termes, dans ces espaces épargnés par la « guerre civile », la violence ne peut pas se déchaîner comme elle le fait ailleurs. La commission militaire du Mont-Terrible, ce petit département sur la frontière suisse, autour de la ville de Porrentruy, refuse, par exemple, d'appliquer trop strictement le décret punissant l'émigration, de peur d'avoir à envoyer plus de la moitié du département à la mort. À l'inverse, Strasbourg subit une radicalisation qui joue sur les antagonismes sociaux, religieux et linguistiques divisant ses habitants. Ailleurs, là où se rencontrent crise nationale, militantismes locaux et divisions internes, la violence atteint des paroxysmes. L'articulation entre ces phénomènes et ce qui est appelé communément la « Terreur » devient alors problématique.

Chapitre 6

Réalités de la Terreur

Les mois du printemps et de l'été 1794 ne cessent pas d'être l'objet de débats et d'interprétations opposées. Ce moment voit guillotiner le plus grand nombre d'individus en peu de temps, plus de 1000 à Paris, alors même que les armées françaises sont victorieuses et que les nécessités de la défense, invoquées pour justifier la violence d'État, deviennent caduques. Apparemment les choses sont simples, le Comité de salut public, où se distinguent Robespierre et Saint-Just, paraît contrôler l'ensemble des forces révolutionnaires. Cette dimension personnelle que l'histoire de la Révolution prend alors mérite que l'on s'y attarde. Il n'est certainement pas suffisant de vouloir expliquer les événements par les calculs personnels et les jeux individuels, encore moins par des analyses psychologisantes, mais le seul recours à des structures, quelles qu'elles soient, ne peut pas rendre compte des jeux des acteurs, qui sont déterminants au moment des crises.

Ni la « monstruosité » de Robespierre, ni le « rousseauisme » ambiant ne peuvent rendre compte de ce qui s'est passé. Or indiscutablement c'est à ce moment que Robespierre « incarne[1] » le mieux la Révolution et en représente le « lieu » de l'équilibre des forces. Le terme de « lieu » est inspiré par Joan Scott qui propose de voir les personnalités (des femmes militantes en l'occurrence) comme des « lieux » (*site* en anglais) – d'histoire serait-on tenté d'ajouter. Cette approche permet de prendre en considération les « nombreux facteurs qui déterminent [leur] action (*agency* en

1. François Furet, *La Révolution. De Turgot à Jules Ferry, 1770-1880*, Hachette, 1988, p. 150.

anglais) et la multiplicité et la complexité des voies à partir de laquelle [elles] se [construisent] comme acteur historique[1] ». En adoptant ce point de vue qui mêle les « puissances d'agir » avec les trajectoires des protagonistes, il semble possible d'intégrer ce qui fait le propre même de l'écriture de l'histoire par rapport à toutes les sciences humaines : la prise en compte de l'intention humaine entre contraintes et événements.

Or si la Terreur est toujours identifiée à la Révolution, aucune définition ni datation de la Terreur ne sont adoptées communément par l'historiographie. Il est encore plus étonnant de ne pas trouver d'acte instaurant la Terreur, tous les groupes ayant employé le même langage de la violence jusqu'en 1794. Précisément, la terreur est régulièrement vue comme l'apanage des tyrans et des despotes, et ce n'est que le 11 thermidor que le Conventionnel Barère parle du « système de la Terreur », au sens où nous l'entendons. La formule est reprise par Tallien le 11 fructidor, un mois après la mort de Robespierre. Comment comprendre l'esclandre du 4 avril 1794 (15 germinal an II) quand une députation de la société populaire de Sète est rejetée hors de la salle de la Convention et renvoyée au Comité de sûreté générale parce qu'elle a voulu mettre « la mort à l'ordre du jour » ? Invoquant Marat et sa fameuse formule acceptant la destruction de 300 000 personnes s'il le fallait pour que la liberté s'établisse, les pétitionnaires attendent que l'arbre de la Liberté soit « planté dans une terre engraissée du sang des rois et de tous leurs amis ». L'Assemblée s'élève contre cette demande « dans toutes les parties de la salle » et son président s'exclame : « Ce n'est pas la mort qui est à l'ordre du jour, mais la justice. » Il ajoute que ce langage est « indigne d'un républicain », qui n'est pas « un anthropophage ». Un « système de la terreur » avait été dénoncé plus tôt, le 10 novembre 1793, par les députés Bazire, Thuriot et Chabot, qui réclament que les Conventionnels soient protégés des « sectes » révolutionnaires. L'expression « système de terreur » désigne, pour les condamner, les actes des ultra-

1. Joan Scott, *La Citoyenne paradoxale*, Albin Michel, 1998, p. 35. Pour reprendre la traduction d'*agency* proposée par Charlotte Nordmann dans le livre de Judith Butler, *Le Pouvoir des mots*, Éditions Amsterdam, 2004, p. 275.

révolutionnaires. Cette crainte se retrouve dans le discours célèbre de Robespierre du 5 février 1794, lorsqu'il distingue terreur et vertu, insistant sur la nécessité de celle-ci. Saint-Just avait le 8 juillet 1793 accusé les girondins d'avoir voulu créer un « système de terreur » contre Paris, et Robespierre n'a pas cessé de stigmatiser « le poison de la terreur » ! Plus étonnant enfin, le 2 fructidor an II, peu après la mort de Robespierre, un député, Louchet, qui avait joué un rôle lors de la chute de Robespierre, déclare qu'il convient de maintenir la terreur à l'ordre du jour pour sauver « la chose publique ». Les Conventionnels l'obligent à se rétracter aux cris de « la justice ». Ces divers faits attestent qu'aucune doctrine n'est au cœur des pratiques, que les mots ne sont pas encore figés et qu'il convient décidément de rompre avec des lectures consacrées pour prendre toutes ces paroles au sérieux, et les lire dans leur contexte politique.

Les multiples dimensions de l'intervention politique

Les conflits de légitimité ont suscité la création d'institutions concurrentes, génératrices de violences que des individus ont su investir. L'autonomie de la commission militaire d'Angers, par exemple, permit à quelques hommes d'exercer des chantages sexuels sur des femmes prisonnières, mises à mort ensuite. L'indécision des textes autorise l'extension des incriminations au gré des sentiments des juges. Le représentant Sevestre écrit ainsi le 7 frimaire an II dans le *Moniteur* : « Nous avons tous dans nos missions suivi l'impulsion de notre caractère : la latitude de notre liberté pour faire le bonheur ou le malheur du peuple n'a point eu de limites. »

La très grande majorité des représentants en mission a servi d'intermédiaire entre Paris et les Français ordinaires pour assurer le succès économique et militaire de la Révolution ; parfois certains ont su pratiquer une « terreur douce », oxymore qui trouve du sens en politique. Reste qu'une minorité a commis, ou laissé commettre, des dévastations ou des exécutions collectives, par des subordonnés parfois entraînés dans des rivalités entre eux. À

Bordeaux, la commission militaire, présidée par le Bordelais Lacombe, règle, à l'évidence, des comptes personnels avec les nobles et les notables locaux. Mais les charrettes qu'il constitue à la fin de 1793 et au printemps de 1794 sont rendues possibles par les pouvoirs que lui donnent d'abord les représentants en mission, Tallien et Ysabeau, puis le jeune Jullien, envoyé de Robespierre. À Orange, le zèle inquiet du représentant Maignet provoque une répression sévère, dans une région très bouleversée, alors qu'il doit se garder contre les opposants de gauche comme de droite. À Bédoin, la destruction d'un arbre de la Liberté, acte symbolique, l'entraîne à une répression démesurée et symbolique elle aussi : 65 personnes sont guillotinées et le village est dévasté par la troupe que commande le futur maréchal Suchet.

Dans tous les cas, l'espace public a été marqué par les dénonciations, les vengeances et l'arbitraire. Cette réalité, triviale pour les historiens des idées, a été le cadre de vie ordinaire des Français de cette époque, qui ont pourtant majoritairement adhéré à la marche de la Révolution souvent pour des raisons pratiques – à commencer par les mutations du droit social ou familial. Violence et politique forment ainsi un ménage compliqué, chacune tendant à se développer de façon autonome. La volonté de ne pas laisser la violence dénaturer la politique explique, par exemple, que les révolutionnaires en charge de la répression à Lyon s'insurgent contre le dépouillement des victimes par les femmes et les enfants, qu'ils les menacent de prison pour les punir de leurs rapines et des « indécences » commises sur les cadavres. C'est globalement cet écart entre la terreur « en province » fin 1793 et la terreur à Paris dans le printemps et l'été 1794 qui doit être compris pour apprécier le rôle tenu par les Conventionnels et les membres du Comité de salut public. Reste à rappeler que la crise est alimentée par l'institution elle-même. Elle a permis que des débordements se produisent à cause de lois imprécises ou contradictoires, par la permission donnée *nolens volens* à des organismes répressifs de toutes sortes et par la présence d'émissaires porteurs de légitimités concurrentes.

L'autonomie de la violence

L'exemple est donné par l'armée révolutionnaire dirigée par Ronsin à partir du 1er septembre 1793. À côté de toutes les armées révolutionnaires départementales ou locales, celle-ci, appuyée par le ministère de la Guerre et son secrétaire Vincent, a une ambition clairement terroriste, indépendamment du Comité de salut public – voire contre lui. Elle doit éliminer les adversaires de la Révolution, en définitive tous ceux qui ne sont pas cordeliers, et établir une révolution de démocratie directe, hors des règles de l'armée régulière. Elle recrute majoritairement ces sans-culottes « moustachus », jurant, exhibant leurs armes, volontiers déchristianisateurs et prêts à l'usage de la violence la plus brutale, ce qui est fait en Vendée et à Lyon.

Armée de guerre civile, ces soldats sont mus par des soucis répressifs et politiques, voire financiers, et ne participent pas aux mouvements plus larges qui envoient les autres corps aux frontières. Richard Cobb a recensé plus de trente armées révolutionnaires, avec des effectifs variables – parfois très faibles, quelques dizaines d'hommes – et des interventions plus ou moins agressives ; il parle de dispersion et d'éparpillement « communaliste » de la lutte politique. Plus que la violence réelle, qui a bien existé ici et là et notamment en Vendée, ces armées ont agi de façon « spectaculaire, désordonnée » et éphémère, donnant une impression violente, souvent sans rapport avec la réalité des faits qui les dévalorise aux yeux de l'opinion « moyenne ». Peu importe qu'il soit difficile de savoir ce que Richard Cobb désigne par le terme d'opinion moyenne, car incontestablement c'est bien cette image brutale retenue de l'action des armées révolutionnaires et des hébertistes qui *in fine* profite paradoxalement aux Conventionnels[1].

La composition de ces armées révolutionnaires mérite réflexion. Une partie des hommes appartient au monde de l'artisanat et de la

1. Richard Cobb, *Les Armées révolutionnaires, instrument de terreur dans les départements, avril 1793-floréal an II*, Paris-La Haye, Mouton, 2 vol., 1961-1963.

boutique ; ils se sont engagés dans ces troupes par conviction ou par amitié et participent à des opérations violentes entraînés par le groupe. À cet égard, sans faire d'analogie politique, leur comportement s'apparente à celui des hommes du 101e bataillon étudié par Christopher Browning lors de la Seconde Guerre mondiale, entraînés à commettre des atrocités par le poids du groupe et la pression de la chaîne de commandement [1]. Au moment de la Révolution, ces individus côtoient des militaires venus de l'armée de ligne de l'Ancien Régime et des volontaires formés à la guerre aux frontières. Ces différentes origines suscitent des rivalités de corps, aggravent les clivages politiques et fragilisent les lignes de commandement, affaiblissant d'autant la cohésion des troupes. Les témoignages de soldats engagés en Vendée en rendent compte. Ignorants des intentions de leurs adversaires vus comme des êtres pernicieux, perdus dans les complexités politiques mais convaincus de la nécessité de défendre la nation, effrayés de la sauvagerie des combats et des risques courus en rencontrant une population « civile » dont ils ne comprennent pas la langue et dont ils doivent craindre des attaques en permanence, ils ne peuvent que répondre par une violence de plus en plus grande au fur et à mesure que le conflit dure. Le phénomène, universel, est bien connu. À côté de ces individus ordinaires ou de soldats véritables, révélés par l'occasion, comme Kléber, architecte reconverti, la présence d'aventuriers, en quête de satisfactions de toute nature, est indéniable. La chose est vraie dans tous les camps, y compris dans les troupes contre-révolutionnaires, qui ne sont pas composées que de paysans ameutés au son du tocsin. Mais il est vrai que les atrocités sont rendues possibles et sont acceptées dans ces formations révolutionnaires.

Plus généralement, la levée en masse, même limitée, a provoqué une mobilisation du pays et modifié les pratiques guerrières. Autour de 300 000 hommes se retrouvent ainsi dans les armées, souvent mal équipés et mal encadrés. La guerre vise à la destruction de l'ennemi, consacrant la radicalisation du langage

1. Christopher Browning, *Des hommes ordinaires, le 101e bataillon de réserve de la police allemande et la solution finale en Pologne*, Les Belles Lettres, 1994.

de la violence. Plus qu'auparavant, les violents, ces « machines de guerre » que les armées régulières savent à la fois marginaliser et utiliser, sont révélés, difficilement contrôlables hors des situations extrêmes. L'encadrement doit adapter le règlement aux pratiques réelles. En Vendée, des corps de volontaires venus pour piller élisent des officiers dont ils sont sûrs, contre les officiers désireux de maintenir la discipline, perçue comme héritée de l'Ancien Régime. La désorganisation des troupes, l'inquiétude devant un commandement incapable de faire face, mais aussi la tolérance à la brutalité de la part des officiers déstabilisent les soldats de la Révolution comme c'est souvent le cas sur tous les théâtres de guerre, comme l'exemple de la Seconde Guerre mondiale en témoigne.

Dans ces conditions, lorsque des populations sont désignées comme nuisibles, qu'elles soient stigmatisées comme « nobles », « vendéennes », « fanatiques », « fédéralistes », « royalistes » – soit autant de qualificatifs imprécis –, le respect des personnes disparaît et autorise les excès. Dans des cadres politiques différents, « juif », « koulak » ou « viêt-minh » eurent, sur le terrain, des applications proches. Comme dans d'autres conflits récents, le recours aux pires moyens est accepté par des hommes de bonne foi, qui s'étonnent quelques mois plus tard de leurs propres actes, lorsqu'ils se retrouvent dans d'autres circonstances. Les crimes commis pendant la guerre du Viêt-nam, comme pendant toutes les guérillas en Amérique latine des années 1960, illustrent les engrenages à l'œuvre lorsque des troupes mal encadrées se retrouvent confrontées avec des populations sans que la distinction entre civils et militaires soit précise. Les collections de crânes des ennemis faites dans les années 1970 ne sont pas moins horribles que celles d'oreilles en 1792, en Vendée ou à Saint-Domingue.

Enfin dans tous ces conflits, les euphémismes sont courants : la « déportation verticale » employée pour parler des noyades à Nantes rappelle l'« enlèvement des bases rebelles » au Viêt-nam. L'emprise des discours et des slogans, la peur continuelle et l'entraînement collectif, dont on admet aujourd'hui les dérives engendrées pendant la guerre d'Algérie, ont eu les mêmes effets pendant toutes ces guerres. Pour qualifier un certain nombre des faits opérés par les troupes révolutionnaires, il est possible de parler, en utilisant le vocabulaire contemporain, de « crimes de guerre », mais non de « crimes contre l'humanité ». La part d'initiative laissée aux simples exécutants par l'encadrement entraîne en outre des pratiques de « raffinement dans les supplices », qui ne se trouvent pas précisément dans la « terreur » judiciaire parisienne, qui récuse les tortures et ne met en œuvre « que » la guillotine au nom de la justice !

La violence déchaînée

Le contrôle de la violence est ainsi impossible en Vendée. Dans cette région imaginaire, aux limites à jamais imprécises, les rivalités entre les armées et leurs officiers ainsi qu'entre les innombrables envoyés des différentes institutions s'aggravent avec l'été 1793 et les victoires vendéennes. Faute de résultats militaires, les officiers girondins perdent leurs commandements les uns après les autres, laissant face à face les montagnards, comme Canclaux, et les hébertistes, dont Rossignol et Ronsin. L'échec de l'offensive révolutionnaire de septembre causé d'abord par le double jeu des hébertistes, affaiblissant l'armée républicaine, leur donne les pleins pouvoirs dans tout l'Ouest, alors que la brutalité des combats s'est accrue. Les colonnes républicaines chassent devant elles les populations civiles, une partie trouvant refuge dans les villes proches, tandis que les discours les plus radicaux se tiennent à la Convention incitant à la destruction des « brigands de la Vendée » et à l'incendie de leurs « repaires ». Les affrontements mettent en jeu des masses d'hommes considérables, souvent plusieurs milliers à la fois, alliant les sièges de villes et les dévastations aux batailles en rase campagne. Ainsi celle qui se déroule à Cholet en octobre 1793 dure-t-elle trente-six heures. La médiocrité des troupes et surtout du commandement, l'impréparation de nombreux soldats, sans-culottes en quête d'honneurs, de butins ou de soldes, réquisitionnés, mal équipés, les mensonges réguliers des chefs et des représentants en mission à la Convention expliquent l'alternance apparemment « inexplicable » – pour reprendre un mot célèbre de Barère – de victoires et de défaites ainsi que les résurrections à répétition de la Vendée.

Le tragique de la situation apparaît avec la longue errance d'une colonne de plusieurs milliers de vendéens, accompagnés des chouans, ces insurgés bretons ou mayennais, à travers toute la région jusqu'à Granville, assiégée en décembre 1793. Cette colonne, composée pour une grande partie de femmes et de non-combattants, réussit cependant à écraser, au prix de nombreux morts, les troupes qui sont envoyées contre elle. Granville ayant résisté, le retour vers la Loire est ponctué à nouveau de combats considérables qui durent parfois plus d'une journée, comme au Mans. Les troupes républicaines ne réussissent pas à faire correctement jonction entre elles et ne regroupent pas des effectifs suffisants face aux quelques milliers de bons combattants qui leur sont opposés. L'épisode terrifie le pays, alors que, depuis octobre, tout annonçait la victoire des républicains. Avec le maintien au sud de la Loire de groupes armés actifs, installés notamment dans l'île de Noirmoutier, il permet de comprendre qu'à la fin de 1793 la Vendée reste dangereuse, d'autant que les chouans commencent alors à quadriller le centre et l'ouest de la Bretagne ainsi que les forêts du Maine. Les victoires militaires remportées fin décembre ne rassurent guère : aux yeux des généraux et des représentants en mission, l'ensemble de la région est gangrené par la Contre-Révolution ou par le fédéralisme. Tout cela permet de comprendre la répression mise en place par les représentants en mission, Carrier à Nantes, Francastel à Angers notamment, et par l'armée sous le commandement du général Turreau, mais cela n'en explique pas l'intensité.

Plus qu'ailleurs en effet, les exécutions y sont nombreuses et particulièrement féroces. À la fin de 1793, des noyades sont organisées dans la Loire, surtout à Nantes, mais aussi à Angers et à Saumur. Si le nombre des victimes reste encore imprécis, plusieurs milliers d'individus sont concernés, à commencer par des prêtres réfractaires et des femmes, et même des enfants. Faut-il penser que ces noyades pourraient s'inspirer des pratiques coloniales, sous l'influence de révolutionnaires nantais, Chaux et Goullin, proches de Carrier, ayant été colons ? Alors que le nombre des prisonniers est considérable, entraînant une grande mortalité, les exécutions se multiplient dans l'abandon des procédures judiciaires, considérées comme trop lentes et inadéquates. Les commissions militaires souvent itinérantes balaient tout l'Ouest et répriment sans état d'âme ; quelques-unes se signalent même par des excès, à Nantes et à Angers surtout. Carrier s'est entouré de réseaux complexes, rivaux les uns des autres. Il laisse se créer une commission judiciaire extraordinaire particulièrement répressive, de petites troupes brutales, la compagnie des Marat ou les hussards américains, une espèce de police personnelle, qui agissent à côté de la municipalité sans-culotte et d'institutions ordinaires, comme le tribunal criminel. Les ennemis de la Révolution sont traqués dans une surenchère permanente et dans la hantise, justifiée au demeurant, de l'effondrement de la résistance de la ville devant les vendéens, les Anglais ou simplement du fait de la famine et des maladies.

À Nantes, où s'entassent sans doute autour de 100 000 individus, des milliers de personnes sont fusillées, certaines sont torturées ou violées. Autour de la ville, les campagnes sont soumises à des razzias visant à s'emparer de grains, mais aussi de biens, s'accompagnant dans certains cas d'atrocités, souvent à l'encontre des femmes, patriotes ou vendéennes. Une partie de l'armée participe à ces actions après janvier 1794, quand Turreau fait sillonner la région par des colonnes incendiaires, après avoir hésité sur le plan à suivre et avoir adopté cette politique faute de réponse claire de la part du Comité de salut public. Sur décision d'une commission militaire, les têtes de quelques vendéens et chouans notables, dont celle du prince de Talmond, sont même exposées après décapitation pour épouvanter le public. Le retour aux pratiques de l'Ancien Régime est particulièrement éclatant.

L'application des ordres reçus diffère selon les commandants des colonnes, certains contrôlant leurs troupes et conservant des objectifs militaires, alors que d'autres laissent les soldats se livrer à une politique de terre brûlée envers les villages et les bourgs rencontrés, en toute indifférence des convictions des habitants, et hors de visées stratégiques. Le résultat est particulièrement désastreux. Certaines zones sont totalement dévastées, perdant un tiers ou la moitié de leur population, sans que cela enlève de pugnacité aux bandes vendéennes qui se reconstituent et réussissent assez rapidement à se constituer des sanctuaires hors des grandes voies de communication. Cette politique de destruction, mal définie, est appliquée de novembre à février dans les villes, de la fin janvier à la fin février dans les campagnes, au grand dam de révolutionnaires locaux et de certains envoyés, comme Jullien qui dénonce ces errements auprès de Robespierre dès janvier 1794. La condamnation de Carrier et des généraux poursuivant des objectifs personnels est sans équivoque et atteste que ce n'est pas l'ensemble, loin de là, des « révolutionnaires » qui participent à ces dévastations scandaleuses. Le rappel de Carrier d'abord, la suspension des ordres de Turreau ensuite cassent cette logique, mais le bilan humain est particulièrement grave, même s'il reste imprécis. Selon toute vraisemblance, ces mois de guerre ont provoqué la perte d'au moins 200 000 personnes dans toute la région, blancs et bleus confondus. Il est illusoire de chercher des proportions précises, puisque nombre de républicains morts sont venus de toute la France, voire des colonies antillaises, mais sans doute peut-on penser qu'un quart des habitants de la région (il y aurait eu plus d'un million d'habitants dans les quatre départements touchés directement par la guerre de Vendée) a disparu.

Pour comprendre cette situation, il n'est pas besoin d'invoquer une volonté délibérée de la Convention et particulièrement du Comité de salut public qui auraient voulu créer un « génocide ». À l'évidence, les règles habituelles de la guerre ont disparu pour un certain nombre de responsables politiques ou militaires comme pour des soldats ou des militants. Le langage de la destruction des ennemis, qui remplit les journaux, les proclamations des militaires et les discours des Conventionnels couvrent ces agissements, même s'il serait faux de penser qu'il s'agit là de pratiques légalisées et avalisées. Les décrets des 1er août et 1er octobre 1793 mentionnent explicitement la protection des femmes, des enfants et des vieillards et même celle des hommes sans armes. Dans la région elle-même, la mobilisation de révolutionnaires locaux réussit à arrêter les violences injustifiées d'Angers ou du sud de la

Vendée. Dans l'armée, des officiers refusent de suivre la politique de dévastation de leurs collègues, réussissant parfois à en traduire certains devant des tribunaux et à les faire exécuter. Au Comité de salut public divisé, les réactions sont limitées : Carnot appuie les généraux qui font respecter la discipline, Robespierre esquive la difficulté par son silence, l'action de Jullien et sa sape lente des factions. Dans l'armée, alors que Bonaparte refuse tout commandement dans la région, un général, Duquesnoy, dénonce par l'absurde les ordres de Turreau en faisant fusiller toutes les personnes rencontrées, estimées « brigands de la Vendée ». Après mars 1794, les équilibres changent. À Nantes, deux membres du comité révolutionnaire sont poursuivis et exécutés pour « contre-révolution », ce qui renvoie aux atrocités commises quelques mois plus tôt. Dans le sud de la Vendée, un officier, responsable de meurtres accomplis par la colonne qu'il commandait, est condamné à mort. La spirale de violence est rompue, mais du fait d'initiatives individuelles.

D'autres régions subissent des violences similaires. Dans les Pyrénées, les Basques du Labourd suspectés de trahison, ne serait-ce qu'en raison de leur langue, sont soumis à une déportation qui en conduit plusieurs milliers à l'intérieur des terres après mars 1794. Dans les Pyrénées-Orientales où les rapports avec l'État ont été toujours conflictuels, la guerre avec l'Espagne provoque l'adhésion de populations à la monarchie espagnole et en conséquence l'émigration de communes après la reprise des territoires frontaliers par les armées françaises. Une petite ville échappe *in extremis* à la destruction à laquelle elle était promise en punition. Un phénomène semblable se produit en Alsace où plusieurs milliers de paysans suivent dans leur retraite les armées coalisées quand elles sont vaincues à la fin de 1793, pour éviter la répression qui les rattrape quand les troupes françaises, victorieuses, passent le Rhin. Le paroxysme est manifestement atteint dans les colonies caraïbes, où toutes les violences sont commises, et subies, par tous les groupes sociaux et ethniques. L'énormité même des faits, connus par des témoignages, pose problème à l'historien, qui ne peut pas les rattacher à un discours « politique » qui leur donnerait du sens. Plus que jamais, le recours à différents types d'explications, parmi lesquels les mécanismes de la « guerre civile » tiendraient un rôle central, est nécessaire pour comprendre pourquoi certaines zones ont été particulièrement victimes de violences exceptionnelles, liées à la conjonction de dimensions variées : héritages de conflits locaux, de rivalités religieuses, sociales ou ethniques, lieux stigmatisés par la propagande, théâtre de manipulations politiciennes...

Combats douteux

Insister sur la complexité des mécanismes et sur les détails des faits ne vise pas à diluer d'une façon ou d'une autre la réalité de la violence ou ce qu'on peut considérer comme la « dictature » jacobine. Au cours de l'automne et de l'hiver 1793-1794, la Convention et les Comités qui en sont l'aile marchante impulsent les orientations générales, surveillent les ministres et délèguent des commissaires chargés d'appliquer les lois et capables de les adapter aux conditions locales. Dans cette organisation aux éléments reliés les uns aux autres, il n'est pas possible de voir la tyrannie d'un homme, Robespierre en l'occurrence, ou de douze « tyrans minuscules », pour reprendre une formule de Robert Palmer. Les contre-pouvoirs existent dans l'Assemblée, dans les Comités de gouvernement, comme dans le Comité de salut public lui-même et surtout dans l'administration exercée par les représentants en mission et les innombrables instances nationales, départementales ou locales, dans lesquelles œuvrent des individus impliqués dans des réseaux politiques variés et porteurs de sensibilités diverses. Il n'y a pas captation par le législatif du pouvoir exécutif, ni instauration d'un régime autoritaire, mais impulsion par le Comité de salut public de principes politiques. Pouvoirs exécutif, législatif et réglementaire sont entremêlés dans un système politique qui ne copie ni la centralisation tempérée de la monarchie, ni le jeu des équilibres de la Législative, ni la tutelle pédagogique des girondins, mais qui essaie de créer une communauté nationale cohérente en canalisant l'enthousiasme et la violence des Français.

Les discours des Conventionnels ne sont pas les Tables de la Loi, mais des leviers pour intervenir, souvent de biais, dans le cours des choses. De Barère à Billaud-Varenne en passant par Carnot, Robespierre et Saint-Just, tous défendent des positions différentes sur le fond, mais qui se conjuguent à ce moment précis pour donner au Comité de salut public le rôle central dans la direction du pays. Les membres du Comité, quelles que soient leurs personnalités, sont presque tous des hommes exceptionnellement doués d'ampleur de vue et de charisme. Ils surclassent les autres dirigeants politiques, à l'exception sans doute d'Hébert ou de Danton, mais ceux-ci restent trop isolés et ne disposent pas d'une pensée politique suffisamment organisée pour constituer une force réelle et incarner un courant d'opinion.

Le Comité de salut public ne s'est pas confronté directement à ces meneurs populaires, ce qui lui aurait ôté toute crédibilité, mais leur a retiré peu à peu leurs appuis. C'est le sens de l'offensive lancée par Robespierre, les 21 et 26 novembre, contre les « déchristianisateurs », soupçonnés de vouloir affaiblir la République parce que agents de l'étranger, et contre les nobles, qui usurpent l'apparence de la vertu. Hébert, Chaumette et une partie de leurs amis comprennent le message politique et proclament leur attachement à Jésus-Christ sans-culotte et à la liberté des cultes. Même s'il s'agit manifestement d'un double langage, ils évitent ainsi d'être catalogués, au moins pour un temps, parmi les contre-révolutionnaires. Sans mettre en doute la sincérité des convictions religieuses et sociales de Robespierre, ses discours sont dotés d'une efficacité autant symbolique que réaliste, pour reprendre une formule de Pierre Serna[1], privant ses opposants de réplique. L'efficacité est aussi politicienne, ménageant un noble révolutionnaire, comme Antonelle, détournant les masses sans-culottes de revendication concrète pour les engager contre des ennemis fantasmatiques.

Dans le même temps, Robespierre obtient que les catholiques ordinaires – sauf les prêtres – ne soient pas pourchassés pour leur

1. Pierre Serna, *Antonelle, aristocrate révolutionnaire, 1747-1817*, Le Félin, 1997, p. 225 *sq*.

croyance et il entame la lutte contre le culte des martyrs de la Liberté. Là encore la situation est complexe, la réalité politique se jouant différemment sur les diverses scènes. Dans la vie quotidienne, des individus participent, de bonne foi, à des processions anti-religieuses et des familles baptisent leurs enfants de noms de héros révolutionnaires, tandis que la Convention adopte le calendrier révolutionnaire. Il s'agit d'une rupture délibérée avec le « calendrier des tyrans » et le temps chrétien, qui permet le déclenchement d'une déchristianisation parfois blasphématoire et violente. Reste que les montagnards n'ont pas envie de « religionner » la Révolution, pour éviter le penchant du peuple pour la superstition, et qu'ils craignent l'adhésion aux démonstrations sans-culottes.

L'équilibre instable entre hommes de gouvernement et sans-culottes se rompt à cause de la destruction des signes du fanatisme. Depuis le 14 août 1792, deux discours contradictoires étaient tenus. Le plus apparent pousse à la destruction des marques de la féodalité, l'autre protége les œuvres d'art en les sécularisant et en les plaçant dans le musée créé pour l'occasion. À partir du 20 octobre 1793, la critique de ce qui va être appelé le « vandalisme » devient le discours dominant à la Convention, permettant la conservation des monuments et annonçant les condamnations célèbres de Grégoire en janvier 1794. Les « bons citoyens » reçoivent la garde de l'héritage national : les sans-culottes ont ainsi perdu leur hégémonie politique. Ce renversement se concrétise paradoxalement à partir du 10 octobre 1793, lorsque la Convention décrète « le gouvernement révolutionnaire jusqu'à la paix ». La série de décrets qui est promulguée dans l'hiver est régulièrement interprétée comme un renforcement de la politique violente. Dans la suite de ce qui est engagé depuis plusieurs mois, elle consacre surtout la prééminence de la Convention et du Comité de salut public sur toutes les autres instances politiques du pays et établit une pyramide d'agents nommés dans tout le pays.

La constitution est suspendue, ce qui supprime le droit à l'insurrection et consacre l'Assemblée comme représentant de la nation et incarnation de la volonté générale. Le procureur de la Commune devient « agent national » soumis aux Comités, seule la Convention peut déléguer des commissaires, interdisant les interventions militantes rivales. L'armée révolutionnaire créée en septembre demeure – provisoirement – la seule autorisée, les autres doivent disparaître. Contre les tentatives hébertistes visant à contrôler le pouvoir exécutif par le biais de congrès des sociétés populaires, la Convention conserve ainsi la « centralité législative » avant de la confondre avec l'exercice de l'exécutif. La violence provinciale se poursuit certes pendant les mois qui suivent, mais le rapport de force est en train de changer. La Convention est de plus en plus prudente dans les demandes de répression, mettant en porte-à-faux les représentants en mission, comme Carrier, qui interprètent de façon abusive leurs pouvoirs d'incrimination. Dans cette période trouble où « les volontés s'effacent encore largement devant les nécessités [1] », les Comités s'approprient peu à peu la légitimité de toute la violence politique, y compris, cyniquement, en s'appuyant sur la campagne lancée le 5 décembre par Camille Desmoulins dans *Le Vieux Cordelier*. Dans ce journal, organe des indulgents, Desmoulins attaque les cordeliers rendus responsables des exactions et qui agiraient souterrainement pour Pitt. Au cours de l'affrontement qui suit, le Comité de salut public se pose en arbitre entre cordeliers et indulgents, tout en accusant les premiers d'être soudoyés par l'Angleterre et les seconds d'être liés aux profiteurs de la liquidation de la Compagnie des Indes. Certains membres de ces « factions » sont envoyés en prison à partir de décembre pour quelque temps. Ces incarcérations testent littéralement les rapports de forces entre sans-culottes et Conventionnels, comme cela avait eu lieu dans le printemps 1793 entre girondins et sans-culottes, avant le coup d'État de juin.

Selon un mécanisme qui paraît bien rodé, le Comité de salut public, par les voix de Robespierre et de Saint-Just et avec l'approbation de Barère et de Carnot, s'engage dans une interprétation théorique de plus en plus marquée. Robespierre, le 5 février 1794, conjugue terreur et vertu dans un discours qui exclut de l'exercice du pouvoir tous ceux qui sont incapables d'assurer cet équilibre. Il

1. Éric de Mari, « La mise hors la loi sous la Révolution française, 19 mars 1793-9 thermidor an II », thèse de droit, université de Montpellier, 1991, p. 285.

ne convient pas, en effet, de ne retenir que ce qui serait le programme de la terreur, il faut aussi voir le refus des « passions basses et cruelles » et des « excès » des « ultra-révolutionnaires ». En d'autres termes, il condamne sans restriction la « cruauté » qu'il tente de dégager de l'emploi de la force. De son côté, Saint-Just est à l'initiative des décrets de ventôse (26 février et 3 mars) qui instaurent la redistribution des biens des suspects. Deux formules frappent particulièrement par leur pouvoir évocateur d'une utopie que la Révolution prendrait en charge : « les malheureux sont les puissances de la terre » et « le bonheur est une idée neuve en Europe ». Plus prosaïquement, ces décrets coupent l'herbe sous le pied aux revendications économiques des cordeliers, sans être cependant suivis d'une application véritable. Les biens des ennemis de la République, qui auraient dû être redistribués aux plus pauvres, ne sont pas recensés et les distributions restent symboliques, attestant du faible intérêt porté aux programmes sociaux par le Comité de salut public qui, par doctrine et habitude de pensée, ne cherche pas à s'appuyer sur les masses urbaines. Il s'agit ainsi à la fois de purger le pouvoir des luttes politiques et de contrôler l'élaboration de mesures sociales. Le 22 ventôse, la Commission des subsistances, dirigée par Goujon, qui vient d'établir les tableaux des prix à appliquer dans le cadre du « maximum général » décidé en septembre 1793, est supprimée et le contrôle économique adouci dans les faits et dans la loi.

La raison de ces décrets reste morale – et policière – plus qu'économique, mais leur effet politique est immédiat. Ils entérinent *de facto* la perte de pouvoir de la parole cordelière sur les groupes des sans-culottes. Les chefs cordeliers ne disposent pas plus que leurs rivaux montagnards de base sociale ni même de programme et ils demeurent incapables de passer à l'insurrection. La rébellion, qui va leur être reprochée, demeure symbolique : il a suffi notamment que la Déclaration des droits de l'homme soit recouverte d'un voile noir et que le cordelier Momoro ait qualifié Robespierre de tyran pour être mis en accusation et se retrouver hors la loi. Un coup violent était attendu : l'arrestation de Ronsin, général puissant, accusé d'être un nouveau Cromwell, n'étonne personne. Le Comité a su entraîner les hébertistes dans l'illégalité, ce qui permet de les éliminer avec l'appui des députés et l'assentiment forcé des sections urbaines. Les cordeliers sont en outre confondus avec les « étrangers » dénoncés par Robespierre comme responsables des défaites. Le 4 germinal an II, 24 mars 1794, ces dirigeants sont guillotinés et les cadres des sections remplacés aussitôt par des montagnards qui contrôlent l'opinion. De la même façon, au Mans, des jacobins considérés proches des cordeliers sont envoyés devant le tribunal révolutionnaire.

La même manœuvre réussit contre les indulgents qui commettent l'erreur prévisible de s'en prendre au Comité de salut public dans le n° 7 du *Vieux Cordelier*. Amalgamant les corrompus de la Compagnie des Indes avec des « étrangers », avec Hérault de Séchelles, membre du Comité de salut public, mais aristocrate, amant d'une femme mariée à un émigré et un temps proche des cordeliers, avec enfin Danton et ses amis, le tribunal révolutionnaire envoie le 5 avril à la mort ceux qui peuvent porter ombrage au Comité de salut public. Cela lui assure le contrôle effectif du pouvoir et met fin à la « Terreur provinciale », dont les protagonistes ont tous été rappelés à Paris depuis février. Ces luttes demeurent encore aujourd'hui mal connues. Albert Mathiez avait entrepris l'étude des réseaux et jeux politiciens pour prendre à contre-pied l'historiographie républicaine qui voilait les manœuvres de Danton[1]. Indépendamment de toute opinion, il serait certainement nécessaire d'exposer ces jeux dans leurs intrications, ce qui aurait aussi pour effet de s'interdire la compréhension des groupes dirigeants comme mus uniquement par des idéologies abstraites.

Les conflits épineux qui avaient lieu à propos des colonies et notamment de Saint-Domingue trouvent aussi des conclusions rapides et parfois spectaculaires. Dans la grande île, la volte-face de Toussaint, passant du roi d'Espagne à la République, en massacrant quelques rivaux, est tout aussi brutale. En France, le retour des commissaires Sonthonax et Polverel entraîne un reclassement des luttes internes dans les Comités et à la Convention. Après des

1. Albert Mathiez, *Études robespierristes*, Colin, 1917 et *L'Affaire de la Compagnie des Indes*, Alcan, 1920.

revirements, les Conventionnels décident l'abolition de l'esclavage, ruinant d'un seul coup les combinaisons nouées dans les coulisses qui restent encore peu claires. La disparition des girondins, jusque-là porteurs attestés d'une réflexion sur les inégalités de couleur, a permis de trancher une question complexe. D'un seul coup, le législatif impose une décision qui renforce le pouvoir de l'État.

Contrôler la violence, contrôler l'État

Cette présentation factuelle d'événements disparates peut décourager, elle est cependant nécessaire, car l'interaction des luttes permet de comprendre la nature de la violence mise en œuvre pendant ces mois de 1793 et de 1794. Il est difficile de trouver une unité politique et idéologique dans l'ensemble des violences qui ont eu lieu. Au contraire, celles-ci ont été dues aux divisions politiques et politiciennes, aux jeux locaux et aux calculs personnels, comme aux manœuvres des différents réseaux qui voulaient vaincre ou simplement se maintenir au pouvoir et en vie. Or tout cela a été réalisé au nom de la France, identifiée à une orientation politique. Les contre-révolutionnaires n'y ont pas échappé, participant à la guerre civile et extérieure, au nom d'une France débarrassée de tout germe révolutionnaire. Mais ils n'ont pas mieux que leurs opposants réussi à donner une unité à leur combat, qui s'est mené dans la confusion des rivalités de personnes et de courants. La complexité des conflits a rendu presque illisible la carte politique du pays. Les stigmatisations des courants politiques ont été si fréquentes qu'elles ont perdu tout sens précis et brouillé la compréhension de la place et du jeu des acteurs. Les exemples de la Vendée ou de Saint-Domingue sont là pour attester que même Robespierre et Saint-Just sont obligés de prendre du recul, jusqu'à éviter d'intervenir, dans des débats qui ne sont plus maîtrisables par personne. Les difficultés qu'il y a encore aujourd'hui à s'assurer de connaissances à peu près sûres incitent à penser, sans chercher à justifier quoi que ce soit, que les hommes de 1794 ont été débordés par les informations contradictoires et intempestives reçues par des voies incontrôlables.

Que les historiens aient pris l'habitude de désigner par le mot de « Terreur » ces mois où l'autorité de l'État est si peu assurée que chaque groupe peut prétendre l'incarner pour mener sa propre politique ne doit pas faire oublier les conséquences paradoxales de cette situation confuse. La guerre contre les « contre-révolutionnaires » quels qu'ils soient a finalement donné un langage commun aux Français qui purent *a contrario* identifier un groupe susceptible de conduire la défense du pays et les changements. La crainte de la défaite et avec elle la peur de la vengeance des émigrés sont majoritairement partagées par de nombreux individus. Les victoires obtenues à l'intérieur et à l'extérieur légitiment une révolution réduite au maintien des acquis et à l'établissement d'un État fort, garant de l'unité. La peur des complots puis la déception devant les réactions des pays « libérés » renforcent le nationalisme perceptible dans l'abandon du cosmopolitisme, associé aux girondins. Si l'on veut bien admettre que la fin de la Révolution est attendue depuis le 14 juillet 1789, ce qui se passe au printemps 1794 trouve une résonance forte, puisque l'État clôt la période de « guerre civile » et lance des programmes de reconstruction de la société.

Ce tournant est capital : il ne peut se faire qu'au prix d'une réutilisation des mots d'ordre les plus fermes et d'une détermination de fer, supprimant le défaut d'État qui a libéré ce déchaînement de violences, que l'on peut identifier comme ayant été le paroxysme révolutionnaire. Là encore, hors de tout jugement moral ou philosophique, il convient de prendre la mesure du bouleversement vécu par les acteurs de ces années. En même temps que la société se cherchait, les individus ordinaires s'investissaient comme protagonistes de leur histoire et donc de l'histoire du monde, dans une invention des relations humaines hors de procédures héritées. Le pouvoir absolu de vie et de mort qu'il était possible de posséder fit perdre le sens de la mesure à plus d'un, comme ce fut le cas pour Lequinio, pourtant homme de pensées raisonnables, qui tua de sang-froid un prisonnier apparaissant comme un meneur à l'occasion de troubles dans une prison rochelaise. Sade, dans son pamphlet *Français, encore un effort !*, rend compte, à sa façon, de ce vertige qui naît de la rencontre entre deux êtres dès lors que tout est possible, et qui dut toucher de nombreuses personnes. De semblables occasions ne se trouvèrent ensuite qu'hors de France, dans les guerres napoléoniennes, coloniales, ou exceptionnellement dans les guerres de 1871 ou de 1939-1944. Rappelons que la hiérarchie entre les sexes n'est pas concernée par ces remises en cause car, sauf exception, les hommes, même les plus radicaux, n'ont pas supporté que les femmes puissent profiter de ce vide pour accéder à une autonomie politique et sociale, et les ont maintenues, par la force, dans la sujétion.

Centralité législative et légitimité

Le contrôle de la vie politique, au printemps 1794, est bien une victoire du Comité de salut public. Les armées révolutionnaires sont enfin toutes supprimées. Les représentants en mission sont rappelés à Paris, souvent après des rapports émanant de proches de Robespierre. Barras, Tallien et Fréron se soumettent, Javogues se montre récalcitrant, Carrier revient en bénéficiant du soutien de Carnot. Le contrôle s'abat aussi sur des administrateurs trop autonomes, vite baptisés contre-révolutionnaires, comme Schneider à Strasbourg, qui exerçait une autorité arrogante et brouillonne, incarcéré le jour même de son mariage avec une jeune fille qu'il avait contrainte à cette union. Les décrets des 26 germinal (15 avril) et 19 floréal installent la justice révolutionnaire dans la dépendance du Comité de salut public et organisent le champ de la répression en essayant de supprimer le flou des incriminations. Le renforcement du pouvoir central se poursuit avec le contrôle de la violence symbolique réalisé par Robespierre, Barère et David. Dans ce but, ils promeuvent habilement la mémoire du jeune Bara, rejoint ensuite par celle de Viala. Peu importe que ces deux jeunes héros aient eu des existences différentes des légendes qui naissent à leur propos ; ils incarnent dorénavant l'héroïsme accepté par les Conventionnels, loin de toute spontanéité populaire. Ils participent aussi de l'élimination du culte rendu aux martyrs de la Liberté, et par ricochet à celui de la déesse Raison, en même temps qu'ils participent de l'héroïsation des gens du peuple par l'État. Une « École de Mars » est fondée pour éduquer révolutionnairement et militairement des jeunes gens, là encore sous le contrôle étroit du Comité de salut public. Cette orientation est hostile aux hébertistes, partisans des martyrs de la Liberté (Marat, Chalier et Le Peletier) et de la déchristianisation, qui se retrouvent désavoués ouvertement. En outre, si la politique d'encadrement économique ne disparaît pas, elle devient assujettie à la défense du pays. Elle repose dorénavant sur les échanges commerciaux déclarés indispensables, à l'encontre des réclamations radicales. Au moment même où les hébertistes sont emprisonnés, la Convention décide la libéralisation du commerce international. Les sans-culottes et les sections parisiennes perdent toute autonomie et ne peuvent pas manifester contre la vie chère, sauf à être pris pour des contre-révolutionnaires.

La Révolution française ne constitue pas une exception historique : tout mouvement violent est confronté à la nécessité d'encadrer ses propres troupes lorsque ses objectifs semblent atteints. Un certain nombre d'entre eux échouent avant d'arriver à ce stade, trouvant une compensation dans la commémoration de leur naufrage, le plus souvent imputé à leur idéalisme. Les autres sont amenés à éliminer une partie de leurs partisans, trop extrémistes, trop individualistes, trop irréalistes ou simplement rivaux des militants arrivés au pouvoir et devenus, bon gré, mal gré, les membres d'un gouvernement. Ces épurations ne peuvent se réaliser qu'en invoquant des mots d'ordre radicaux, en donnant des gages symboliques, pour rallier les masses privées de meneurs. Le recours aux stigmatisations est ici détourné massivement sur les nobles, obligés de quitter les villes ou les ports. C'est à ce prix paradoxal mais logique dans la France de l'époque que le contrôle de l'État se réalise, recourant à la radicalité des discours pour la dissocier d'une base sociale cohérente.

Les « *levellers* » de la Révolution anglaise, ou à un moindre degré les soldats déçus de la Guerre d'indépendance américaine en 1781, comme les « Marseillais » de la révolution genevoise de 1793-1794 ou encore les paysans russes de 1917, sont autant d'exemples qui permettent de comprendre la situation dans laquelle les sans-culottes se retrouvent au printemps 1794. Les rapports compliqués, mélanges d'accord, de complicité et d'instrumentalisation, nés depuis juillet-octobre 1789 entre les élites et les meneurs d'une part, les masses rurales ou urbaines de l'autre, prennent un tournant qui va s'avérer définitif. On comprend que, en juillet 1794, les Parisiens ne se rassembleront pas autour de Robespierre à l'Hôtel de Ville, et qu'en 1795, avec la répression militaire des mouvements populaires, la fin de la sans-culotterie militante sera scellée. Devant cette répression désormais contrôlée, le pays apprend à se taire. La révolution est « gelée ».

Dans l'immédiat, l'élimination des « factions » marque la victoire tactique et politique de Robespierre et du Comité de salut public. Tout le Comité participe à l'opération, à commencer par Carnot qui prend la responsabilité de remplacer les ministères par des commissions. Là encore, ce que les hébertistes réclamaient est institué au moment de leur élimination, renforçant le rôle des Conventionnels, qui sont tout à la fois la représentation et l'incarnation du « peuple ». Il est tentant de voir dans la mise en place progressive des institutions renforçant peu à peu de 1791 à 1794 le pouvoir des Conventionnels la constitution d'une classe politique nationale, se séparant progressivement au fil des crises surmontées de la base populaire qui a apporté la violence réelle et symbolique indispensable. Dans cette optique, les distinctions consacrées entre Montagne et Plaine ne rendent pas compte de l'alliance objective entre tous ceux qui acceptent de diriger le pays au sein de la Convention érigée en lieu unique concentrant tous les pouvoirs. Les Comités essaient même d'enrayer la vague de dénonciations en province à l'encontre des « fédéralistes », qui profite de fait aux ultra-révolutionnaires. Contre les menaces contre-révolutionnaires mais aussi contre les demandes des groupes populaires ou l'autonomie des administrations locales, initiatrices de ce qui a été appelé le « fédéralisme jacobin », les Conventionnels et les membres du Comité de salut public imposent l'unité nécessaire, selon une ligne plus pragmatique que doctrinale.

Il est possible de penser qu'en ce printemps 1794 le contrôle du pouvoir politique par les élites politiques issues du jacobinisme, attachées à une démocratie représentative stricte, est enfin réalisé. Plusieurs lectures sont possibles, et non contradictoires. Les opposants et les rivaux sont définitivement écartés et le pouvoir de l'Assemblée est consacré, identifiant la Révolution à la Convention, elle-même confondue avec le « peuple » et la « nation ». Les incertitudes nées depuis 1789 sur la question du centre du pouvoir cessent et une « classe politique » voit le jour. Les militants – et les militantes – portés par des revendications sociales sont ainsi reportés dans les marges de la vie politique, qui se réduit désormais à l'exercice du gouvernement. Dans cette marginalisation, ils précèdent les gens de lettres, les avocats et les juristes, toutes ces catégories d'individus qui ont fait la Révolution mais qui quittent peu à peu les premiers rôles, accaparés par ceux qui ont compris le pouvoir des institutions et appris le maniement des règles de la lutte politicienne. Une partie des avocats et des magistrats des années 1789-1790 sont devenus des hommes d'État. Les hommes de loi ou gens de lettres qui n'ont pas accompli cette mutation et qui continuent à être des visionnaires seront peu à peu marginalisés, avant de se retrouver dans des courants intellectuels, des chapelles militantes ou des filières clairement professionnelles.

Il n'est pas besoin d'invoquer la recherche d'intérêts particuliers pour expliquer cette évolution, même s'il s'agit bien de cela pour quelques-uns comme Tallien ou Barras. Plus généralement, la professionnalisation du monde politique est en cours, une culture politique de l'État s'instaure, soudant des individus qui ont accepté de se frotter aux réalités du pouvoir étatique. L'emploi de la force, revers de la violence, initialement réservé au roi et, par lui, à ses délégués, est dorénavant l'apanage d'un groupe qui se définit par son lien à la centralité nationale et inaugure la « profession politique » moderne. Dans la suite logique du refus de la royauté absolue, puis de l'élimination des élites traditionnelles comme du rejet des « factions » intermédiaires entre peuple et représentants, les dirigeants politiques condamnent aussi tout détournement de pouvoir au profit d'un éventuel « tyran ». Au-delà des souvenirs d'une culture antique, dont tous ces hommes ont retenu que la tyrannie était une dégénérescence possible des républiques, la question du contrôle de la violence initiatrice de la Révolution reste posée. Dès 1793, Barère agite la peur de la confiscation du pouvoir par le Comité de salut public qui se poserait comme comité de gouvernement. Mais là encore les solutions retenues demeurent ambiguës.

L'unité des Conventionnels se réalise autour de la stabilisation de la Révolution. Que ce soit Saint-Just, Billaud-Varenne ou Barère, tous souhaitent garantir la Révolution en lui donnant des institutions pérennes, notamment dans le domaine social, et en assurant la disparition de ses ennemis. Les mois de mars-avril 1794 sont le moment où, dans ce cadre légaliste posé par ce milieu de légistes, on tente d'élaborer des règles du vivre-ensemble. Nous serions tenté de voir là la transposition politique de ce jacobinisme d'assemblée qui mêle préconisations sociale et morale, développement de l'assistance et de l'éducation, respect de la représentation politique, création d'une communauté d'hommes libres, qui sont autant d'objectifs partagés.

La situation demeure cependant instable. Les membres des Comités de gouvernement contrôlent dorénavant les enjeux de la question sociale sans avoir pu résorber les mécontentements populaires ; ils ont circonscrit la Contre-Révolution intérieure à des zones précises sans avoir réduit les « fiefs » des généraux vendéens ; ils encadrent les administrations nationales, départementales et militantes sans pouvoir s'assurer de l'application des décisions nationales. Mais ainsi, ils semblent pouvoir agir de façon unie pour constituer enfin un pouvoir central uni et fort et redonner ainsi une unité théorique et pratique à l'État. Contre l'opinion de Robert Palmer, il est possible de penser que jamais les « onze qui gouvernent[1] » n'ont été aussi puissants et aussi faibles, car s'ils sont, enfin, parvenus à l'apogée de leur pouvoir

1. Robert Palmer, *Le Gouvernement de la terreur*, Armand Colin, 1989.

formel, il leur manque le contrôle pratique des forces militaires et administratives. D'autant que trois pierres d'achoppement remettent en cause l'unité du gouvernement : l'organisation religieuse, l'orientation de la guerre et la pérennité de l'État. Elles font rejouer les clivages existant dans la vie politique depuis 1789 autour de l'unité nationale, de la morale révolutionnaire et de l'équité sociale. Au terme de la crise qui commence, les deux dernières préoccupations seront abandonnées, la première sera défendue par la Convention soutenue par la nation en armes.

Encore une fois, le pays est traversé par des tensions contradictoires. D'un côté, la morale, plus que jamais au cœur de la vie politique, devient le pivot du pays dans les mois qui suivent – paradoxalement ce n'est pas l'emploi de la force qui est essentiel pour la survie du régime, mais le souci de la diffusion des Lumières par l'école, par l'architecture, par les fêtes et l'encadrement moral des jeunes. De l'autre, les calculs personnels et les vengeances n'ont sans doute jamais été autant acérés au sein de ce milieu étroit qui fait la vie politique nationale : Chaumette, Malesherbes, les veuves Desmoulins et Hébert en meurent. La centralité de la justice explique aussi que le nombre des condamnations à mort ne cesse d'augmenter à Paris : 116 en ventôse, 155 en germinal, 354 en floréal, tout en diminuant en province. Sauf quelques cas où la menace contre-révolutionnaire est dangereuse : la Commission d'Orange, dirigée par Maignet, appuyée par Couthon, qui sévit dans la vallée du Rhône, ou le tribunal d'Arras, animé par Lebon qui invoque, sans raison, le soutien de Robespierre, mais qui dispose de l'appui de Saint-Just.

Il s'agit là de la tension maximale qui traverse cette période et qui mériterait une attention débarrassée de tout *a priori*. Saint-Just – plus que Robespierre – exprime certainement l'espoir d'une élite révolutionnaire de voir la République se fonder enfin sur les mœurs, donc sur les hommes « purs », et non sur les institutions, donc sur les « fonctionnaires » détenteurs d'un pouvoir dont ils ne peuvent faire qu'un usage dévoyé. C'est le sens du discours du 13 mars 1794. Saint-Just y rejoint paradoxalement Sade ; il se montre plus attentif aux mœurs qu'aux lois, il essaie de confirmer l'orientation morale de la Révolution. Mais il s'oppose désormais en cela à ceux qui s'attachent avant tout aux institutions, qu'ils maîtrisent totalement pour la première fois. À nouveau, la légitimité du pouvoir est en crise, mais cette fois-ci au sein même des Comités.

Le cas Robespierre

Depuis quelques mois, le personnage Robespierre tel qu'il s'est bâti, en concordance avec le rapport des forces et les attentes, se trouve au cœur de l'État et cristallise les contradictions provoquées par l'essai de stabilisation. Sa détermination envers tout ce qui pouvait affaiblir la Révolution s'est alliée à son respect des règles sociales – ainsi, il n'a jamais porté le pantalon des sans-culottes ni jamais abandonné poudre ni perruque –, à sa volonté de contrôler les violences spontanées et à ses exigences morales. Hors des factions et des groupes de pression, son isolement a été sa force. Sa réussite a consisté, dans toutes les passes difficiles, à tenir un langage radical en l'assortissant de mesures plus adoucies, quitte à accepter d'inévitables débordements transitoires. Il possède un véritable pouvoir charismatique qui le fait ressembler aux grands hommes politiques des XIXe et XXe siècles, alliant dogmatisme et pragmatisme, s'abstrayant des querelles de personnes, s'éloignant quand il le faut de la scène nationale. Sa personnalité et surtout ses modes d'intervention dans les débats, sa force de raisonnement et la radicalité de ses positions alors qu'il ne possède pas une voix de stentor l'ont imposé comme une autorité, souvent combattue, jamais négligée.

Ses rivaux, Brissot et Danton, sur sa droite si l'on peut dire, ou Marat et Hébert sur sa gauche, n'ont pas su tenir une position centrale avec autant de fermeté et d'habileté. Sa stratégie a été efficace en mai-juin 1793, le coup d'État des sans-culottes a été accepté, mais le plus grand nombre des girondins a été protégé, au moins jusqu'en octobre. Elle a été à nouveau mise en œuvre en septembre et en décembre 1793, accordant provisoirement un espace aux sans-culottes et abandonnant des girondins et des contre-révolutionnaires à la guillotine. De décembre 1793 à janvier 1794, Robespierre ne prend aucune place dans le débat sur la guerre de Vendée, évitant de s'engouffrer dans les surenchères politiciennes, laissant Carnot donner une acceptation de principe à la proposition du général Turreau, commandant les troupes dans l'Ouest, de lancer ses colonnes incendiaires.

Tout bascule en quelques mois avec la fête de l'Être suprême le 8 juin – jour de Pentecôte –, posant à nouveau la question des rapports entre la France révolutionnaire et la religion chrétienne. Dès le 7 mai, par décret, le peuple français avait reconnu l'Être suprême et l'immortalité de l'âme, récusant ainsi définitivement l'athéisme et la déchristianisation proposés par les sans-culottes et certains représentants en mission, comme Fouché. Robespierre n'est pas au sens strict l'initiateur de ce culte, mais son rôle central lors de cette fête provoque des tensions ouvertes. Même si la majorité des révolutionnaires provinciaux confondent *de facto* fêtes en l'honneur de la déesse Raison et culte de l'Être suprême, personne, parmi les élites parisiennes, ne se trompe sur la rupture introduite par Robespierre. Comme l'a bien vu Quinet[1], ce nouveau culte s'établit en parallèle avec le catholicisme que continuent à suivre les masses. Les révolutionnaires, adeptes de l'athéisme, sont au moins contraints au silence et peuvent être désormais rangés parmi les hommes sans vertu : risque redoutable pris par Fouché qui s'oppose progressivement à Robespierre. Si certains ont publiquement manifesté leur opposition à la fête, beaucoup ont été choqués par la place de Robespierre, qui fait figure de grand prêtre, même s'il cherche plutôt à ancrer la Révolution dans la perspective morale qu'il a toujours poursuivie. Ce faisant il s'isole encore plus des autres Conventionnels, engagés dans un contrôle politique des énergies nationales et qui, comme Carnot ou Billaud-Varenne notamment, craignent les dérives personnelles.

Dans le même temps, la conduite de la guerre est l'occasion d'affrontements entre Carnot et Saint-Just, qui s'opposent sur les méthodes, les priorités à donner aux armées et le choix des

1. Edgar Quinet, *La Révolution* [1865], rééd. Belin, 1987.

hommes ; or Saint-Just joue un grand rôle dans la réorganisation du tribunal révolutionnaire, qui devient, en théorie, la seule instance où doivent être jugés les « ennemis de la Révolution » après passage devant des commissions. Le Comité de salut public crée un Bureau de surveillance et de police générale, empiétant sur les attributions du Comité de sûreté générale, qui se sent sous la coupe de Robespierre. Sans qu'il y ait eu une alliance entre Saint-Just et Robespierre, comme l'historiographie le répète le plus souvent, les deux hommes se retrouvent unis dans l'opposition qui se développe contre eux. Enfin, à l'initiative de Couthon naît une commission, recrutée uniquement dans le Comité de salut public, pour rédiger un code d'instruction civile, exercice dans lequel Saint-Just apparaît comme particulièrement compétent. Dans ce moment particulier, Couthon et Robespierre à sa suite se lancent pour des raisons qui demeurent mal expliquées dans une radicalisation des lois, en invoquant l'existence d'une hypothétique « faction immorale des indulgents » qui resterait à purger dans l'Assemblée. Sous leur influence, le 10 juin 1794 (22 prairial an II), les procédures judiciaires à l'encontre des « ennemis de la patrie » sont simplifiées. L'accusé qui comparaît devant le tribunal révolutionnaire n'est plus interrogé, étant censé l'avoir été préalablement devant les commissions qui l'ont adressé à ce tribunal. Il ne peut pas disposer d'un avocat – la profession étant dépréciée. À l'audience, les juges peuvent se contenter de preuves matérielles et même morales, sans entendre des témoins, et leur seul choix se situe entre l'acquittement et la mort, administrée sans appel.

La loi de prairial est adoptée à la suite d'un âpre débat, une partie des Conventionnels veulent l'accepter et l'ajourner aussitôt, effrayés par la violence qu'elle peut déchaîner et parce qu'elle apparaît comme un nouvel instrument pour éliminer une « faction » dans la Convention. On peut penser que la loi, difficile à interpréter, devait réaliser à la fois moins et plus de terreur : plus, assurément, en accélérant les procédures et en utilisant davantage le caractère démonstratif d'une violence accomplie sur la scène parisienne et destinée à des « spectateurs » ; plus, également, en confirmant la dimension morale qui se trouvait dans le rapport de Robespierre du 5 février « sur la morale publique », et se concluait sur l'alliance entre terreur et vertu pour caractériser l'action du gouvernement révolutionnaire. Or l'article 8 de la loi portant que la seule peine contre les délits portés à la connaissance du tribunal est la mort doit être lié à cette organisation de commissions qui trient, au préalable, parmi les crimes pour faire abandonner les poursuites contre ceux qui ne sont pas véritablement contre-révolutionnaires. Le tribunal ne reçoit que des accusés triés, contrairement à ce que le décret du 19 mars 1793 avait permis. L'article 9 fait certes de la dénonciation des « conspirateurs et contre-révolutionnaires » un devoir, mais les articles 10, 11, 18 stipulent expressément que toute poursuite devant ce tribunal ne se réalise que sous le contrôle des deux Comités de salut public et de sûreté générale : la violence extraordinaire n'est donc plus laissée à l'arbitraire de tribunaux *ad hoc*. Reste que, comme dans de nombreuses occasions déjà remarquées, l'ambiguïté de la loi est manifeste. Elle règle des comptes et cherche à rétablir une légalité affirmée, tout en employant un langage fortement répressif. Pourtant il convient enfin de lire attentivement l'article 6 qui énumère les motifs d'accusation définissant les ennemis du peuple, pour refuser de ne voir qu'imprécision et terrorisme d'État. Comme il a été remarqué par L. Abdoul-Mellek, « il est tout de même extrêmement juste et facile de s'abstenir de chercher à renverser la République, à la livrer à l'ennemi, à empêcher les approvisionnements, à protéger les traîtres, à opprimer le peuple, à dévoyer les principes républicains, à semer le trouble, le défaitisme et la rébellion dans le peuple [...] et à dilapider la fortune publique », soit les motifs d'accusation justifiant de la procédure exceptionnelle conduite par le tribunal révolutionnaire [1] !

Faut-il ajouter que, contrairement à tout ce qui est dit, les accusés n'ont pas cessé de recevoir l'aide de défenseurs devant les

1. L. Abdoul-Mellek, « D'un choix politique de Robespierre : la Terreur », *in* Jean-Pierre Jessenne *et alii* (dir.), *Robespierre, de la Nation artésienne à la République et aux Nations*, Villeneuve-d'Ascq, Université Lille-III, CHREN-O, 1993, p. 191-204.

tribunaux criminels ? Des défenseurs officieux sont même intervenus régulièrement dans les audiences du tribunal criminel révolutionnaire du Nord, comme dans ceux de Montpellier et de Poitiers. À Paris, Fouquier-Tinville laissa plaider un avocat, Lavaux, dont la compétence reconnue et appréciée faisait oublier ses convictions monarchistes. Même si les atteintes aux droits de la défense furent de plus en plus grandes et s'accentuèrent après la loi de prairial, qui en refusait le principe pour les « mauvais patriotes », en général, les règles de procédures ne disparurent pas. Charlotte Corday elle-même en avait profité.

Cette loi n'est donc pas une innovation, elle s'inscrit dans la lignée de celles qui ont créé le tribunal d'Orange le 21 floréal précédent avec l'approbation d'autres membres du Comité. Elle prolonge les décrets de ventôse qui supprimaient les tribunaux existants et centralisaient la justice révolutionnaire. Elle achève la réorganisation de la police du 27 germinal et la centralisation judiciaire, tentant ainsi de mettre fin à la confusion des décrets pris antérieurement et à l'autonomie incohérente des multiples cours judiciaires. Son souci d'éliminer les « ennemis du peuple » a déjà été exprimé par Carnot le 12 germinal précédent. Les circonstances, la présence toujours dangereuses de la Contre-Révolution à l'intérieur et notamment en Vendée, la fragilité de la stabilisation du front face à l'étranger, ont joué un rôle, sans doute, cependant il convient de ne pas prendre les effets pour la cause et de rester au plus près des événements pour en apprécier le sens.

La loi veut aussi moins de terreur en limitant les effets « mécaniques » des exclusions politiques. Le décret du 19 mars 1793 envoyait à la mort, *ipso facto*, les porteurs de cocardes blanches. Ce caractère systématique avait déjà été relevé et contesté. L'intention morale, qui devient le critère d'appréciation des actes avec la loi de prairial, ouvre certes la porte aux pires accusations, mais elle permet aussi l'absolution de ceux qui ont été entraînés dans la Contre-Révolution faute de connaissances. Déjà en avril, Robespierre avait fait admettre l'idée qu'il ne fallait pas poursuivre les nobles qui avaient acheté leur noblesse, pour ne pas augmenter infiniment le nombre des coupables potentiels. Invoquer des critères moraux récuse les répressions brutales et aveugles commises à Lyon ou à Nantes, permises depuis le 19 mars 1793. La réduction de la terreur passe enfin par l'accroissement de la centralité, dont on voit qu'elle tente notamment de contrôler les exactions commises en Vendée. Que Robespierre défende le Conventionnel Lequinio accusé d'athéisme ne peut pas se comprendre sans penser que celui-ci vient de dénoncer les méfaits des colonnes de Turreau, qui perd son commandement en mai.

Sans doute tout cela est-il ambigu, cependant les moyens d'action du Comité de salut public sont restreints et Robespierre, en particulier, ne possède que très peu de possibilités d'intervention, hors la radicalité de son discours. Mais, par là, il heurte ceux qui redoutent l'émergence d'un « tyran » comme ceux qui redoutent d'être assimilés aux hommes pervers, dorénavant désignés comme ennemis du peuple. Il est inutile d'incriminer une quelconque ignorance ou une quelconque utopie de Robespierre pour expliquer sa position de guide moral, elle découle, au contraire, de la faiblesse réelle de sa situation au sein de la Convention. Ce qui l'a servi va l'abattre. Les peurs qui traversent l'Assemblée sont réelles, les expériences passées permettent de les comprendre.

Une manipulation politique

Au Comité de sûreté générale, Vadier a manifestement compris comment manœuvrer en faisant condamner dès le 23 prairial quelques-uns de ses ennemis personnels envoyés directement au tribunal révolutionnaire, avant que la loi ne soit appliquée le 25, date de sa publication, puis en faisant libérer provisoirement, le 9 juillet (21 messidor), des agriculteurs accusés d'actions contre-révolutionnaires. Dans le premier cas, il envoie des Ariégeois rivaux à la mort sans attendre que leur cas soit examiné par les commissions à venir. Dans le second cas, il montre les dangers de la loi de prairial en se montrant magnanime. Jouant habilement sur la distinction entre intention et fait avéré, il convainc l'Assemblée que les faits incriminés sont bénins et que la loi du 22 prairial les exonère de poursuites qui les auraient conduits à la mort. Ces interventions de Vadier ne sont stupéfiantes que si l'on reste dans une lecture univoque de la loi qui la verrait comme une loi de terreur résultant d'une volonté unanime d'un groupe déterminé de révolutionnaires.

À l'évidence, la réalité est autre. La disparité prime toujours, et avec elle l'incomplétude des mesures politiques et leur médiocre application réglementaire. Faute d'avoir été suivie par l'organisation des commissions qui devaient préparer le travail judiciaire, la loi permet tous les dérapages. Vadier en joue consciemment, discréditant Robespierre et Couthon. Principes, calculs et rivalités se rencontrent encore une fois au moment où ce qui est en cause est bien la stabilisation politique. L'instrumentalisation politicienne de la violence par les élites au pouvoir est flagrante. S'il est difficile de trouver des preuves dans les archives, un faisceau complexe de dénonciations, de lois, de faits et de rumeurs indique que Robespierre se trouve au centre d'une machine qui va l'exclure, comme les hébertistes ou les indulgents l'avaient été auparavant.

Pour le comprendre, il faut remonter au mois de mai. Joue alors l'impact des deux attentats fort peu crédibles commis par Admirat et par Cécile Renault contre Collot d'Herbois et Robespierre respectivement les 22 et 23 mai. Ces personnages falots, accusés d'être les jouets des Anglais et qui ne manifestent que des convictions incertaines, sont pourtant emportés dans une procédure expéditive, qui rafle leurs proches, exalte la personnalité de leurs victimes désignées et joue sur l'habituelle fascination pour la mort en exagérant le sacrifice d'un certain Geoffroy blessé par Admirat. Robespierre s'oppose à cette dramatisation, décelant un piège à son encontre, et refuse de se voir désigné comme père de la nation. Dès le 25 mai, il s'oppose à ce qu'un culte à l'Être suprême soit organisé pour éviter de revenir « aux anciennes cérémonies religieuses ».

Pourtant c'est le 25 mai (7 prairial) que Barère, exploitant l'explication donnée aux deux attentats, propose un décret qui ordonne la mise à mort des prisonniers de guerre anglais et hanovriens, déclarés « hors de l'humanité » pour avoir persisté à soutenir le gouvernement de Pitt et le roi George, en rupture avec les traditions révolutionnaires de l'Angleterre. La dégradation continuelle des relations entre Anglais et Français, l'abandon de toute perspective cosmopolitique de la Révolution et le développement d'un nationalisme latent justifient indiscutablement ce décret. Une logique lancée depuis 1789 est à l'œuvre. Ce décret, par un habile « jeu de miroir », selon la formule de Sophie Wahnich qu'il convient de comprendre largement, présente Robespierre comme celui que les Anglais veulent assassiner[1]. Il est tout à la fois celui qui lutte contre les ennemis, d'une façon démesurée, par la violence qu'il incarne, et celui qui est la victime désignée, comme s'il était le souverain du pays. Robespierre avait su concilier des arguments anti-anglais avec son attachement à la fraternité entre les peuples, y compris le peuple anglais. Cette ambiguïté, indéniable, le fait devenir doublement insupportable. Le 26 mai, il prend la précaution de se fondre dans la masse des Français victime potentielle des tyrans et des corrompus, sans vouloir incriminer l'ensemble des Anglais. Le 21 juin, il rejette catégoriquement la paternité du décret que lui imputerait le duc d'York, *via* les journaux anglais. Il relève qu'on le présente comme le « roi de France et de Navarre » entouré d'une garde militaire et conclut habilement, en essayant d'éviter une personnalisation des débats, qu'on veut rendre les Conventionnels suspects au peuple.

Il est bien en effet placé au centre de rumeurs. Pendant la présidence à la Convention de Fouché, hostile à Robespierre, Vadier a répandu l'idée, le 15 juin (27 prairial) que Robespierre est lié à une vieille prophétesse, Catherine Théot, jetée en prison par la police le 17 mai. Dans une lettre citée par Vadier, celle-ci se donne pour la « mère de Dieu » et aurait désigné Robespierre comme l'envoyé de Dieu. La fable est folle – les Conventionnels en rient ouvertement – mais elle va être efficace et Robespierre n'arrive pas à lui tordre le cou. Il est sourdement accusé de vouloir occuper le trône de Louis XVI et plus tard de vouloir épouser la fille du roi toujours

1. Sophie Wahnich, *L'Impossible citoyen*, Albin Michel, 1997, p. 237-327 et sur le détournement de la loi, Yannick Bosc, Florence Gauthier et Sophie Wahnich, *Pour le bonheur et pour la liberté*, La Fabrique, 2000, p. 326.

enfermée au Temple. Il intervient le 27 juin lorsque des amalgames sont faits entre Être suprême et affaire Théot dans une fête sectionnaire, mais échoue à arrêter l'enquête menée par le Comité de sûreté générale. Il dénonce alors une machination « hébertiste » et « modérantiste ». Les mots ne peuvent que heurter les historiens qui savent bien que les factions n'existent plus ; ils doivent cependant être retenus, car ils représentent la seule voie par laquelle Robespierre essaie de se déprendre du tissu de calomnies dans lequel ses opposants de « gauche » comme de « droite » sont en train de l'envelopper. Il ne lui reste plus que le recours rhétorique aux hébertistes et aux indulgents pour tenter la disqualification de ses ennemis, toute autre manœuvre politique, à commencer par le blocage des procédures judiciaires, lui étant interdite : il confirmerait par là même qu'il est au-dessus des lois, donc qu'il est bien un tyran.

Ses ennemis œuvrent habilement. Le tribunal révolutionnaire augmente brusquement le nombre des condamnations à mort. Le 17 juin (29 prairial) un groupe hétéroclite de 54 condamnés, dont Admirat et Renault, est envoyé à l'échafaud sur ordre de Fouquier-Tinville. Ils sont revêtus de chemises rouges en rappel de la punition infligée aux parricides. Le geste spectaculaire désigne indirectement Robespierre, « roi de France », sans qu'il soit permis d'en douter. Dans les semaines suivantes, des « conspirations » sont découvertes dans les différentes prisons parisiennes, surpeuplées, entraînant des jugements nombreux et immédiats et faisant guillotiner plus de 250 personnes en quelques jours. Fouquier-Tinville et Herman, alors président de la Commission administrative la plus importante, l'équivalent du ministère de l'Intérieur, jouent un rôle clé. Ils seront eux-mêmes exécutés un an plus tard sans que leur place dans ces dénonciations soit élucidée. Reste à penser qu'il y a bien eu un « sabotage » de la loi du 22 prairial réalisé par le Comité de sûreté générale appuyé par Barère pour achever de discréditer Robespierre. L'opinion, en effet, associe dorénavant Robespierre et Couthon à cette accélération des mises à mort, au moment où la Révolution paraît se stabiliser à l'intérieur comme aux frontières. À Bordeaux, Jullien couvre la radicalité d'un tribunal qui multiplie les condamnations à mort, au nom d'une rationalité révolutionnaire rigoriste. Proche de Robespierre à ce moment, il est possible de penser qu'il participe à la lutte entre celui-ci et Tallien, sans comprendre tous les enjeux. À Arras, Lebon, peu soutenu par Robespierre contrairement à la légende, assouvit des vengeances. Ces exemples célèbres ne peuvent pas faire oublier qu'aucune unité doctrinale ne lie ces juridictions et que leurs actes demeurent sans commune mesure avec les mesures répressives qui ont été appliquées auparavant par Carrier, Fouché, Barras par exemple.

La conjonction de tous ces éléments inscrit la question de la violence dans de nouvelles perspectives : dorénavant la radicalité est identifiée avec le personnage de Robespierre jugé ambitieux et dangereux. La « nausée de l'échafaud » retombe sur Robespierre à ce moment-là – et pour la suite de l'histoire. Une comparaison assimile Robespierre à un nouveau Gessler, tué par Guillaume Tell. Il est accusé ouvertement de dictature les 26 ou 27 juin, sans qu'il puisse trouver de parade. L'accélération de la crise est rapide. La victoire des troupes françaises à Fleurus renforce *de facto* le pouvoir de Carnot, qui entend professionnaliser l'armée et laisse envahir la Belgique, alors que Robespierre est hostile aux annexions et à la guerre de conquête. Le 29 juin, Robespierre et Saint-Just sont dénoncés comme des « dictateurs ». Après un long silence, Robespierre contre-attaque en accusant Fouché et les corrompus, les 9 et 11 juillet. Le 16, il est amené à élargir la dénonciation aux sections qui organisent illégalement des « banquets populaires » fêtant les victoires militaires et la constitution de 1793.

Ces rassemblements se trouvent ainsi unir des positions « hébertistes » et « indulgentes », qui sont autant de critiques du gouvernement révolutionnaire. Le désarroi des sans-culottes devant l'évolution politique et le malaise économique rejoint le désaveu de la terreur par les plus modérés. Barère joue avec habileté des tensions dans Paris et entre les Comités pour accuser ceux qui s'arrogent trop de pouvoirs. Robespierre a été entraîné par la logique de sa position et la loi du 22 prairial est retournée contre lui. Le 9 thermidor, la mise en accusation de Robespierre et de ceux qui lui sont adjoints, Couthon et Saint-Just en particulier, est similaire à celles qui ont conduit les hébertistes ou les indulgents à la mort. Les équilibres politiques ont été modifiés par de nombreux Conventionnels, certains, Vadier, Barère, entendant contrôler à leur profit l'exercice de la répression, d'autres, Fouché, Tallien, faisant oublier leurs dérives dorénavant jugées inacceptables, les plus nombreux essayant de « sortir de la terreur ».

Comme ce fut le cas depuis 1789, le jeu politique instrumentalise la violence, mais ici le jeu est particulièrement subtil et spectaculaire parce qu'il se focalise sur une personnalité forte. Il s'agit moins d'un conflit entre les deux Comités que d'oppositions personnelles, qui mettent aux prises Robespierre et Billaud-Varenne, Vadier, Fouché, Saint-Just et Carnot. Tous souhaitent à l'évidence la continuité de la Révolution et l'exercice centralisé de la justice révolutionnaire ; mais les conflits de personne se sont surajoutés aux difficultés de négocier la stabilisation politique. Les préoccupations morales de Robespierre, celles quasi métaphysiques de Saint-Just ont-elles fait peur aux autres membres des Comités, rompus à l'instrumentalisation des arguments dans le jeu politicien ? L'intransigeance de Robespierre, le 23 juillet, et son discours menaçant du 26 font basculer ses opposants dans l'affrontement ouvert.

Pratiquement, Robespierre perd le contrôle de l'Assemblée le 26 juillet (8 thermidor). Son discours, célèbre, qui accuse les corrompus, manque sa cible. Il inquiète sans pouvoir rassembler. Mis en accusation, il est incapable de rallier à lui une légitimité populaire qu'il a contribué à faire disparaître. En outre, son appel aux sections le range définitivement parmi les contre-révolutionnaires puisque, ce faisant, il invoque une autre légitimité que celle de la Convention. Il est mis hors la loi comme tous ceux qui l'entourent, perdant le soutien des canonniers effrayés de transgresser la légalité. Il subit ainsi le mécanisme de stigmatisation qu'il a incontestablement alimenté dans les années précédentes. Pendant quelques heures, des émissaires cherchèrent à rassembler des hommes de main, au nom de la Convention ou au nom de Robespierre et de ses amis, réfugiés à l'Hôtel de Ville. Dans cette partie de bras de fer qui met un point final aux manipulations des mois précédents, Robespierre ne peut rassembler aucune force armée légitime autour de lui. Ses derniers moments demeurent aujourd'hui entachés de mystère. A-t-il essayé de se suicider ou le gendarme Merda – rebaptisé Méda ? – lui a-t-il fracassé la mâchoire ? A-t-il apporté un soin particulier à sa toilette le 8, en revêtant l'habit bleu porté le jour de la fête de l'Être suprême ? Faut-il accorder une importance à sa méditation solitaire, le 7 thermidor, en compagnie de son chien ? Les précisions ne sont pas anodines puisqu'elles partagent l'historiographie sur le sens de ce destin.

Robespierre s'est-il volontairement engagé dans une démarche « suicidaire », ou a-t-il été victime d'un « complot » ? Peut-on penser également que Saint-Just a perdu « son sang-froid » et s'est fait « piéger » par la violence ou qu'il a été pris dans la même conspiration, faisant du même coup oublier ses divergences avec Robespierre ? Le coup de force politique ne fait guère de doute, même s'il résulte d'une conjonction plus que d'une conspiration totalement maîtrisée, d'autant que les Conventionnels vont se partager aussitôt sur la suite à donner : faut-il prolonger la répression parce qu'elle est dorénavant entre leurs mains, comme Vadier ou Barère semblent le souhaiter, ou bien l'atténuer comme le veut la majorité des députés ? Que l'exécution de Robespierre le 10 thermidor, 27 juillet, soit l'occasion de l'élimination de 108 personnes et que la Convention annonce sa victoire sur la tyrannie et le retour à la vie politique d'avant le coup d'État du 31 mai-2 juin 1793 témoignent bien de la réalité d'une révolution de palais, à la signification complexe ; mais nous la voulons croire moins énigmatique qu'on ne veut bien le dire, pour refuser d'emprunter les voies qui ont été tracées par tous ceux qui eurent intérêt, en 1794 comme par la suite, à vouloir identifier la Révolution avec la Terreur, et la Terreur avec Robespierre. Insister sur les contingences et les luttes partisanes répond au souci de ne pas donner de la période une lecture purement idéologique. Il semble cependant irréaliste, et dangereux pour les implications à terme, d'y voir toute l'explication de la chute de Robespierre. La force des idées n'est pas à nier, mais sans le jeu des acteurs qui les portent, avec leurs grandeurs et leurs faiblesses, les rapports de pouvoir et de concurrence, les manœuvres, aucune idéologie, même celle des Lumières, ne mène le monde. Robespierre n'est pas, malgré sa personnalité, une icône abstraite, mais un individu parmi d'autres.

Hors de toute préoccupation apologétique ou partisane, il serait opportun de le considérer comme celui qui aura voulu arrêter la violence révolutionnaire décentralisée à partir du printemps 1794. Il a été victime des compromis qu'il avait noués, victorieusement jusque-là, avec des hommes ambitieux, cyniques ou simplement réalistes, pour conduire la Révolution en fonction de ses idées. Il a rejoint alors tous ceux qu'il avait laissé condamner dans la recherche continuelle de légitimité nationale. Par l'efficacité de son discours, il avait contribué à asseoir l'autorité d'une Assemblée jugée dépositaire de la souveraineté et du pouvoir, contre les prétentions de toutes les autres sources potentielles de souveraineté nées de l'emploi de la violence. En rassemblant au terme de ces années tout le contrôle de la violence dans les mains des membres des Comités, il avait mis fin à la concurrence des légitimités. Ce faisant il a fait craindre un redoublement de violences rendu possible par la concentration des pouvoirs dans ses propres mains et celles d'un petit groupe. Il est certainement inapproprié de vouloir l'accuser d'un tel projet. Sa vision était morale, voire mystique, plus que politique. Mais cette orientation – irréaliste en temps de Révolution ? – ne pouvait qu'effrayer tous ceux qui redoutaient, logiquement, les conséquences pratiques d'un pareil engagement et ceux qui, plus prosaïquement, entendaient profiter de l'exercice du pouvoir à des fins personnelles.

De la terreur et des équilibres

Cette présentation des faits peut paraître réductrice. Insister sur les manœuvres et sur les manipulations n'est pas succomber aux délices de l'érudition positiviste ; c'est souligner tout simplement que pas plus en mai-juin 1794 qu'en septembre 1793, les instances de gouvernement ne se sont engagées dans une définition juridique de la Terreur. Le mot est dans les discours, non dans les décrets ni dans les lois. Faut-il rappeler que la question de la terreur, telle que nous la définissons, n'a jamais été posée au sein de l'Assemblée, qui savait parfaitement que ses pratiques répressives étaient pour la plupart héritées de l'Ancien Régime ? Plutôt que de raisonner sur des débats historiographiques ou sur des analyses des idées politiques de quelques acteurs, nous avons voulu revenir à ce qui s'est effectivement passé.

Robespierre a été l'inspirateur convaincu des mesures radicales, mais il a été aussi l'une des victimes d'un système de gouvernement auquel il avait contribué et qu'il voulait modifier. Il s'est retrouvé loin des préoccupations de la plupart des autres acteurs, soucieux d'abord de pérenniser leur pouvoir et de stabiliser le régime, hors des interventions populaires et des menaces de retour en arrière. Les logiques politiques mises en place depuis 1789 qui ont permis à quelques personnes, Barnave, Mirabeau, Marat, Danton, Robespierre, d'incarner les attentes contradictoires des Français, trouvent un point d'arrêt. Comme dans toute période de crise nécessitant des initiatives pour répondre à des contradictions apparemment insolubles, le sort de certains individus – les « grands hommes » ? – se confond avec des solutions politiques.

Washington aux États-Unis avait su trouver un équilibre entre élites et classes populaires et avait réussi à endiguer les violences et maîtriser les révoltes ; en France, Robespierre a incarné une révolution morale qui affichait des principes plus que des programmes, ce qui rend vain de dénoncer des « contradictions » dans son itinéraire. Comment pouvait-il en être autrement ? En 1791, il avait assuré que le régime monarchiste ou républicain lui était indifférent, n'accordant de l'importance qu'à la liberté des citoyens ; un an plus tard, il écrivait qu'il fallait que les rois succombent. Tant que les luttes sont incertaines et que les équilibres entre groupes rivaux se recomposent au gré des alliances, Robespierre a pu rallier à lui tous ceux qui voulaient établir un État révolutionnaire centralisé et unifié. Cet objectif atteint, il est devenu un obstacle – voire un danger – pour ceux qui voulaient une gestion véritablement politique du pays, qui acceptaient que les idéaux du droit naturel soient acclimatés aux réalités nationales et adaptés par l'ensemble des membres de la classe politique qui se désignait par éliminations successives. Peut-on le penser comme l'illustration de la faiblesse, dangereuse, de ces porteurs de principes, obligés de louvoyer stratégiquement pour avoir une emprise sur les décisions, rendant du même coup leurs positions théoriques illisibles ?

Les Conventionnels ont été à la fois hostiles aux exécutions sommaires tout en les laissant perpétrer quand cela les arrangeait ; Robespierre était « doux » et Couthon était « bon », pourtant ils ont couvert de leur autorité – ou de leur silence – des violences inexprimables. De la même façon, les jacobins de province sont d'abord des patriotes locaux, voyant la société comme une famille dans laquelle il convient d'éviter les divisions. Georges Lefebvre estimait que ces jacobins avaient été moins bons psychologues que Bonaparte exécutant secrètement le duc d'Enghien, et ne mettant pas ainsi sa politique en discussion[1]. La publicité qui devait être la spécificité de la politique révolutionnaire signalait simplement les apories de l'exercice du pouvoir. La mort de Robespierre est moins la sortie de la terreur que la fin de ce « moment » qui a essayé de donner un sens à la tension inhérente à toute conduite du politique : comment concilier force et violence. Deux mots qui peuvent se traduire par un seul en allemand, *die Gewalt*.

En cela, « la terreur » possèderait une réalité occasionnelle. Pour quelques-uns, comme Robespierre et Saint-Just qu'il ne faudrait pas abusivement qualifier de « terroristes », elle a été cette « pensée de l'extrémité[2] » qu'ils ont recherchée au risque de se couper de la société des hommes ordinaires. Pour beaucoup, elle a été ce moment d'intense mobilisation payé d'un sacrifice réel ou symbolique et elle s'est identifiée à la défense de la nation révolutionnée – ou au maintien de la France catholique. Pour d'autres, elle a été l'occasion d'exercer une cruauté

1. Georges Lefebvre, *La France sous le Directoire*, Messidor/Éditions sociales, 1984, p. 23

2. Henri Rizk, « Division et souveraineté », *in* Catherine Kintzler et Henri Rizk (dir.), *La République et la Terreur*, Kimé, 1995, p. 39-52.

profonde. Enfin certains politiciens y ont trouvé la possibilité d'éliminer des adversaires, d'encadrer les violents et de prendre le pouvoir, en rejetant sur quelques boucs émissaires des atrocités soigneusement repérées et rendues publiques.

Chapitre 7

Sortir de la Terreur ou l'utiliser ?

Le 9 Thermidor n'est pas la fin d'une politique, puisque la Convention se prolonge et avec elle les mécanismes répressifs, mais il est un tournant essentiel de la vie nationale dans la mesure où il enclenche un processus qui se révèlera irrésistible et qui délimite de façon neuve le rapport entre violence et politique. Ce genre d'évolution se produit toujours dans une grande confusion. Tout d'abord, la Convention annonce la libération du pays et la mort du tyran, formules reprises aussitôt par les administrations et les clubs politiques. La propagande s'intensifie et dresse le portrait de Robespierre destiné à passer à la postérité : cruel, dogmatique, asocial... Tout concourt pour reporter sur lui les violences précédentes. Éloignés des conflits parisiens, les jacobins locaux ne comprennent pas ce qui se passe en juin et juillet à la Convention et approuvent la chute de Robespierre, en félicitant la Convention d'avoir déjoué les plans d'un ambitieux. Même le jeune Jullien n'échappe pas lui non plus à cette incompréhension, et renie son mentor.

Cependant cette offensive se développe selon des retournements imprévus. Le « système de la terreur », expression de Tallien, s'impose pour disqualifier les mois précédents et provoque des réactions en chaîne qui échappent manifestement à tous les acteurs. La volonté d'oubli est balayée par les rapports de force entre les Conventionnels eux-mêmes, qui manipulent ouvertement les principes. Les institutions, comme le Tribunal révolutionnaire ou le réseau des représentants en mission, sont maintenues, mais renouvelées profondément. Les membres des comités sont vus comme des « hommes de sang », y compris ceux qui ont été actifs dans la chute de Robespierre, comme Barère ou Vadier, et qui souhaitaient à l'évidence conserver les pratiques répressives en place mais en les contrôlant. Tous sont confondus sous cette dénomination, « la queue de Robespierre », qui désigne les terroristes survivants et joue sur l'ambiguïté pornographique de l'expression. Les jeunes élèves de l'École de Mars, qui avaient pourtant souhaité se rallier à la Convention et ne manifestent guère d'ardeur sacrificielle, sont malgré tout englobés dans la réprobation qui frappe les créations de Robespierre, et leur école est dissoute. Jusque-là, les traîtres étaient dénoncés au nom de la Contre-Révolution ; après le 9 Thermidor, les accusations sont portées contre la Révolution elle-même ! Dans ce temps incertain où les alliances changent brutalement, Fouquier-Tinville est arrêté au moment où la loi du 22 prairial est abandonnée et où les prisons s'ouvrent. Les partisans de la centralité exécutive sont rejetés vers l'opposition face au regroupement chaotique de tous ceux qui veulent abandonner la « terreur » et qui la condamnent pour des motifs disparates.

Dans ce jeu continuel de forces aux positions mouvantes, les affrontements sont autant symboliques que politiques, et un nouvel équilibre se cherche autour de l'unité nationale. L'équilibre est particulièrement complexe, les accusations contre les « terroristes » se mettent en place lentement, au fil d'une succession compliquée de dénonciations progressives. Là encore, les échos dans le pays des débats d'assemblée entraînent les députés au-delà des luttes d'idées, dans des affrontements et des volte-face. Alors que les girondins survivants sont réintégrés dans la Convention, Marat est panthéonisé parce qu'il est l'image du journaliste persécuté ! Le malaise provoqué par la cérémonie, le fait que des sociétés jacobines participent à une campagne d'adresses pour réclamer le retour à la lutte contre le « modérantisme » retournent encore une fois l'opinion contre les jacobins dorénavant accusés de « robespierrisme » – le mot est inventé à ce moment. À Marseille, pendant cette période, une émeute anti-jacobine débouche sur la mort de jacobins importants et entraîne la suppression de tous les clubs identifiés au « règne de sang de Robespierre ». Une nouvelle fois, l'État central joue avec le déploiement de la violence et cherche à tirer profit des vengeances et des revanches.

La Loire vengée

Le procès des 94 notables nantais emprisonnés depuis plus d'un an et non encore jugés va polariser toutes les tensions. Personne ne sait pourquoi ils échappèrent au tribunal aussi longtemps, mais il faut rappeler qu'ils ne furent pas les seuls et que l'arbitraire régnait largement dans la composition des « charrettes » de condamnés. L'ouverture de leur procès les 8 et 10 septembre 1794 rend publics les faits commis à Nantes un an auparavant par Carrier et le Comité révolutionnaire de la ville. La presse se déchaîne littéralement dans la description des atrocités perpétrées. Récits de noyades d'enfants et de femmes, de « mariages républicains » unissant dans la mort un homme et une femme dénudés, de fusillades ou d'orgies sanglantes sont répandus dans tout le pays avec une profusion de détails illustrés par de nombreuses estampes. Invérifiables et manifestement inventées pour le procès, nombre d'accusations terrifient le pays et sont à l'origine de légendes dont on peut penser qu'elles ne disparaîtront jamais. Les incertitudes graves qui demeurent sur l'établissement des faits et des bilans accentuent évidemment la force de ces exemples, dont il est difficile de vouloir discuter de la réalité sans apparaître comme négateur de la vérité historique. François-Noël Babeuf, récemment sorti de prison où il avait été jeté par Robespierre et alors qu'il est soutenu par Fouché, règle ses comptes dans un pamphlet, *Du système de dépopulation ou la Vie et les Crimes de Carrier*. Celui-ci est accusé, comme Robespierre, d'avoir voulu « dépopuler » la Vendée en la transformant en un « cimetière national ». Avec d'autres pamphlétaires, comme Méhée de la Touche, il participe à cette dénonciation de la « queue de Robespierre » qui dresse la liste des « buveurs de sang ». Le livre mêle de façon brutale rumeurs et réflexion politique, si bien que la recherche de nouveaux alliés pour mener à bien la Révolution sur de nouveaux principes est contaminée par l'exploitation des émotions soulevées par les anecdotes terrifiantes citées. La stratégie est trop complexe pour qu'elle soit efficace, sauf sur un point : la sidération des lecteurs devant la description d'un projet monstrueux. Babeuf, qui sera poursuivi comme terroriste plus tard, passe alors pour exprimer la réalité des objectifs de la terreur et de Robespierre ! Accumulant des affirmations péremptoires, son texte paraît justifié par les dénonciations des ravages causés en Vendée sous le commandement de Turreau et par les témoignages présentés lors du procès Carrier. Il est conforté dans sa démonstration par l'absence de débats publics autour de la répression en Vendée et par les positions contradictoires des instances gouvernementales à propos de la « région » réprimée.

Des journaux nantais (dont un au titre évocateur, *La Loire vengée*) publient des extraits des procès. Carrier devient une « vedette nationale », dont on peut lire « la vie sans pareille, politique et scandaleuse » pour reprendre le titre d'un autre pamphlet. Dans cette manipulation de l'opinion, le médecin nantais Laënnec (dont le neveu rendra le nom célèbre) se distingue particulièrement. Il a échappé à la mort à laquelle Carrier voulait, sans doute, l'envoyer, et c'est manifestement lui qui fait connaître à la France entière la pratique des « mariages républicains » en généralisant des cas isolés. Qu'il y ait eu des noyades dans lesquelles des couples nus ont été jetés à l'eau semble assuré ; il ne paraît pourtant pas, au regard des témoignages recueillis, que cette pratique ait été systématique, ni même revendiquée par la plupart des noyeurs. L'innocence des victimes, essentiellement des femmes et des enfants, aggrave la férocité attribuée aux « terroristes ».

Non seulement les notables nantais sont acquittés, mais le procès se poursuit en incriminant dans un premier temps les révolutionnaires puis, à partir du 28 novembre, Carrier lui-même. Après un vote à la Convention, il doit assumer ses responsabilités devant le tribunal révolutionnaire, qui fait de lui le principal coupable. Il n'est pas considéré comme le représentant de la Révolution, mais comme l'exemple des erreurs qui ont conduit le pays dans une impasse. Bourbotte condamne un « patriotisme délirant », d'autres, comme Carnot, rappellent qu'ils ont toujours été opposés au « système de destruction ». Lorsqu'un des membres du Comité révolutionnaire invoque, pour sa défense, les massacres de Septembre, le président Dobsent refuse, estimant qu'un crime ne peut pas en légitimer un autre. Lorsque les décrets d'août et d'octobre 1793 sont cités, un député rappelle : « La Convention nationale n'a jamais demandé qu'on ouvre le ventre aux femmes enceintes. Vous [la Convention] n'aviez point ordonné de massacrer les vieillards, les femmes et les enfants à la mamelle. Et bien voilà les crimes qui sont imputés à Carrier. » Le procès est mené volontairement à charge, sans manifestation de soutien envers l'accusé. Sa personnalité et ses emportements expliquent certainement son isolement, mais il est, tout comme Robespierre l'a été, le bouc émissaire désigné pour « sortir de la terreur ». Carrier et deux hommes qui lui étaient proches sont condamnés à mort et exécutés le 16 décembre, au terme de ce procès ouvertement politique. La preuve en est donnée par la mutation qui affecte aussitôt la compréhension de la Contre-Révolution. Les paysans de l'Ouest sont à nouveau vus comme des « hommes égarés », comme en 1790, seuls leurs chefs doivent être punis, ceci préparant la paix à venir. Alors que des mouvements de rue réclament vengeance, que des jeunes gens (la « jeunesse dorée » dont on reparlera plus loin) font parler d'eux en se battant contre les jacobins, dont le club est fermé le 12 novembre, le procès marque un tournant capital. La violence est dorénavant identifiée à une période spécifique, celle de la « terreur ».

Il s'agit bien d'une nouvelle culture qui se met en place. Le 9 Thermidor est le premier coup d'État réalisé sans recours à l'intervention du peuple ; il met en place une nouvelle donne. D'une part, l'antagonisme n'est plus entre « terreur » et « vertu », mais entre « crimes » et « erreurs », entraînant une relecture complète des actes des députés, tant individuellement que collectivement au sein de l'Assemblée. Après Thermidor, ce sont les actes en eux-mêmes, non les intentions, qui sont pris en considération. D'autre part, les violences ne sont plus au cœur du dispositif politique, les élites au pouvoir n'ont plus de dettes envers le peuple émeutier considéré comme « souverain ». Au contraire, même, il est possible de lier violences avec jacobinisme et peuple « réel », et de rejeter l'ensemble. Il ne s'agit pas d'une innovation complète. Dans le processus complexe mis en place depuis la fin de 1793 qui définit ce qu'est le champ du politique, les Conventionnels ont éloigné de nombreux groupes de l'exercice du pouvoir, femmes (octobre 1793), sans-culottes (mars 1794), soldats (mai 1794), auxquels on serait tenté d'ajouter les notables provinciaux (dès l'été 1793). Avec Thermidor, ils ont exclu de leur sein ceux qui voulaient guider les principes juridiques par des conceptions morales, et qui entendaient bâtir leur politique sur cette hiérarchie. Dans ces derniers mois de l'année 1794, la Convention réussit à discréditer les militants jacobins et à réhabiliter les habitants de Lyon, de Caen et de Bedoin, à guillotiner Carrier sans accabler ni Fouché, ni Maignet. L'habileté tactique est indéniable, elle se conjugue avec la conviction affirmée que le droit positif est le fondement du pacte social et la représentation politique la seule voie pour fonder la république.

Une des conséquences imprévues de ce rejet sera la recomposition d'une gauche révolutionnaire qui réunira à nouveau les sans-culottes chassés du pouvoir depuis mars 1794 et les jacobins de gouvernement devenus des terroristes dans l'hiver 1794-1795. Cette refondation, destinée à jouer un rôle important dans le siècle suivant, se réalise en escamotant Robespierre, responsable d'une terreur doublement inacceptable par tous les souvenirs qu'elle laisse – et par ceux qui lui sont liés. Au début du XXe siècle, l'« Incorruptible » deviendra le héraut de la gauche révolutionnaire ; en sa fin, les historiens redécouvriront les « néo-jacobins » et l'autonomie de leurs courants. Dans l'immédiat, une autre conséquence est que les dénonciations de la terreur identifiée à Carrier et à Robespierre sont réinjectées dans les luttes locales, ceci comme depuis 1789, entraînant les régions les plus marquées par les souvenirs violents dans une série de vengeances ininterrompues. Paradoxalement enfin, ce procès montre concrètement les contradictions dans lesquelles se trouvent les Conventionnels. Partagés sur la question de la responsabilité de l'Assemblée, sur l'amalgame entre la politique des comités et l'image du tyran Robespierre, sur le maintien ou l'abandon de la constitution de 1793, sur l'articulation entre le droit et la violence, ils livrent Carrier en expiation, tout en réglant des comptes de façon plus échelonnée et plus discrète entre eux. Cependant, par ce procès, ils lient de façon polémique la violence la plus brutale avec ce qui a été le moment le plus paroxystique de la Révolution. Toute tentative ultérieure pour garantir l'élan révolutionnaire va être hypothéquée par cette condamnation, qui profite indiscutablement à une élite révolutionnaire.

Un bilan lourd et indécis

Précisément le bilan humain de cette période est immédiatement un enjeu politique et mémoriel. Dans son *Histoire générale et impartiale des erreurs et fautes commises pendant la Révolution française*, publiée en l'an V, Prudhomme estime à 2 022 903 individus les morts pour cause de révolution, dont 120 000 en Vendée, 184 000 dans les colonies et 800 000 pour la défense du pays dans les armées. L'historiographie répète à l'envi les estimations établies par l'historien américain Donald Greer. Ce bref ouvrage paru en 1935, intitulé *The Incidence of the Terror during the French Revolution ; a Statistical Interpretation*[1], n'est toujours pas traduit. Animé par un souci méthodologique clairement assumé, Greer n'a pris en compte que les condamnations à mort prononcées dans toute la France en application des lois révolutionnaires depuis les définitions de traîtres en août 1792. Assumant le fait qu'il ne s'agissait que d'une petite partie de la répression révolutionnaire, il estimait par exemple que sans doute 500 000 personnes avaient été emprisonnées, à un moment ou un autre, et que nombre d'entre elles étaient mortes sans jugement. Mais souhaitant échapper aux interprétations philosophiques ou politiques, il récusait les estimations précédentes des victimes « politiques », 18 613 selon Prudhomme ou 14 807 pour Berriat-Saint-Prix. Par compilation des chiffres connus, il arrivait à une estimation de 35 000 à 40 000 morts, remarquant au passage que le chiffre n'est pas véritablement éloigné de ceux de répressions célèbres et que la seule bataille d'Eylau, en 1807, avait coûté la vie à 20 000 soldats des armées françaises.

1. Ouvrage publié à Cambridge (Mass.) par la Harvard University Press.

Les exécutions sont classées par Donald Greer selon une typologie qui fait apparaître que la répression a été la plus vigoureuse dans les régions de guerre civile et naturellement à Paris, où convergeaient le plus grand nombre de prisonniers. La plus grande masse aurait été composée par des représentants du tiers état. Ces chiffres n'ont jamais été discutés véritablement, il est même possible de dire qu'une véritable vulgate s'est établie tacitement prenant ces 35 000-45 000 morts comme chiffres authentifiés de la Terreur. Beaucoup de cas sont oubliés : noyés de Nantes, fusillés de Toulon ou victimes des colonnes infernales de Vendée (100 000 pour Greer), pour ne retenir que les victimes de la justice politique révolutionnaire au sens strict. En outre, sont exclus les morts en prison ou sans jugement : les exemples de la commission militaire de La Rochelle (57 condamnations à mort, mais 135 prisonniers meurent de maladie), ou des prisons de Saumur (au moins 341 personnes meurent de vermine entre juillet 1793 et la fin de l'année 1794) montrent l'importance de ce qui n'est pas pris en compte, d'autant que les deux tiers des prisonniers envoyés vers Orléans, en décembre 1793, sont massacrés en route. Par ailleurs, il est possible de penser que 17 000 personnes au moins, et sans doute entre 35 000 et 40 000, ont été mises à mort parce qu'elles étaient catholiques, catégorie non retenue dans les comptes. La critique des chiffres est aisée. En les reprenant méthodiquement, on voit, contrairement à ce que dit Greer, que la terreur judiciaire a frappé proportionnellement beaucoup plus les classes élevées que les paysans, justifiant plus l'hypothèse de Taine d'une destruction des élites, ou celle de Mathiez d'une lutte de classe, que celle d'Aulard voyant la terreur appliquée essentiellement aux ennemis de la République.

Les chiffres demeurent toujours imprécis, même pour la « grande terreur », entre le 14 juin et le 27 juillet 1794, dont le nombre des guillotinés oscille entre 1 366 (voire 1 356) et 1515. Les données demeurent toujours partielles. En Maine-et-Loire, les tribunaux révolutionnaires auraient vu passer 2 147 hommes et 2 053 femmes. Sur ces chiffres, 737 hommes et 397 femmes seraient morts, dont respectivement 172 et 48 après jugement. Mais la seule commission militaire Parrein-Félix aurait, pendant son existence dans l'Ouest, condamné à mort 1 163 personnes, auxquelles il faudrait ajouter plus de 2 200 autres fusillées. Les leçons à tirer sont complexes. S'il est vrai que, à Paris, de 1793 à 1795, il y eut 2 639 sentences de mort, dont 400 contre les auteurs des conspirations des prisons, reste que sur 5 343 personnes traduites devant le tribunal révolutionnaire, 2 747 ont été condamnées et exécutées, tandis que 239 étaient emprisonnées ou déportées. Il faut conclure que 2 357 individus ont été acquittés ou ont bénéficié d'un non-lieu, donnant un taux d'acquittement qu'on pourra considérer comme élevé dans ce cadre estimé particulièrement répressif. Ces chiffres soulignent la distorsion entre la répression menée par les tribunaux, acquittant les accusés dans des proportions qui ne diffèrent pas des statistiques judiciaires des cours d'assises du XIXe siècle, et celle conduite par les commissions extraordinaires, responsables de nombreuses exécutions.

Il serait nécessaire de reprendre le travail systématiquement en l'insérant dans l'ensemble des études méthodologiques qui se mènent sur de semblables enquêtes, qu'elles concernent les morts des deux dernières guerres ou les déportations dans les camps nazis. Les précautions dans la collecte des chiffres, l'authentification des sources, la compilation des listes devraient être requises systématiquement. Pour ne prendre qu'un seul exemple, si la répression subie au Loroux-Bottereau, en Loire-Atlantique, est évaluée dans une fourchette comprise allant de 1 500 à 4 500 victimes, une vérification précise ne comptabilise pas plus de 1 000 victimes, car de nombreuses personnes, déplacées ou cachées, ont réapparu ensuite. Jusque dans les années 1810, les registres d'état civil conservent en effet de nombreuses rectifications apportées par des familles à la suite du grand traumatisme de l'Ouest. Même les listes mortuaires doivent également être utilisées avec précaution. Dans un cas célèbre, celui des Lucs-sur-Boulogne, en Vendée, une liste dressée en 1794 comptabilise manifestement l'ensemble des habitants tués depuis 1789, alors que toute une tradition veut la voir comme le résultat d'un massacre unique commis en deux jours de février 1794. Les conclusions sont évidemment fort divergentes selon la lecture adoptée.

Si le bilan exact risque de demeurer à jamais imprécis, il est manifestement très élevé, très au-delà des 40 000 victimes de la vulgate et son impact psychologique et politique est très important. À ce chiffre s'ajoutent les victimes des guerres de l'Ouest et des multiples épisodes survenus dans la vallée du Rhône et du Sud-Est. Dès 1795, le grand nombre de morts et de blessés, de déplacés et de malades a marqué l'opinion conduite à trouver dans « la terreur » l'explication unique. Les motifs de condamnations comme leur spectacularisation ajoutent au traumatisme. Même s'il ne convient pas de faire une règle de ce qui peut apparaître anecdotique, on signale, ici, un homme mis à mort parce qu'il a manifesté de la tristesse en apprenant les victoires des révolutionnaires et, là, des femmes subissant le même sort parce qu'elles ne portent pas de cocarde tricolore et ont un proche dans les armées vendéennes. L'imprécision même des bilans et de leurs causes aggrave la difficulté à faire le deuil et, dans un premier temps, provoque revanche et vengeance sur fond d'incompréhension. Comment comprendre ces faits autrement qu'en les imputant à des hommes particulièrement pervers, voire sataniques, portés par un dessein collectif effrayant ?

Pour cette raison, le « moment thermidorien » est une véritable rupture. Bien plus qu'une simple crise de l'opinion, il représente certainement une des rares occasions pendant lesquelles les Français ont essayé de penser leurs crimes en les exposant sans tabous et en tentant de bâtir l'avenir à partir de leurs expériences. Dans les salons de peinture, les tableaux sanglants suscitent des mouvements de rejet. L'histoire elle-même est devenue incertaine, tant la brutalité de ce qui vient d'advenir et les difficultés à établir les événements posent problème à celui qui prétend trouver du sens au passé récent. Volney, chargé précisément des leçons d'histoire à l'École normale, conclut ses cours le 23 mars 1795 en estimant que l'« histoire n'est que la rotation d'un même cercle de calamités et d'erreurs ». Ses citations nombreuses de l'histoire ancienne démontrent que les « supplices et la terreur »[1] ont empêché tout progrès des connaissances et qu'il est vain

1. Daniel Nordman (dir.), *L'École normale de l'an III*, Dunod, 1994, p. 115 et 120.

d'enseigner le passé, sauf aux esprits mûrs. La Harpe, qui dès décembre 1794 estime que l'inversion de la langue par les révolutionnaires a permis les barbaries de la terreur, tient les philosophes pour responsables des massacres de Saint-Domingue. Le débat qui occupera la fin du XXe siècle sur la responsabilité des Lumières est déjà posé. Volney et ses amis pensent que les Lumières, mal diffusées au sein de la multitude, ont été dévoyées par l'usage qui en a été fait au profit d'un groupe de démagogues, et qu'il convient d'en préserver les vertus par l'exclusion de ceux qui sont incapables, culturellement et socialement, d'en tirer profit. Leurs adversaires insinueront peu à peu que c'est l'ambition de la rationalité qu'il convient de réfuter dans sa globalité et qu'il faut revenir aux émotions et à la poésie, que décidément le Moyen Âge religieux est l'horizon de la culture historique.

L'équation que l'on pourrait poser ainsi, « pensée rationnelle = Lumières = terreur », se met en place durablement, faisant trébucher les défenseurs des Lumières eux-mêmes. Ces derniers, attachés à la spécificité d'un mouvement de pensée, n'osent pas comparer les réalisations de cette fin du XVIIIe siècle avec celles des siècles antérieurs pour modérer ces condamnations, ni invoquer la lourdeur des héritages pour expliquer les errements des acteurs. Ils refusent d'évoquer les compromis indispensables à toute vie politique et répugnent, au nom même des Lumières, à envisager l'existence des manipulations et des malversations. Vouloir ainsi penser l'histoire sans sortir du cadre des idées et des principes les condamne à subir les thuriféraires de l'émotion, qui accumulent les anecdotes sanglantes, et les praticiens de la propagande, qui jouent sur les contradictions des textes. Il est possible pourtant de démonter ces constructions idéologiques.

Réaction

Les passions sont en effet à nouveau des éléments essentiels de la vie collective de ce moment, obligeant le contrôle politique à composer avec elles. Il s'agit bien d'un retour brutal. À partir de 1792-1793, les « politiques » s'étaient réservé de fait le monopole de la grande politique. Même s'ils pouvaient différer sur leurs objectifs et leurs méthodes, ils avaient réussi à rendre muets les journalistes, pamphlétaires, graveurs qui s'étaient déchaînés jusque-là en intervenant de façon polémique ou pornographique dans la vie politique. La dernière publication à résister avait été *Le Père Duchesne*, mais les lois sur la presse s'étaient abattues sur tous les francs-tireurs et les critiques du régime et avaient fait place nette en 1794. Thermidor supprime, au moins en un premier temps, cette censure et libère les paroles, les pensées et les gestes. Une vague de publications, dont *L'Antiterroriste* à Toulouse par exemple, ou *L'Accusateur public* à Paris, dénonce la « terreur » avec virulence, et succès. Pendant quelques mois, des journaux se spécialisent dans ce genre éditorial, qui reprend, parfois avec les mêmes auteurs, le fil des dénonciations entreprises trois ans plus tôt contre les rois et les reines. Prudhomme, qui, en 1791, avait consacré plus de 500 pages aux *Crimes des reines*, publie en 1797 l'*Histoire générale et impartiale des erreurs, des fautes et des crimes commis pendant la Révolution française*. D'innombrables anecdotes, illustrations et récits édifiants sont diffusés, frappant les esprits, en commençant par l'image de la guillotine, promue symbole de la terreur. Telle guillotine aurait été placée au pied d'un arbre de la Liberté pour que les racines soient imbibées de sang ; les murs de Paris auraient été couverts par la formule « la fraternité ou la mort ». Les généralisations abusives et les légendes ont la vie dure, surtout quand un Chateaubriand s'en fait ensuite le propagandiste. Les représentants en mission sont régulièrement accusés d'orgies et de massacres ; un témoin atteste avoir « vu Lebon se repaître du spectacle du supplice, il voyait couler le sang avec plaisir ».

Contre l'abstraction politique, à quoi « la terreur » est réduite, ces textes et les images possèdent une grande efficacité. Édités à chaud, fondés sur des témoignages de survivants, indéniables donc par définition, ils expriment les souffrances des individus écrasés par un ordre politique. Surtout ils rejoignent des manifestations de l'opinion. Ici et là, des pèlerinages spontanés s'organisent sur des lieux de massacres, des curés assimilent les opposants de la terreur aux Maccabées. Ainsi un cénotaphe est-il érigé à la mémoire des victimes à Lyon le 29 mai 1795. Cette sensibilité se développe sur fond d'attentes populaires et de croyances millénaristes, revigorées par les bouleversements récents et l'affaiblissement des cadres religieux. Dans l'Yonne, contre le souvenir de Robespierre, des femmes s'engagent dans des révoltes contre la déchristianisation en invoquant les principes de la Révolution. Dans l'Ain, une communauté crée la secte des fareinistes qui invente une « république de Jésus-Christ » répondant aux aspirations de gens simples. La quête de l'absolu, qui s'est manifestée sous des formes diverses, que ce soit la « détermination des confesseurs de la foi » devant l'échafaud ou la recherche du sacrifice des volontaires, voire le suicide à deux, continue de faire partie de l'horizon mental des Français de l'époque et permet de comprendre l'écho donné à tous les événements tragiques qui ont affecté la vie de tant de personnes.

L'accumulation de ces faits terribles, authentifiés par les témoins, met en place, durablement, une explication qui oppose des victimes isolées face à une machine étatique, ayant déclenché une terreur apocalyptique. L'existence d'un système terroriste est assurée ; on oublie et nie alors les courants, voire les luttes, entre révolutionnaires. La sidération et l'incompréhension dominent, créant des amalgames. Ainsi le poète Florian devient-il une victime de Robespierre pour l'opinion : arrêté en 1794 alors qu'il était malade, il avait passé vingt-six jours en prison avant de mourir cinq semaines après sa libération survenue au lendemain du 9 Thermidor. Il est possible de faire le rapprochement avec la littérature des années 1960-1980 qui a adopté un point de vue individuel pour dénoncer le totalitarisme communisme, rendant insupportable l'énorme déséquilibre entre la machine toute-puissante, la perversité des bourreaux et le destin des gens ordinaires. Dans la France de 1794-1795, tout cela se lie à la série de procès qui se déroulent dans tout le pays à l'encontre des participants aux « journées » révolutionnaires. Lorsque le tribunal de Versailles envoie à la mort des septembriseurs en août et en novembre 1795, l'un d'eux confesse avoir mangé un peu de cœur et de foie d'une des victimes, un autre reconnaît avoir bu dans un crâne. Dans la même veine, des révolutionnaires rochelais sont accusés d'avoir coupé les « parties naturelles » de prêtres encore vivants, puis de les avoir présentées sur un sabre. Il est vrai qu'aux frontières on raconte que les Espagnols ont écorché vifs des volontaires français et les ont châtrés. Le journal *La Feuille nantaise* rapporte, le même jour, que « dans les papiers de Robespierre on a trouvé des notes qui vouaient à la mort douze mille têtes dans le seul département du Vaucluse », et la plaisanterie parisienne insiste : « Quel est l'homme qui a eu le plus de tête pendant la Révolution ? Le bourreau. »

De fait, logiquement, les légendes se constituent, auxquelles les députés participent d'emblée. Dans le rapport qu'il fait sur le « vandalisme », le 14 fructidor, un mois donc après la mort de Robespierre, l'abbé Grégoire confirme la « barbarie » du peuple mais justifie aussi la nécessité d'une « bonne violence » et fait oublier la politique louvoyante de la Convention jusqu'en décembre 1793. Il dresse un long catalogue des destructions imputables à la terreur et aux sans-culottes, ainsi que la liste des savants assassinés. Lavoisier est l'un des cas qui passe ainsi à la postérité, avec la phrase apocryphe attribuée à un des juges du tribunal qui le condamne : « La République n'a plus besoin de savant. » Il est inutile d'espérer qu'elle cessera, un jour, d'être rappelée pour accabler la Révolution. Ne peut-on pas lire, par exemple, en 2003, sous la plume de Marc Fumaroli, que la « boucherie jacobine » eut lieu de 1792 à 1794 et qu'elle provoqua une « répulsion générale »[1] ? Une véritable explosion de pamphlets émanant de publicistes, parfois stipendiés par des groupes politiques, présentant la terreur sous les jours les plus horribles, se produit dans ces mois de l'automne et de l'hiver 1794-1795, rappelant la campagne des libelles qui avait eu lieu en 1788. Ignorance et violence se conjuguent pour qualifier le peuple responsable des tueries que des tyrans, grands ou minuscules, ont laissé faire : la « barbarie » et la « sauvagerie » seraient

1. Marc Fumaroli, *Chateaubriand, poésie et terreur*, Éd. de Fallois, 2003, p. 27.

au cœur du pays et des institutions, et la civilisation aurait reculé. On s'interroge sur le sort des générations à venir, problème nouveau posé par la « terreur », car le spectacle des supplices n'a pu que pervertir les enfants et rompre l'enchaînement ininterrompu des expériences collectives. Dans un texte dont les répercussions actuelles demeurent troublantes, l'abbé Morellet conclut des années écoulées que la diffusion massive des connaissances et l'essor de la civilisation dans un grand pays ne sont pas des garde-fous contre le despotisme, mais qu'au contraire ils favorisent le contrôle possible des esprits par un dictateur instruit et habile dans l'utilisation des moyens modernes de communication – en l'occurrence le télégraphe[1].

Il n'y a pas à s'étonner de voir la prolifération de ce genre de réflexions et de dénonciations, dont les fruits sont toujours aussi nombreux et appréciés. Quelques exemples suffisent pour évoquer cette littérature qui continue de jouer un rôle important dans l'imaginaire historique mondial. En janvier 1795, Vadier, membre du Comité de sûreté générale, est poursuivi pour avoir ordonné le tannage de peaux humaines, sur la dénonciation de Jean-Baptiste Darmaing, qui édite plusieurs brochures sur ce sujet. À Angers, le comité révolutionnaire local est poursuivi pour des accusations identiques, sans que le procès puisse conclure sur autre chose que des dénonciations sans preuve. La rumeur sera répercutée cependant pendant les deux siècles suivants. En l'an III, le publiciste Prudhomme, auteur du *Dictionnaire des individus envoyés à la mort révolutionnairement et contre-révolutionnairement, particulièrement sous le règne de la Convention nationale*, participe exemplairement de ce courant à la fois spontané et manipulé qui permet une « sortie de la terreur », formule de Bronislaw Baczko, en associant exclusivement la violence terroriste au nom de Robespierre[2]. Bien d'autres auteurs s'y joignent : Bonneville dresse les *Portraits des personnages célèbres de la Révolution* et accuse

1. Eugenio di Renzio, *Alle origini della Francia contemporanea. Economia, politica e società nel pensiero di André Morellet : 1756-1819*, Naples, Edizioni Scientifiche Italiane, 1994, p. 599-600.

2. Bronislaw Baczko, *Comment sortir de la Terreur*, Gallimard, 1989.

« ceux-là pour qui l'État républicain ne fut jamais que l'anarchie [...] et qui ne laissent aux peuples que la liberté du crime et l'égalité de la misère ». Les grands terroristes, Vadier ou Barère, sont dépeints avec leurs « queues » de partisans toujours dangereux ; façon de stigmatiser leur puissance politique et de les accabler sous une figure d'animal fantastique. Deux livres sont particulièrement concernés par l'instrumentalisation idéologique qui se met en place à ce moment : le livre de Babeuf et le rapport écrit en 1794 par Lequinio à propos des exactions commises en Vendée[1]. La postérité de ces ouvrages sera durable. Les arguments, dénaturés, cités sans référence et sans nuances, traversent les siècles et sont toujours utilisés dans des polémiques deux cents ans plus tard. Les fabulations de Babeuf, les dénonciations de Prudhomme et les accusations de Lequinio créent un ensemble textuel complexe et déroutant. En janvier 1794, Lequinio avait dénoncé les ultra-révolutionnaires à Robespierre ; le livre tiré de son rapport et publié en l'an III sert à accabler la Convention et Robespierre !

De tout cela, trois conclusions paraissent s'imposer. La virulence du débat mérite qu'on souligne que « la terreur » n'a pas été cachée, contrairement à ce qui a pu être affirmé dans les années 1980, mais qu'il y a bien eu dévoilement de la violence d'État et de ses paroles secrètes. Ces révélations donnent ainsi le sentiment d'arriver au cœur de l'État. Elles rendent paradoxalement « la terreur » d'autant plus exceptionnelle que la politique des années suivantes, après 1795, est précisément marquée par l'usage systématique de la violence d'État sans contrôle ni débat. Malgré la réussite de la fabrication mémorielle utilisant ainsi « la terreur », la machination politique qui est à l'œuvre au moment du 9 Thermidor est donc suffisamment connue pour qu'on tente enfin de ne plus en être dupe.

Dans l'immédiat, rares sont les réponses à ces accusations, façonnant elles aussi l'histoire à venir. Si beaucoup de révolution-

1. François-Noël [dit Gracchus] Babeuf, *Du système de dépopulation, ou la Vie et les Crimes de Carrier...*, Imprimerie de Franklin, an III (réédition par R. Sécher et J.-J. Brégeon, Tallandier, 1987) ; Jean-Marie Lequinio de Kerblay, *Guerre de la Vendée et des chouans...*, Petit, an III.

naires poursuivis se taisent, d'autres argumentent autour de leur responsabilité et de celles de la Convention. Certains insistent sur la pureté de leurs intentions, omettant les résultats tragiques, rappelant qu'ils étaient pris par des obligations immédiates et qu'ils n'ont pas, en définitive, participé aux décisions meurtrières. Le général Turreau met en avant les conditions exceptionnelles de la région qu'il a dévastée pour justifier son plan de janvier 1794. Le paysage bocager, qui ne couvrait en réalité qu'une partie de la zone, entre dans l'explication de la spécificité régionale, ses chemins creux et sa population sauvage l'excluant de l'humanité ordinaire. Lebon, qui peut difficilement nier son pouvoir dans le déroulement des procès d'Arras, où plus de 550 personnes ont trouvé la mort, jeté en prison dès août 1794, invoque la soumission à la loi et se couvre de l'autorité de Rousseau pour expliquer sa résolution de suivre la rigueur répressive.

Il est frappant de constater que tous ces arguments sont réversibles, et qu'ils ont de fait été retournés par les opposants à la Révolution qui peuvent justifier leurs accusations contre les Lumières, contre Rousseau – dont il y a autant de lectures que de lecteurs –, contre le cours général de Révolution et contre la perversité des individus accédant au pouvoir. La comparaison se fait aujourd'hui naturellement avec les justifications données par les responsables des massacres nazis et pose la question de la « banalité du mal », pour évoquer les réflexions célèbres de Hannah Arendt, et de l'implication des individus dans l'exercice d'un pouvoir extrême. La position d'Antonelle, grand animateur de la gauche révolutionnaire après 1795, mérite l'attention. Comprenant bien que tout cela conduit à la remise en cause de la Révolution, depuis 1789, il revendique la nécessité de la défense des idées et des réalisations révolutionnaires. Il assume, pragmatiquement, la violence dont il lie l'emploi aux investissements personnels. Chacun, en fonction de son histoire et de son appartenance, doit, selon lui, reconnaître sa part de responsabilités et de dérives dans la mise en œuvre de cette impulsion globale. Juré du tribunal révolutionnaire emprisonné sur ordre de Robespierre, Antonelle a évidemment une expérience qui donne une crédibilité à son entreprise de reconstitution d'une gauche démocratique. Dans cette perspective délicate à tenir, il veut garantir le principe de la représentativité politique. C'est par fidélité à ce principe qu'il maintient par la suite ses distances avec les mouvements insurrectionnels.

Muscadins et buveurs de sang

Contre « l'opinion dominante et publique » des sans-culottes, raccourcie en « opinion dominique », les rumeurs et les bruits subvertissent les cadres de pensée et s'incarnent dans un groupe : la jeunesse dorée, qui stigmatise les révolutionnaires comme « buveurs de sang » et « anarchistes ». Ces jeunes gens ont-ils organisé des « bals de victimes », comme le veut la légende, qui auraient vu danser des enfants de guillotinés éventuellement avec des enfants de bourreaux ? La chose n'est pas sûre, en tout cas l'idée est dans l'air du temps au moment où la danse, réaction contre la terreur, provoque un engouement social. La mode est aussi profondément changée, puisque la coiffure « à la guillotinée » avec la nuque rasée, les vêtements avec des « croisures à la victime » et le port du fil rouge ou noir sur le cou deviennent, parmi d'autres, les signes de ralliement des jeunes femmes hostiles à la Révolution, leurs homologues masculins portant des cols protubérants. Contre les jacobins, les unes, les « merveilleuses », popularisent aussi, au moins à Paris, des tenues transparentes et scandaleuses en réaction contre le rigorisme précédent, les autres, les « muscadins » (le mot et le groupe sont attestés depuis 1793) se déplacent avec des bâtons. Entre les jeunes gens des bureaux, vus comme des célibataires égoïstes et jouisseurs qualifiés d'efféminés, et les ouvriers et soldats, donnés comme robustes et virils, mais dévoués à la patrie, les conflits d'images qui avaient opposé nobles et Tiers se rejouent, unissant encore les stigmatisations sociales et sexuelles dans cette nouvelle configuration.

La preuve en est donnée par les interventions de cette jeunesse dorée, qui entreprend des actions, le plus souvent manipulées, contre les « buveurs de sang » dans les grandes villes et surtout dans la vallée du Rhône et le Sud-Est, donnant naissance à ce qui sera appelé la « terreur blanche ». Tout le pays est concerné. Partout les salles de spectacles sont régulièrement le lieu d'affrontements entre camps rivaux. Les jacobins de Besançon, par exemple, se battent contre les jeunes hommes, porteurs de cravates vertes, qui se réunissent dans le café du 9 Thermidor et sont accusés d'être les agents des gouvernements anglais de Pitt et autrichien de Cobourg. Les sans-culottes, reconnaissables à leurs vêtements et leur coiffure plate, sont battus ou tués, les femmes molestées ou violées à l'occasion de bagarres, qui deviennent de vraies opérations punitives entre Lyon et Marseille. Dans cette zone, des « terroristes » prisonniers sont victimes de carnages commis par des groupes organisés. Le 6 ventôse an III, d'anciens terroristes sont assassinés, sans que les 400 gardes nationaux qui les encadrent réagissent, ce qui se reproduit le 8 prairial quand 55 prisonniers transférés d'Orange à Pont-Saint-Esprit meurent en route. L'ancien maire de Nîmes est tué dans sa prison. De novembre 1794 à mai 1795, même si les crimes isolés restent mal connus, il y eut sans doute plus de 2 000 morts dans ce genre d'agressions réalisées souvent publiquement en plein jour avec l'aval de fait des autorités. Certains représentants en mission laissent faire ces règlements de comptes, quand ils ne les favorisent pas comme Cadroy à Marseille. Les massacreurs sont protégés par les protestants modérés, qui furent victimes de la répression du « fédéralisme » dans le Sud-Est, les élites préférant canaliser la vengeance populaire sur les anciens terroristes plutôt que sur elles-mêmes. Les traditions de révolte rejoignent les revanches, ainsi dans le Gard où les « égorgeurs du Midi » utilisent une rhétorique religieuse catholique et le mécontentement devant la crise économique, tout en prenant la suite de la révolte des Masques armés de 1783.

Lignes de front

L'évolution de la loi permet ces conflits, puisque dans un souci de pacification qui isole les anciens terroristes, le retour des émigrés est autorisé sous réserves, les églises sont rouvertes, et les anciens terroristes placés sous surveillance. Dans ce climat, ce fond de mécontentement favorise la présence active de groupes contre-révolutionnaires armés, notamment les fameux compagnons de Jéhu, ou de Jésus, ces bandes à demi légendaires qui mêlent actions de droit commun et vengeances politiques dans la vallée du Rhône. Des gardes nationales se constituent, comme en 1790, regroupant des « chouans ». À Toulouse, différentes associations contre-révolutionnaires se regroupent dans l'Institut philanthropique, animé par un ancien membre des camps de Jalès, Antoine Pourquerie du Bourg, qui est à la tête de la province de Toulouse et porte le titre de commissaire du roi. Paradoxalement l'Ouest ne semble pas affecté directement par cette vague de violences. Plusieurs raisons semblent expliquer ce qui n'est pas pour autant la marque de la pacification des esprits. En Vendée, l'équilibre des forces est tel que les représentants en mission proposent d'abord une amnistie pour les paysans insurgés, suivie d'une négociation dans les formes avec Charette jusqu'à la conclusion d'un véritable traité de paix en février 1795. Les populations « blanches » obtiennent ainsi le contrôle de la région, ce qui limite d'autant les affrontements, car lorsque les anciens antagonistes se retrouvent, les heurts, souvent mortels, sont légion. Au nord de la Loire, la paix est plus incertaine, car les communautés opposées coexistent, si bien que les campagnes sont sillonnées par des bandes de chouans et de simples brigands qui en décousent avec les « patriotes » isolés. Dans toutes les campagnes du nord de la Loire, la frontière devient floue entre contre-révolution et brigandage : « chauffeurs », « sommeurs » et autres bandes, « compagnie noire » ou « forêt noire » profitent de l'incertitude du maintien de l'ordre. L'insécurité est grande, d'autant que les colonnes républicaines continuent d'avoir des méthodes répressives expéditives, se lançant même dans des expéditions où les soldats se déguisent en chouans. Ceci contribue à l'entretien d'une interminable guerre civile ponctuée de crimes réciproques.

Manifestement les violences sont toujours plus affirmées dans les zones de contact entre groupes antagonistes que là où les groupes humains sont plus homogènes, qu'ils soient ou non favorables à la Révolution. La contre-épreuve est apportée par le mécontentement limité des habitants du pays de Caux. Ils se sont détachés du régime dès 1794, sans adhérer pour autant au royalisme. Pratiquant un « catholicisme tranquille », acceptant la présence de réfractaires sans lutter contre la République, ils créent une sorte de « front de classes » entre riches et pauvres en 1795, alors que les pauvres étaient jusque-là radicaux et les riches royalistes. À l'opposé, dans les zones « de front », les années écoulées ont ajouté la mémoire des affrontements récents aux antagonismes anciens, ce qui explique les explosions violentes dans la vallée du Rhône et dans tout le sud-est du pays, où les luttes politiques ont été particulièrement complexes et où les jeunes gens violents agissent pour des raisons multiples. Ils exercent des vengeances, personnelles et collectives, et ils rétablissent, à leur façon, les équilibres sociaux mis à mal, d'après eux, par les jacobins. Les courants royalistes utilisent ces rancunes souvent au-delà de ce que souhaitaient les bandes qui voulaient punir simplement les jacobins locaux des violences passées. Motivations politiques et volonté de retour aux traditions sociales se mêlent au cours de ces défoulements dans lesquels des communautés se définissent en s'opposant à leurs voisins. Lorsqu'un an plus tard des « égorgeurs » de Marseille sont poursuivis par la justice, ils sont acquittés, attestant que leur violence se rapproche de celle qui avait provoqué les massacres de Septembre, et que comme celle-ci, elle se situait en deçà des règles politiques et juridiques ordinaires. Cette dimension d'une « justice rétributive » explique manifestement l'indulgence dont les assassins ont bénéficié de la part des juges.

Les divisions locales et communautaires, qui avaient été responsables des radicalisations dans les années 1790-1792, réapparaissent donc avec force dans le Sud-Est où la partition entre révolutionnaires et contre-révolutionnaires n'a pas réussi à s'imposer tant les clivages ont été divers. La politique a continué à recouvrir des règlements de comptes personnels et collectifs. Avec moins de violence, les mêmes mécanismes sont repérables un peu partout en France. Il reste cependant difficile de penser avec l'historien Donald Sutherland que Thermidor serait l'époque de la contre-révolution populaire, comme l'an II aurait été celle des sans-culottes, dans la mesure où la « réaction » a rassemblé des courants sans unité ni programme, portés par la vengeance [1]. Toutefois les mêmes pratiques de violence archaïque se retrouvent, de 1792 à 1795. Parmi les nombreux exemples connus, citons seulement un massacreur de Marseille qui exhibe les oreilles d'une femme assassinée dans les prisons. La violence populaire excède encore une fois les intentions des politiques.

Rompre les enchaînements ?

Même si leurs actions ont pu susciter des jugements fort négatifs, immédiatement et plus tard, certains Conventionnels ont pourtant essayé de contenir, voire enrayer, ces violences. Reste que leurs interventions ont été souvent inefficaces, voire contre-productives, et sans doute ont-elles été incompréhensibles pour beaucoup de contemporains. Ainsi lorsque le représentant en mission Fréron à Marseille lance des poursuites contre les égorgeurs et une campagne contre les conspirations royalistes qu'il craint, il conforte finalement la France sur l'exceptionnelle violence du Sud-Est. Il interpose l'armée entre les protagonistes et maintient l'état de siège, institué en l'an II et qui va durer jusqu'en 1800, sans que la présence de l'État en sorte grandie. En Vendée, un groupe de représentants en mission, conduit par Ruelle, obtient la signature d'un véritable traité de paix entre la France et l'armée de Charette en février 1795. Dans les mois qui suivent, deux autres traités similaires sont signés avec les chouans de Cormatin en Bretagne et les Angevins de Stofflet. Même si le premier traité est certainement celui qui essaie le plus sérieusement de mettre un terme à la guerre civile, ses clauses demeurent stupéfiantes et d'une portée illusoire. Les vendéens ne sont en effet guère liés en quoi que ce soit par cet accord qui leur donne pourtant de fait le contrôle policier et religieux de la zone

1. Donald M.G. Sutherland, *France 1789-1815 : Revolution and Counter-Revolution*, Londres, Fontana Press, 1985, p. 248-249.

qu'ils occupent militairement. Le traité vise à discréditer les extrémistes des deux camps pour essayer de trouver un point d'équilibre avec tous ceux qui acceptent de fait la République. Le goût des vengeances, les tensions internes à chaque camp entre radicaux et conciliateurs, puis la reprise de la guerre vouent cette tentative à l'échec aussitôt passées les fêtes qui ont vu Charette et ses généraux parader dans les rues de Nantes avec leurs anciens ennemis. Faut-il ajouter que la mort mystérieuse du jeune Louis XVII contribue aussi à anéantir tout espoir de compromis ?

Les tentatives judiciaires pour sortir de la terreur font également long feu. À Rennes, le représentant en mission, Boursault, institue une « commission philanthropique » chargée d'examiner les dossiers des prisonniers et de libérer les victimes de l'arbitraire, sans remettre en cause les acquis de la Révolution. Des procès sont organisés dans tout le pays contre d'anciens terroristes. Des « massacreurs » sont poursuivis partout, à Angers, à La Rochelle, par exemple, dont quelques acteurs des massacres de Septembre. Mais les procédures débouchent sur des résultats peu convaincants et la plupart des autres inculpés évitent les condamnations. D'une part, les « grands terroristes », Vadier, Barère pour n'en citer que deux, échappent à la justice, d'autre part, nombre de petits protagonistes écopent de peines sans rapport avec les faits cités qui ne sont souvent pas démontrés. Maignet, quant à lui, n'est pas l'objet de poursuites et ses décisions ne sont pas mises en contradiction avec les orientations de la Convention. Enfin, la reprise des luttes politiques entre révolutionnaires et royalistes rend dangereuse la continuation d'une politique qui priverait la Révolution d'une partie de ses soutiens. Sans prétendre faire un parallèle avec les sorties de guerre civile au XXe siècle, par exemple avec l'instauration de commissions « vérité et réconciliation », notamment en Afrique du Sud, il est possible de penser que, même pour de mauvais motifs initiaux, la France a essayé de libérer la parole publique à propos des violences commises entre 1792 et 1794.

Il y a donc eu, à partir d'un milieu politique, minoritaire mais bien réel, une tentative pour recoudre les deux France, en écartant les radicaux des deux bords, au nom de l'unité nationale. La radicalité des antagonismes, la profondeur des rancœurs, les souvenirs récents des atrocités et les calculs politiques ne permettent pas au petit groupe de Conventionnels qui incarnent cette position de trouver un dynamisme suffisant. Ils n'ont pu que profiter d'un revirement de tendance, mais ils ne disposent d'aucune force pour contenir les groupes opposés. Si cet épisode ne doit pas être oublié, puisqu'il indique que le silence sur les massacres n'a pas été si total qu'on le croit trop souvent, l'addition de ces échecs montre à l'évidence que les politiques ne proposent pas de ligne claire pour mettre fin au climat de violence.

Complots et répression

Devant le blocage politique entraîné par ce débat et la montée des mécontentements nés de la crise de subsistances qui touche le pays, une nouvelle manœuvre est entreprise par des membres de la Convention pour amalgamer la crainte d'une insurrection contre la représentation nationale avec la nécessité d'éliminer les anciens « terroristes ». Reproduisant les pratiques éprouvées depuis mai 1793, la révision de la constitution et la recherche d'une législation de police servent de toile de fond à l'instauration d'un régime plus indépendant des mouvements populaires, désormais rejetés de la vie politique. Une nouvelle force d'opposition à la Convention naît en rassemblant d'anciens militants sans-culottes, les populations des faubourgs déçus, voire réprimés par le Comité de salut public depuis le printemps 1794, et les jacobins pourchassés. L'alliance contre l'ennemi commun est compliquée, mais va durer. Les conditions climatiques rigoureuses jouent un rôle dans la radicalisation politique si bien que, malgré la politique gouvernementale, les revendications populaires n'ont pas disparu. En témoignent les émeutes de subsistance dans l'Orne au printemps 1795 comme les revendications des femmes révolutionnaires en Normandie, à Coutances, pendant l'été – même si cette protestation populaire s'émiette et retourne à des habitudes de brigandage qui avaient marqué le début de la période.

Dans un schéma rodé qui a encore une fois commencé par des échanges à l'Assemblée entre groupes testant leurs forces respectives dans l'attente d'en découdre, les Conventionnels du centre anticipent. Le 21 mars 1795 (1er germinal), une loi dite de « grande police » proposée par Sieyès, soutenue par Merlin, est adoptée. Elle doit rassurer les bons citoyens en garantissant la représentation nationale contre tout trouble insurrectionnel, y compris en recourant à l'armée. Le retournement est considérable depuis 1789, puisque les députés sont dorénavant investis de tous les pouvoirs, y compris militaires. Contre cela, les montagnards, qui avaient été un an plus tôt à l'origine de la suspension de la constitution de 1793, souhaitent la remettre en vigueur en s'alliant avec ceux que l'historien Kare Tønnesson appelle les « néo-hébertistes », et qu'ils avaient alors brimés[1]. Pour eux, la dissolution de la Convention est envisageable en combinant, une nouvelle fois, l'invocation de la légalité et l'instrumentalisation de la force populaire.

Comme dans les « journées » des années passées, après une première démonstration, le 11, les manifestations, pacifiques, des 12 et 13 germinal (1er et 2 avril 1795) réclament « du pain et la constitution de 1793 ». Mais l'investissement de la salle de l'Assemblée fait long feu. Les sectionnaires modérés – notamment de jeunes muscadins – favorables à la Convention rétablissent l'ordre, Paris est mis en état de siège et le général Pichegru chargé du commandement des troupes. En une seule journée, en contournant avec habileté les principes révolutionnaires établis – légitimité par les sections, respect des formes juridiques, défense de la représentation nationale –, mais aussi en utilisant la jeunesse dorée et l'armée, les Conventionnels, qui ont bien préparé la réplique à ce coup d'État larvé, maîtrisent totalement la dynamique de la violence politique. Couronnant le tout, l'arrestation et la déportation d'un certain nombre de députés radicaux sont décidées, concernant Barère, Billaud-Varenne, Collot d'Herbois,

1. Kare Tønnesson, « La mort politique de la sans-culotterie parisienne », *in* Roger Dupuy et Marcel Morabito (dir.), *1795. Pour une République sans Révolution*, Rennes, Presses universitaires de Rennes, 1996, p. 251-260.

Vadier, ceux qui sont supposés être des amis de la foule. Fait notable, la déportation des députés arrêtés (Vadier se cache) vers la Guyane peut se réaliser, même s'il faut prendre quelques précautions. La foule insurgée, une fois de plus, cède devant l'invocation de la légitimité. Dans les jours qui suivent, la troupe est déployée pour protéger Paris ! Pendant ce temps, à l'issue d'un procès au cours duquel il affirme avoir voulu appliquer la loi, Fouquier-Tinville est condamné à mort, emportant avec lui nombre de secrets sur les alliances politiques. La classe politique continue ainsi de s'épurer en sacrifiant symboliquement des membres dont l'élimination physique scande l'évolution de la majorité de la Convention.

Dans ce bras de fer entre Convention et opposants radicaux, néo-hébertistes et anciens montagnards, que l'on hésite à cette date à qualifier de « néo-jacobins », qui ont tiré les leçons politiques de leur échec, lancent un mot d'ordre insurrectionnel en vue d'une prise de pouvoir. À l'évidence, les deux camps ont préparé l'affrontement et regroupé des partisans, même si la lutte politique est masquée par la mise au premier plan des manifestations populaires. Ces mouvements nés de mécontentements sont bien réels, mais ils servent surtout de prétexte à créer des masses de manœuvre. Les montagnards, même du fond de leurs prisons où des meneurs ont été jetés préventivement, souhaitent établir cette « république démocratique » anti-libérale, pour laquelle ils ont combattu Robespierre et qu'ils voient enterrée par les projets de la majorité de l'Assemblée. La Convention est envahie le 20 mai (1er prairial), le député Féraud, confondu avec son collègue Fréron, est décapité, tandis que Boissy d'Anglas résiste au nom de la légalité républicaine. Les députés montagnards qui font voter des décrets en faveur des insurgés ne peuvent pas empêcher l'échec de la journée, confirmé le lendemain. Les meneurs sont mis hors la loi et les Conventionnels conjuguent menaces et vagues promesses, si bien que la répression est engagée dès le 4 prairial. Trente-six condamnations à mort sont prononcées par une commission militaire, qui copie exactement les procédés judiciaires de 1794. Parmi les condamnés, 6 députés montagnards (Romme, Goujon, Soubrany, Duquesnoy, Du Roy,

Bourbotte), tentent de se suicider dans la salle d'audience. Trois meurent aussitôt, les autres sont guillotinés. Ces « martyrs de prairial » affirment ainsi leur liberté, renouant avec l'exaltation du sacrifice pratiquée en 1793 et 1794.

L'Assemblée les qualifie de « crétois ». Entre « crête de la montagne », résidu des députés radicaux, ou « crête du coq » à abaisser, qui évoque toutes les « queues » terroristes que la propagande dénonce, le mot est imprécis et d'usage éphémère. Il a été cependant par la suite surinvesti par l'historiographie qui a voulu constituer autour de lui un groupe politique. Le courant républicain-démocrate n'est pas mort, mais devient illisible ; il éclate entre ceux qui se lancent dans la conspiration et ceux qui veulent continuer à débattre publiquement dans la presse et au moment des élections. L'héroïsme qui reposait sur la confiance dans la spontanéité de la révolte n'est plus une valeur révolutionnaire.

La Convention a donc réussi subtilement d'une part à éliminer la partie montagnarde subsistante qui avait provoqué la chute de Robespierre, d'autre part à discréditer le débat politique sur la constitution de l'an III, enfin à faire peur aux néo-hébertistes, indécis et incapables d'une intervention armée. La mise en scène de la violence populaire, notamment dans la légende qui s'empare de l'attitude héroïque de Boissy d'Anglas, rempart vivant contre la terreur populaire, marque les esprits et renverse les schémas antérieurs. Les journées populaires ne légitiment plus les choix politiques et n'expriment plus la volonté du souverain. Dorénavant, elles passent pour un risque envers la démocratie parlementaire, qu'il convient de protéger des factieux et des terroristes. L'opposition est frappante entre les députés, « crétois » ou libéraux, qui adoptent une attitude stoïque ou au moins calme devant la mort, face à la foule « barbare » des hommes aux « poitrines velues » et des femmes hystériques manifestant bruyamment et de façon désordonnée. La façon de voir la violence a bien changé de sens. La tactique des Conventionnels est une réussite complète, puisque, dans le même temps, elle désarme définitivement les sans-culottes, licencie la gendarmerie parisienne et crée une légion de police générale qui lui donne, enfin, une indépendance. La

« révolution par le bas » a vécu, à Paris comme en province, ainsi que le montrent les condamnations de massacreurs de 1792.

Un homme, Boissy d'Anglas, et un groupe, les Conventionnels républicains, incarnent ainsi ce nouvel équilibre qui rend possible le nouveau régime. À la différence des montagnards anti-robespierristes qui n'ont pas réussi à canaliser les résonances des dénonciations de la terreur, ces hommes ont joué, le cas échéant avec un cynisme connu, des souvenirs violents, des vengeances et du désir de stabilisation pour défendre la Révolution contre ses ennemis irréductibles, tant à droite qu'à gauche. Mais si l'éventail politique qui soutient cette ligne est réduit, il n'est pas uniforme, rassemblant Carnot, Merlin de Douai ou La Révellière-Lépeaux, pour prendre trois exemples illustrant trois courants de la droite à la gauche, dans la volonté commune de la grandeur française.

Constitution et répression

La victoire politique de la majorité de la Convention reste affaiblie par le poids des sections modérées et royalistes et de la jeunesse dorée. Ces groupes trouvent de plus en plus d'audience, y compris auprès de députés influents, comme Carnot ou Cambacérès, et sont impliqués dans des affrontements de plus en plus violents. L'opinion royaliste ne se cache plus ; reprenant des tactiques déjà éprouvées depuis 1789, sa propagande n'hésite plus à utiliser le mécontentement de 1795, avec des slogans de ce genre : « Prenons patience, nous aurons un roi avant quinze jours ; alors nous ne manquerons pas de pain. » La mort de Louis XVII, officiellement déclarée le 8 juin 1795, donne naissance à des rumeurs, alimentées par le secret qui a été tenu pendant deux jours. Réseaux et comploteurs royalistes renouent avec les insurgés vendéens et chouans pour reconquérir le royaume. L'argent et les armes en provenance de l'Angleterre alimentent les troupes contre-révolutionnaires dans tout l'Ouest. Les occasions de conflits sont innombrables, d'origine religieuse, militaire ou politique, et recréent le climat de guerre civile des premières années de la Révolution. Ainsi une altercation, en thermidor an III, oppose, à Nantes, des soldats à des jeunes portant des tresses et perçus comme des contre-révolutionnaires. La rixe fait sans doute un ou deux morts.

Le Sud-Est offre les pires exemples de violence. Les violences redoublent dans l'été 1795, alors que les bandes de réfractaires et de contre-révolutionnaires battent les campagnes, dosant leurs pratiques envers leurs adversaires du pillage à la lapidation ou à l'enterrement vif. Lyon, où règne un sentiment de persécution permanent, est à nouveau en état de siège dès juin 1795. Le comble est atteint à partir de mai quand 73 terroristes sont tués à Aix, entre 64 et 99 à Lyon, puis à Marseille en réaction à la révolte de Toulon. Ce port est passé à nouveau sous le contrôle des jacobins locaux, qui entament, le 17 mai, une marche contre Marseille. Ils sont arrêtés dans la campagne, à l'issue d'une véritable bataille qui dure cinq heures et fait une cinquantaine de tués. Trois cents prisonniers et des députés montagnards sont enfermés dans les villes avoisinantes, où des carnages se déroulent. Le 25 mai, 24 détenus sont massacrés à Avignon, et surtout, le 5 juin, une centaine d'autres le sont dans l'enceinte du fort Saint-Jean à Marseille – 36 « égorgeurs » seront identifiés et jugés l'année suivante, ils seront tous acquittés. Le 23 juin, Avignon voit encore 23 autres meurtres s'accomplir.

L'événement le plus important est cependant la reprise de la guerre dans l'Ouest, avec le débarquement des émigrés en baie de Quiberon, aidés par la flotte anglaise. L'expédition débouche sur un échec total, après plus d'un mois de combats violents, témoignant pourtant de la persistance de la puissance militaire des chouans. Les troupes républicaines ne vainquent qu'en profitant de la division dans le commandement des contre-révolutionnaires, mais leur victoire s'accompagne aussi de l'exécution de 752 émigrés royalistes, à Carnac, alors que les chouans prisonniers sont facilement relâchés. Tallien a poussé à cette exécution qui frappe de stupeur, à l'époque comme plus tard, les milieux nobiliaire et émigré, puisque chaque grande famille compte au moins une victime parmi ses membres. La volonté d'empêcher toute réconciliation entre la République et la Contre-Révolution ne fait pas de doute ; il est vrai qu'elle répond aussi à la volonté des princes de radicaliser les positions des royalistes pour resserrer les rangs, puisque nombreux sont ceux qui envisagent des compromis avec un régime qui garantirait un retour à l'ordre et à la tolérance religieuse, en abandonnant la monarchie. La violence la plus nue a servi, une fois de plus, les desseins politiciens des élites parisiennes et contre-révolutionnaires. Elle ne résout rien dans la province, même si Hoche contrôle peu ou prou la région et réussit au début de 1796 à capturer Charette et Stofflet qui sont fusillés. De véritables armées, sous le commandement de Frotté notamment, continuent la guerre civile, « tondent les uns, coupent les oreilles des autres, commettent des pillages » et des viols. Des patriotes continuent d'être victimes d'assassinats ciblés, les cadavres laissés parfois en évidence, pour terroriser la population indécise. La présence affirmée de la Contre-Révolution mérite d'être rappelée encore à cette date, pour que la « sortie de la terreur » n'apparaisse pas comme un règlement de comptes de la gauche avec elle-même. Depuis 1787-1788, le conflit entre tenants et opposants des réformes et des changements n'a pas cessé de traverser tout le pays et de conditionner la recherche des équilibres.

Contre la menace réelle d'une victoire électorale de la droite royaliste et contre-révolutionnaire, la Convention prend aussi des mesures politiques et militaires. La constitution et surtout le mode électoral limitent les renversements de majorité. L'insurrection n'est plus un droit, l'obéissance au pouvoir est un devoir qui ne souffre pas d'exception, d'autant que celui-ci dispose du recours à la force armée, dont l'usage est immédiat. Le nouveau régime prend ses distances d'emblée avec les forces populaires et radicales, de droite comme de gauche. La Convention ne craint ni les démonstrations militaires, qui visent à intimider et à provoquer ses opposants, ni la répression. Une troupe de royalistes en fait les frais à Dreux, le 17 septembre, laissant 10 morts, après une échauffourée. C'est l'occasion attendue par les deux camps. Les 3, 4 surtout 5 octobre (11, 12 et 13 vendémiaire), les sections royalistes se lancent dans une insurrection qui est brisée par l'armée, et notamment par Bonaparte. La préparation systématique de l'affrontement a été réalisée par les états-majors des deux partis, qui ont aussi su jouer sur les fraternisations et la propagande. Cet alliance, que l'on peut assimiler à de la duplicité, entre guerre et compromis, trouve sa traduction dans le bilan de ces journées. Le nombre des morts est élevé quoique difficile à établir : sans doute au moins 400 personnes auraient péri. Cependant les suites judiciaires sont habilement conduites, les principaux acteurs échappent à la justice et les exécutions capitales limitées à deux protagonistes secondaires. Le quadrillage policier et militaire se renforce dans Paris, tandis que les néo-jacobins et néo-hébertistes qui avaient composé une partie des troupes levées contre les royalistes sont renvoyés dans leurs foyers. Le contrôle politique de la violence est en place. Est-il possible de nuancer ce pessimisme en remarquant que ce tournant de l'an III n'est pas seulement le moment de la sortie traumatique d'un épisode terrible, mais que ces négociations, même brutales, font entrer le pays dans la politique moderne, celle des partis et des discours, celle d'un champ délimité ?

L'union nationale contre l'ennemi

Les retombées de cette mutation sont considérables pour l'avenir. Les débats sont vifs à l'Assemblée et dans la presse pour traiter du sort des émigrés revenus ou des familles d'émigrés ou de suspects, dont les biens ont été confisqués ou vendus. La compassion pour les victimes innocentes, notamment pour les enfants, ne compromet pas le réalisme politique cynique qui fait que les conséquences de la « terreur » ne sont pas remises en cause et que les acheteurs de biens nationaux sont confortés dans leurs investissements, même quand ils lèsent des héritiers légitimes aux yeux du droit. Dans le même temps, l'Assemblée décide une amnistie pour effacer « les souvenirs des erreurs et des fautes qui ont été commises pendant la Révolution » et réintégrer dans la nation les montagnards ralliés. En profitent ainsi les généraux Turreau, Huché et Grignon, qui ont commandé à des titres différents les « colonnes infernales », clôturant ainsi les poursuites engagées contre les responsables des atrocités de 1793-1794, au dam de révolutionnaires vendéens qui se trouvent désavoués par le gouvernement. Les impératifs de la haute politique et les jeux entre les élites imposent ainsi la conclusion d'unions improbables, de compromis qui semblent des reniements, au point qu'une partie de ces acteurs de la vie politique reçoivent déjà le qualificatif de « girouettes », qui sera popularisé définitivement après 1815.

La conduite de la guerre connaît un infléchissement important. Poursuivant une évolution entamée depuis 1794, les buts deviennent plus étroitement liés au profit national, même si les divisions sont grandes parmi les politiques, que ce soit à propos de la rive gauche du Rhin, de l'attention portée aux patriotes étrangers ou de l'emploi de l'armée dans la répression. Cette nationalisation de la Révolution et de la guerre entraîne de multiples conséquences. L'exécutif dispose dorénavant d'un pouvoir militaire réel, que la constitution de l'an III confirme, et qui correspond aux interventions devenues régulières des généraux dans les affrontements politiques. Cependant les difficultés matérielles s'accroissent pour les soldats qui sont poussés à vivre sur le pays conquis. Ils se sentent, en outre, peu ou prou en décalage avec l'évolution de la société devenue critique vis-à-vis de ce qui était l'armée jacobine de l'an II. Ils se livrent au pillage, plus ou moins toléré par leurs généraux, et se lient de plus en plus à leurs chefs directs, tendant à se constituer en armées prétoriennes, autour de leurs généraux. Ce dernier risque est d'autant plus important que les rivalités entre les courants politiques, qui avaient toujours joué un grand rôle, découpent le milieu des meneurs civils et militaires selon de nouvelles configurations. Carnot se trouvant entre les deux camps révolutionnaire et contre-révolutionnaire se laisse ainsi manipuler par le général Willot, royaliste camouflé, qui après avoir pacifié le Midi, facilite le retour de la violence anti-jacobine. Le détournement des aspirations des militaires sera réussi par Bonaparte, canalisant les nostalgies politiques, le sentiment national, et jouant de la distance prise avec le « civil », comme de la griserie accordée par la toute-puissance des armes. Sur le théâtre des opérations, les atrocités marquent la campagne en Allemagne, notamment dans le Palatinat au cours de l'hiver 1794-1795. La radicalité des combats est un fait habituel, renouant avec les pratiques de dévastation de l'Ancien Régime. Cependant l'idéologie n'est plus requise. Déjà quand la guerre à mort a été déclarée après le 12 août 1794 sur le front espagnol, décidant qu'il ne sera plus fait de prisonnier, la déclaration était une réponse à la rupture des négociations menées à Collioure par le général La Unión et ne faisait plus appel à un principe politique. Comme plus tard dans d'autres contextes, notamment sud-américain, la guerre à mort est une tactique pour impressionner autant les adversaires que les alliés hésitants.

Le tournant de l'an III concerne bien la totalité de la société française. Les pratiques politiques, militaires, sociales auront été, en définitive, peu modifiées par rapport à celles qui avaient cours en 1793-1794, sauf sur un point essentiel : la violence est contrôlée par les élites dépositaires du pouvoir légitime qui n'hésitent pas à recourir aux coups de force et à disqualifier leurs adversaires sur leur droite et leur gauche. Les excès demeurent possibles mais ils se cantonnent dans les marges, régionales, nationales ou sociales, avant que la création des espaces coloniaux ne leur ouvre un nouveau champ. Il ne s'agit pourtant pas exactement d'un retour à la situation d'avant 1789. Les actes violents qui ont eu lieu ont souvent exacerbé les souvenirs antérieurs renforçant les mémoires longues des groupes et des régions. Les violences politiques ont renforcé les clivages entre catholiques et protestants dans le Sud-Est, ont créé la Vendée, ont confirmé l'identité régionale des Bretons, des Basques et des Corses.

Ainsi ces luttes et affrontements sont-ils l'occasion de fixer la coupure entre les « deux France » qui perdurera au cours des siècles suivants. Le salon de peinture de 1795 en témoigne qui mêle des œuvres de sensibilités opposées, comme Regnault exposant son tableau *La Liberté ou la Mort*, en même temps que Suvée qui présente un portrait d'André Chénier, victime de « la terreur ». Peut-on penser que cette évolution vers une unification, une centralisation et une sécularisation de la violence dans la France de la fin du XVIIIe siècle donne *in fine* raison au Tocqueville de *L'An-*

cien Régime et la Révolution ? Peut-être, mais en admettant, et la nuance est de taille, que le passage d'un régime à l'autre ne s'est pas réalisé dans les champs du politique, de l'idéologique et de l'administratif, mais à l'intersection des émotions, des sentiments et des ambitions, donc dans le brassage tumultueux des passions, la résonance des violences et la douleur des deuils. De ce point de vue, la Révolution ne peut pas apparaître comme une parenthèse dont on aurait pu se dispenser ; elle a été le creuset national.

Chapitre 8

Violence confisquée et marginalisation du politique

Les années qui courent entre 1790 et 1794 ont été marquées par une succession d'expériences politiques particulières dont les hommes du Directoire tirent des leçons. Ils sont arrivés au pouvoir en éloignant de leurs propres programmes politiques le potentiel de violences des masses populaires, révolutionnaires ou non. Jusque-là les initiatives politiques avaient dépendu des interventions violentes, ou les avaient instrumentalisées ; certains acteurs avaient même essayé de les théoriser, engageant le pays dans une pratique politique inédite qui avait saisi les contemporains et qui ne cesse encore d'interroger les historiens. Après 1795, la France abandonne cette voie, différenciant violence d'État et violences privées ou sociales, retrouvant dans cette perspective les distinctions de la monarchie, que le Consulat et l'Empire prolongeront en conjuguant violence, gloire et sentiment national. L'année 1795 pourrait marquer le début d'un « nouveau régime », entre autoritarisme et représentation démocratique, rapprochant l'expérience française des autres pays, européens ou américain, qui connaissent ou ont connu des révolutions sans céder aux pressions populaires.

Le changement le plus apparent vient de l'appellation même du régime, puisque le Directoire tire son nom directement du pouvoir exécutif, ceci contrairement aux précédentes désignations qui renvoyaient à des assemblées. L'évolution vers le renforcement de l'exécutif tel que nous l'avons suivi depuis le début des événements révolutionnaires et que le Comité de salut public avait commencé à effectuer à partir de mars 1794 s'achève, clôturant cette période d'incertitude et de concurrence autour du trône vide. Reste à affronter les héritages de ces années écoulées, qui laissent derrière elles des zones de rébellion ouverte et de guerres civiles, des armées mobilisées autour de leurs chefs et des enthousiasmes politiques rivaux. Cependant il convient de ne pas oublier qu'une partie de la population soutient activement le régime en place, au nom des avantages acquis, économiques et financiers, mais aussi au nom des espérances de carrières ouvertes par les conquêtes et enfin au nom des réformes politiques et sociales, puisque, si incomplètes qu'aient été les mesures politiques, l'émancipation des hommes et même celle des femmes est en marche. La violence révolutionnaire n'a pas été seulement un traumatisme ; elle a été aussi un temps d'utopies partagées dont il demeure de nombreuses traces. Mais le durcissement rapide de la politique à l'égard des opposants montre enfin que c'est bien le discours de la terreur qui a été dénoncé et abandonné, sans que les pratiques répressives changent, celles-ci étant même à nouveau renforcées en 1797, en 1799 et en 1801, et mises au service de l'État central.

Brigands et brigandages

Entre 1795 et 1800, des zones entières du pays échappent plus ou moins à l'autorité de l'État ; des groupes de hors-la-loi, réfractaires et insoumis profitent de l'affaiblissement du contrôle politique et de la présence de contre-révolutionnaires actifs. Dans les campagnes, les conditions économiques poussent encore une fois les plus pauvres à se retrouver dans des groupes errant à la recherche de subsistances. Si bien qu'à la charnière de la contestation politique et des actes de droit commun, des bandes se livrent à des violences qui, renouant avec les pratiques de l'Ancien Régime, choquent l'opinion par leur force. Il s'agit manifestement du retour en activité de troupes de « bandits » qui existaient depuis des décennies en Europe et qui ont profité de la désorganisation de l'État en France depuis 1788-1789. Elles auraient été actives pendant la Grande Peur, discrètes ensuite ; elles s'affirment après Thermidor quand les lectures politiques disparaissent. Même aux portes de Paris, les assassinats, vols avec effraction, attaques de diligences, de châteaux ou d'auberges se multiplient brutalement. Au-delà de la publicité considérable que ces actes reçoivent, ils représentent sans doute la « pire vague de criminalité dans la France des temps contemporains[1] » et jouent un rôle dans l'évolution politique du régime. Juges et gendarmes sont impuissants, alors qu'un peu partout les mêmes faits se reproduisent : déserteurs, contre-révolutionnaires, brigands abattent des arbres de la Liberté, attaquent des maisons, brûlent les pieds des fermiers, violent des femmes, assassinent des représentants de l'ordre..., continuant ainsi, mais en les amplifiant, les atteintes à l'ordre de 1795. Il est parfois nécessaire de faire appel à la troupe pour contenir ces désordres. Entre Vienne et Charente, des attaques de diligences se répètent, alors qu'en 1799 plus de 1 500 déserteurs sont présents et protégés par la population locale. Dans le sud du Massif central, les bandes de « brigands », réapparues dès la fin de 1793, deviennent après 1795 un fléau pour les autorités, qui voient, à juste titre, une « chouannerie méridionale » retrouver à l'évidence des pratiques illégales enracinées dans des zones montagneuses.

Le brigandage prend des proportions exceptionnelles dans les plaines du nord de la France et en Belgique. Les bandes dites d'Orgères, de Robillard, de Schinderhannes, de Damerval, de Féron ou « juive », composées surtout d'errants, assaillent les fermes, se vengent des propriétaires, commettent des vols avec violences, parfois teintées de sadisme et d'antisémitisme. Il s'agit souvent d'une reprise d'activité après quelques années de répit. Le cas le plus connu est certainement celui de la célèbre bande d'Orgères, repérée depuis 1791 et dangereuse jusqu'en 1800. Forte de quelques centaines de ruraux et de mendiants, elle représente peut-être l'archétype légendaire du nouveau brigandage, organisé quasi militairement, qui sévit pendant ces années et dont l'apogée est atteint entre 1795 et 1798, mais dont la menace

1. Gordon Wright, *Between the Guillotine and Liberty*, New York, Oxford University Press, 1983, p. 34, cité par Howard Brown, « Mythes et massacres : reconsidérer la "terreur directoriale" », *Annales historiques de la Révolution française*, 325, 2001, p. 34.

perdure jusqu'en 1810. Elle est l'occasion aussi de la naissance de l'image d'un brigandage agreste, organisé, asocial, à la suite d'un témoignage peu précis recueilli et mis en scène par un juge décidé à anéantir ce foyer dangereux, alors qu'elle ne regroupe manifestement que de petits groupes de marginaux, de vagabonds et de pauvres diables sédentaires. Les membres de la bande sont arrêtés à partir de 1798 et jugés en 1800. Cent trente-cinq à 140 personnes sont poursuivies, mais 80 sont condamnées dont 23 à mort (2 femmes et 21 hommes). Au cours de la procédure longue et complexe, 64 autres individus incriminés meurent en prison. La gendarmerie, réorganisée, devient alors le fer de lance de la sécurité rurale en liaison parfois avec la troupe, employée notamment dans le sud de la France. Les lois sont progressivement durcies, notamment celle du 18 janvier 1798 qui assimile les vols à main armée ou avec effraction de domicile à des crimes capitaux, rendant les accusés justiciables des commissions militaires, dont les verdicts sont plus sévères et plus rapides que ceux des tribunaux ordinaires.

« Royalistes de grand chemin » et « brigandage politique »

La répression est d'autant plus nécessaire que les frontières sont minces entre droit commun et Contre-Révolution, si bien que brigandage, réaction politique et mécontentement communautaire sont souvent indissociables. Dans de nombreuses régions, clans et familles continuent de se confondre avec de véritables partis politiques qui rivalisent pour gagner le pouvoir local en utilisant les élections et en recourant à des violences réciproques. Plus simplement, les campagnes de l'Ouest, de la Loire à l'estuaire de la Seine, sont parcourues, voire tenues dans certains cas, par des rassemblements qui hésitent entre brigandage et Contre-Révolution, justifiant l'expression de « royalisme de grand chemin » pour désigner ces actes violents commis par des prêtres réfractaires, des émigrés rentrés et des « chouans ». À la tête de ces brigands contre-révolutionnaires se trouvent parfois des « prêtres-brigands », aussitôt fusillés quand ils sont capturés.

L'exemple paradigmatique pourrait être celui de Jean-Louis Solier, dit Sans-Peur, qui échappe aux troupes lancées à sa poursuite dans les Cévennes pendant plusieurs années, cristallisant la résistance à la révolution autour de sa personnalité légendaire.

En Normandie « chouannetée », l'insécurité s'est aggravée depuis 1792, avec le développement d'une chouannerie « de bissac », liée donc directement à la misère qui frappe les populations rurales, mécontentes par ailleurs des mesures religieuses et sociales comme des exigences de la conscription. La grande vague de révoltes populaires, qui affecte ainsi la Normandie et l'Orne mais aussi une grande partie de la Bretagne et de la Vendée, renoue avec les violences de 1789 à 1792. De jeunes opposants tiennent ici et là des communes entières sous leur coupe, commettant des assassinats – même à l'encontre d'administrateurs départementaux tués dans la rue –, des vols ou des viols, sans que l'armée républicaine puisse rétablir l'ordre. Il faudra attendre 1800-1804 pour que l'apaisement religieux joue son rôle et que les chefs se rallient ou soient exécutés, comme Frotté ou Cadoudal, même si l'agitation politique souterraine reste perceptible dans cette région jusque dans les années 1830-1840. Des poches de résistance, dans lesquelles la sécurité et même la vie des partisans de la République ne sont pas garanties, subsistent ainsi pendant des années, créant des traditions durables de refus de l'État et permettant que les populations locales protègent, de fait, des « brigands sociaux ». Dans le Morbihan, les élections sont boudées dans les zones manifestement les plus royalistes et de véritables blocages institutionnels sont organisés autour d'un appareil royaliste semi-clandestin détenteur du pouvoir par la force. En Auvergne, des agitateurs royalistes tentent de soulever des mécontents, mais ils se heurtent directement à des partisans de la République. En avril 1797, à Clermont-Ferrand, une bataille laisse derrière elle deux morts et des blessés. À Besançon, où des cafés et les théâtres servent de lieux de rassemblement aux Thermidoriens et aux royalistes, des bagarres ont lieu en 1796 et en 1797 entre « chouans » et jeunes patriotes, d'autant que de nombreux émigrés et contre-révolutionnaires avérés passent par la ville avant d'aller à Lyon. Dans le pays niçois, les bandes des « Barbets » s'opposent à l'armée française, pour des raisons religieuses, politiques et sociales, protégeant les prêtres réfractaires. Ils sont lourdement réprimés, fusillés sur place, déportés dans l'Ouest, confrontés à des méthodes de contre-terrorisme et à des colonnes mobiles.

Sans revenir sur la force de la Contre-Révolution, il convient cependant de rappeler qu'en 1795, puis en 1797 et surtout en 1799, des troupes, parfois fortes de plusieurs centaines, voire de quelques milliers d'hommes, peuvent contrôler impunément des territoires, s'emparer à l'occasion de grandes villes et se mesurer frontalement aux armées républicaines. Des nobles, jeunes le plus souvent, structurent ces mouvements, à partir de châteaux protégés par des hommes en armes. Les menaces chouannes et, à un moindre degré, les menaces vendéennes sont toujours réelles, d'autant plus qu'elles sont dorénavant bien intégrées dans l'ensemble contre-révolutionnaire qui continue la guerre tant à l'intérieur qu'à l'extérieur du pays. En 1795, à Toulouse, les sociétés secrètes, « Aa », « Société des amis de l'ordre », « Coterie des fils légitimes », « Société des centeniers et dizainiers », sont regroupées dans l'« Institut philanthropique » autour d'un ancien membre des camps de Jalès, Antoine Pourquerie du Bourg. Celui-ci, à la tête de la province de Toulouse, porte le titre de commissaire du roi et signe des brevets au nom de Louis XVII (comme en Vendée). Les « Fils légitimes » luttent dans les élections contre les jacobins et assassinent le maire de Toulouse en 1797.

Dans le Sud-Est, les affrontements coutumiers à la vallée du Rhône continuent après 1795, d'autant que les royalistes organisés combinent vengeance et actes de droit commun, même s'ils trouvent devant eux une résistance républicaine qui se structure peu à peu en Provence. Les héritages des violences sont très présents puisque des troubles ont lieu à Pont-Saint-Esprit et à Tarascon, par exemple, ou que les élections de l'an V à Avignon voient s'opposer des listes rivales, dont l'une est conduite par un des participants aux massacres des années précédentes. La présence des compagnies royalistes dites de Jéhu ou de Jésus, du Soleil, voire de la Lune, aggrave les conflits, même si tous ces mouvements s'essoufflent quelque peu en 1796-1797, leurs acteurs passant au brigandage et à l'attaque de diligences. Dans les années 1798-1799, de nombreux chefs royalistes sont arrêtés et exécutés, mais le brigandage chouan continue jusqu'en 1800 dans le Gard, avant que les troupes du Consulat soient amenées à lutter contre les égorgeurs.

Dans ces circonstances, les jeunes hommes et les femmes occupent des places qui les font renouer avec les pratiques traditionnelles. Dans le Sud-Est notamment, les oppositions politiques sont le fait de jeunes gens, cadets de la noblesse ou valets en particulier. Certes ils sont liés aux émigrés, désireux de venger leurs parents et de punir des patriotes acheteurs de biens nationaux, mais lorsqu'ils s'affrontent aux « jacobins », ils le font en retrouvant les rites d'initiation bien connus dans les années antérieures à 1789. À Joigny, dans l'Yonne, en 1797, une « Suzanne sans peur » placarde un avis pour inciter à une révolte populaire. Dans ce département, entre 1796 et 1799, sur 134 incidents religieux relevés, un tiers sont des émeutes liées à des demandes d'ouverture d'églises, surtout imputables aux femmes. Celles-ci, qui se retrouvent dans les parades nocturnes et les charivaris, ont assuré la sécurité des prêtres réfractaires déguisés et cachés. Elles mobilisent leurs communautés à nouveau, par la violence de leurs discours plus que par leurs actes, autour de motifs économiques et religieux. Les revendications religieuses leur donnent à l'évidence la possibilité d'investir un espace où elles peuvent commettre des actes illégaux (du pèlerinage sur des tombes de victimes de la Révolution à la participation aux messes clandestines, voire à la tenue de « messes blanches », donc sans prêtres). Comme par le passé, la justice n'ose pas trop s'en prendre aux femmes, leur déniant tout rôle politique, et préfère parler de l'incapacité des hommes à tenir les femmes, renvoyant les interventions féminines à une transgression de l'ordre privé et de la famille, qui préoccupe les législateurs à ce moment-là. Cependant les femmes demeurent évidemment des proies dans ces périodes de désordres qui favorisent les vengeances et les brutalités. Entre Bretagne et Mayenne, deux jeunes filles sont toujours connues pour avoir été assassinées en 1795 et en 1796, victimes de bandes chouannes qui leur infligent de véritables tortures. Elles deviennent des « saintes bleues » pour les deux siècles qui suivent, leur sort relevant manifestement de la spiritualité millénariste qui touche l'époque en France – comme en Italie.

Les mémoires locales, liées aux épisodes récents de la Révolution ou aux faits anciens des guerres de religion, disposent dans ces années de nombreuses occasions pour s'exprimer au travers de vengeances familiales et communautaires, mais elles sont manifestement incapables de transcender ces enracinements pour créer un mouvement plus ample. La violence contre les jacobins des années 1795-1797 trouve ainsi ses limites et ne permet pas de renforcer le courant contre-révolutionnaire national, malgré les efforts des chefs de guerre de l'Ouest notamment. Cependant sous les hiérarchies officielles s'établissent des hiérarchies parallèles, enracinées dans la mémoire des guerres civiles locales, qui structureront des communautés pendant plusieurs décennies. On comprend ainsi que des zones rurales se soulèvent en 1814 et 1815, en 1832 encore, et que la pacification véritable n'arrive qu'après 1848-1850.

La violence contre le politique

Les rivalités politiques renaissent partout entre 1797 et 1799. Dans de nombreuses communes, les jacobins poursuivis recréent des réseaux de militantisme pour récupérer le pouvoir administratif ou judiciaire, si bien que les rivalités politiques s'exacerbent à nouveau, entraînant des conflits locaux à chaque élection. Dans le Midi, les électeurs arrivent parfois avec des ruches en paille sur la tête pour se protéger des coups. Après leur départ, le sol est couvert de barreaux de chaises rompus, restes des coups échangés. Les bagarres, que se livrent les candidats et leurs partisans, s'accompagnent souvent de scissions dans les commissions électorales, qui en appellent toutes à l'État pour légitimer leurs positions.

À la tête du pays, les élites s'accordent au moins sur le recours systématique à la violence politique. De 1795 à 1799, les lois répressives se multiplient et se renforcent pour éviter le retour de la terreur et garantir le règne de la loi, annonçant la sévérité accrue du Consulat et de l'Empire. Une fois encore, les principes cèdent devant les envies d'éliminer les adversaires les plus dangereux. Visant les sans-culottes des villes, au lendemain des journées de prairial an III (mai 1795), la Convention avait interdit les rassemblements des femmes et légiféré sur les hommes qui provoqueraient la révolte des femmes ou qui se déguiseraient en femmes pour profiter d'une impunité. Puis, le 4 messidor an III (22 juin 1795) une loi punit les crimes de meurtres et d'assassinats commis depuis le 1er septembre 1792. Le libellé peu précis inquiète les tribunaux qui sont alors mis en demeure de poursuivre avec sévérité les infanticides, ce qui paraît être un effet dangereux d'une législation répressive taillée trop large : car en définitive cette loi ne vise que les crimes politiques. Devant les réactions dans le pays, elle est rapidement abrogée le 5e jour complémentaire an III (22 septembre suivant) puisqu'elle risque de ne pas être appliquée par les tribunaux. Elle révèle cependant à quel point le gouvernement cherche des armes juridiques contre ses adversaires.

À l'encontre des contre-révolutionnaires, le 18 septembre 1795, une autre loi autorise la création des conseils de guerre qui permettent une répression rapide sous la conduite exclusive des militaires et peuvent juger des civils sans appel. Ces conseils doublent les commissions militaires qui existaient depuis 1792. Il suffit alors d'être accusé d'émigration pour risquer de passer devant ces conseils. Dans la recherche continue d'équilibre entre forces antagonistes, le régime crée manifestement les conditions d'une politique de coups d'État et de complots, dans laquelle il entraîne avec lui tous les groupes politiques, qu'ils le veuillent ou non. La menace contre-révolutionnaire prenant le pas sur celle des révolutionnaires, la Convention sur le départ, avait décidé, le 26 octobre 1795, d'une amnistie qui ne fut qu'une pause et surtout qu'un stratagème politique destiné à se concilier les « hommes de 93 ». Ils furent en effet, nous l'avons dit, les seuls concernés par cette mesure, puisque le texte ne s'appliqua qu'aux faits « de la révolution », si bien que les prêtres réfractaires, les émigrés et les faux-monnayeurs en furent exclus. Quant à l'éventuelle abolition de la peine de mort qui aurait « fermé l'abyme » de la Révolution, elle n'est qu'évoquée. En ne réglant pas la conjonction entre républicains de gouvernement et néo-jacobins, cette amnistie de brumaire an IV purement conjoncturelle prépare les coups d'État qui vont suivre, puisqu'elle favorise les anciens terroristes et ne concerne pas les émigrés. En découle un long débat jusqu'à l'abrogation de la loi au printemps 1797, ce qui limite les avantages des jacobins, anciens et nouveaux, sans toutefois répondre aux attentes des républicains du centre sur la fin de la Révolution et des royalistes sur les émigrés.

Dans la recomposition du paysage politique telle qu'elle se pratique à partir de 1795, les néo-jacobins, qui reconstituent une nouvelle force politique, se divisent sur la conduite à mener dans l'opposition aux Directeurs : une partie, autour du club parisien du Panthéon, s'engage dans une conjuration par goût, par calcul et pour profiter des mécontentements sociaux. Dans un milieu restreint où la quasi-totalité des acteurs importants se connaissent, certains militants entrent donc dans l'illégalité et appellent à l'insurrection nécessaire. La réaction des Directeurs ne se fait pas attendre. Le gouvernement durcit l'arsenal répressif en faisant voter la loi du 27 germinal an IV (16 avril 1796). Celle-ci instaure la peine de mort pour toute atteinte aux représentants de la nation et tout appel à la constitution de 1793 ou au royalisme. En cas de rassemblement, une sommation unique est prévue, tous les participants risquant la mort. Le 10 juin, une loi punit les tentatives de crimes comme le crime lui-même, ce qui réintroduit l'intention dans l'incrimination. Enfin, concrètement, le club du Panthéon, où se réunissent les néo-jacobins, est fermé dès février et la Légion de police, composée par des hommes de 1793, est éloignée de Paris, ce qui provoque une mutinerie dans ses rangs, réprimée aussitôt avec force.

L'épisode qui suit, qui est entré dans l'histoire sous le nom de la conspiration des Égaux, illustre les façons par lesquelles la violence politique est dorénavant mise en œuvre par les hommes à la tête de l'État. Calculs et rapports de force sont au fondement des décisions, tractations et exemplarités de la répression sélective sont les pratiques ordinaires, propagande et manipulation parachèvent les manœuvres. Les divisions des néo-jacobins, entre ceux qui souhaitent agir légalement et les autres décidés à l'action directe, sont des secrets de polichinelle, mais leur menace est réelle. Par une opération politique et policière, le Directeur Carnot procède préventivement, dès mai 1796, à un coup de filet qui jette une trentaine de personnes en prison, dont Babeuf, devenu tête de file du mouvement dénoncé. Dans la nuit du 9 au 10 septembre suivant, des militants jacobins sont entraînés dans une provocation autour du camp militaire de Grenelle, où ils sont censés soulever des dragons contre le régime. La fusillade qui suit laisse une vingtaine de morts derrière elle. Cent trente-deux personnes sont arrêtées ensuite et traduites, en violation de la loi, devant un conseil militaire. La cour prononce 35 condamnations à mort (dont 4 restent inappliquées) et 31 déportations, sanctions destinées à ruiner définitivement l'opposition jacobine au Directoire. Un an plus tard, la Haute Cour réunie à Vendôme condamne Babeuf à la mort, ainsi qu'un autre accusé, Darthé, au mépris des règles judiciaires. Il importe peu en l'occurrence de s'interroger sur la nature du projet de Babeuf, compte seulement ici la façon dont le Directoire a mis en œuvre la violence pour des fins politiques. L'arsenal juridique a été renforcé au nom de la défense de l'État, mis au service des détenteurs du pouvoir exécutif, modifié sans vergogne pour réprimer sans entrave mais négligé aussi à l'occasion. Les principes invoqués n'ont été que de circonstance, les rapports de force entre groupes politiciens se connaissant ont été déterminants.

Fructidor an V, un coup d'État exemplaire

Ce mécanisme brutal joue à nouveau au moment des élections d'avril 1797, qui donnent une majorité indiscutable aux républicains du centre, en liaison avec les royalistes constitutionnels. La campagne anti-jacobine trouve ainsi un écho politique, remarqué dès janvier lorsque les comploteurs royalistes découverts n'avaient pas été poursuivis avec la même férocité que celle qui avait présidé à l'éviction des babouvistes. Ce revirement de majorité provoque pourtant le renouveau des affrontements. Pendant le printemps et l'été 1797, des bruits d'insurrection courent encore, tandis que les protestations royalistes deviennent publiques, que prêtres réfractaires et émigrés reviennent dans le pays, provoquant des émotions, ne serait-ce qu'en agitant la crainte d'une remise en cause des ventes des biens nationaux.

La course au pouvoir se mène à nouveau entre les royalistes, divisés sur les alliances à négocier avec les intransigeants, « jacobins blancs », ou avec les républicains conservateurs d'une part et, d'autre part, les Directeurs républicains qui renouent avec les néo-jacobins convertis à la défense de la constitution de l'an III. En janvier 1797, les royalistes intransigeants échouent dans leur tentative de soulèvement, l'état de siège devient légalement possible hors même de toute menace extérieure. Contre eux, les républicains prennent l'initiative en juillet. Ils préparent un coup d'État aidés notamment par l'armée de Hoche et par celle de Bonaparte, dont une partie rétablit l'ordre républicain autour de Marseille contre le représentant officiel du gouvernement, le général Willot, dont les convictions royalistes ne sont pas un mystère. Le 18 fructidor an V (4 septembre 1797), les Directeurs républicains font arrêter deux de leurs collègues, Barthélemy et Carnot – qui réussit à s'enfuir –, ainsi que 53 députés et ministres ; ils cassent les élections de 177 députés. Au nom de la nation, les soldats se mobilisent autour d'Augereau, général lié à Bonaparte, tandis que la droite et la jeunesse dorée sont paralysées et n'osent résister, malgré la présence de chouans à Paris. La répression est volontairement spectaculaire : 63 personnes sont déportées dans des conditions épouvantables. Enfermées dans des cages de fer à claire-voie, elles traversent le pays jusqu'à Rochefort, avant d'être envoyées en Guyane. Certaines voyagent sur un bateau dont l'équipage raconte ses souvenirs des massacres de Septembre et des noyades de Nantes. Ce raccourci saisissant jette une lumière crue sur la continuité des pratiques violentes mises en œuvre par les hommes d'appareil. Thermidor n'a fait que délégitimer les interventions populaires.

Par la suite, cette révolution de palais a des conséquences nationales. Le centre d'équilibre du Directoire étant déplacé vers la gauche, la loi d'amnistie du 3 brumaire an IV est rétablie, puisqu'elle n'absout que les actes liés à la Révolution. L'avantage donné aux jacobins est confirmé par la loi du 19 fructidor an V (2 septembre 1797) qui rend la liberté de création des clubs politiques, mais qui profite d'abord aux partisans de la République et réinstaure les poursuites contre ses opposants. Les lois de 1792-1793 contre les prêtres réfractaires et les émigrés sont remises en vigueur, les commissions militaires pouvant juger et faire exécuter sous vingt-quatre heures les émigrés rentrés clandestinement. Quelques exemples (des femmes, un vieux paysan et un vieux prêtre fusillés) illustrent la brutalité des mesures prises immédiatement dans les zones de guerre civile. Il y aurait eu au moins 287 condamnations à mort dans les mois suivants. La déportation touche directement les prêtres réfractaires, 267 sont exilés en Guyane, 156 meurent sur les pontons de Rochefort, 920 sont internés dans l'île de Ré et 192 dans celle d'Oléron, peu sont mis à mort directement.

Ce coup d'État rompt brutalement les ralliements qui avaient eu lieu, bon gré, mal gré, depuis 1794. Le régime rejette à nouveau les mécontents dans la Contre-Révolution : les catholiques attachés à l'Église romaine, les déçus du système ou simplement ceux qui sont en butte aux potentats locaux. En retour, des insurrections royalistes se produisent en province. Dans l'Ouest, la chouannerie, jamais disparue et dorénavant dirigée par de jeunes nobles, se rend responsable de nombreux actes de violence ; pour des raisons similaires, la vallée du Rhône est marquée à nouveau par des assassinats. Pourtant la Contre-Révolution militante ne parvient pas à profiter de cette occasion, faute d'unité, de projet politique et d'attention envers les ruraux, instrumentalisés plutôt qu'encadrés. Comme les autorités républicaines se gardent bien de donner une lecture politique des mouvements ruraux, ceux-ci sont définitivement catalogués comme brigandage. La répression qui s'abat sur eux se réalise *via* des mesures exceptionnelles qui échappent à tout débat politique. La conjonction d'une lecture politique englobant des revendications religieuses et sociales ainsi que des habitudes émeutières, qui s'était opérée autour de la Vendée en 1793, ne peut plus se réaliser. Peut-on penser que cela correspond à une

« anti-révolution » populaire distincte d'une « contre-révolution » des élites ? Il semble plutôt qu'encore une fois la grille interprétative des élites révolutionnaires joue le rôle essentiel. Elle refuse toute conscience politique aux masses rurales et leur dénie toute attente sociale, religieuse ou économique ; on fait ainsi l'économie d'une gestion politique de la répression. Les élites contre-révolutionnaires ne pensent pas différemment, et partagent le mépris des ruraux, mais n'ont pas la possibilité d'influer sur le cours des événements.

Le coup d'État de Fructidor sauve donc le Directoire, mais change encore le lien politique national. Il dépolitise les luttes, mais confirme que la République doit combattre des ennemis permanents, nobles et clercs. Par voie de conséquence, les massacres de Septembre ou la « terreur » peuvent être lus comme des accidents, dus à des individus fanatiques ou ambitieux. Cette lecture distingue nettement les points de vue de la Contre-Révolution et de la Révolution, instituant clairement des traditions de pensée. Ainsi s'ouvre une nouvelle période politique, ancrant le Directoire dans une orientation à la fois autoritariste et républicaine, que les années suivantes confirment et qui s'impose au pays. La politique se réduit à l'univers des élites, grandes et petites, qui se répartissent dans le spectre reconnu des opinions et occupent des places distribuées selon leurs réseaux et leurs appartenances sociales et économiques. Les masses rurales et urbaines sont destinées à servir de chair à canon soumise aux appétits, à la séduction et à la contrainte des plus puissants. Leur autonomie ne trouvera à s'exprimer que dans des formes considérées comme marginales, engagements religieux, solidarités communautaires ou inventions de pratiques culturelles, notamment dans les activités de type sectaire qui dureront jusque dans les décennies qui suivent. Les démocrates, comme Antonelle, mettent alors leurs espoirs dans l'éducation ou l'édification de réseaux de militants, afin de canaliser la violence potentielle.

En attendant, ces années du second Directoire tournent définitivement le dos à l'incorporation de toutes les couches sociales dans le même univers politique, que la période révolutionnaire la plus aiguë avait tenté de réaliser, même au travers d'actes outranciers. Sans doute le prix à payer avait-il été trop élevé en 1793-1794 ; mais la solution trouvée par le Directoire pour assurer la paix intérieure sera l'inculcation du nationalisme et de la gloire militaire. Les effets de cette politique seront terribles dès les premières années du XIXe siècle. Il convient certainement de ne pas être aveuglé par les répercussions indiscutablement perverses de la politique en œuvre de 1788 à 1794 pour en accuser les inventions utopiques. Celles-ci portent bien leur responsabilité, volontaire ou non. Reste qu'elles sont remplacées après 1795-1797 par des stratégies cyniques de contrôle du pouvoir et d'emploi de la violence qui n'ont rien à envier sur le plan du bilan humain à la période qui se clôt. Il est vrai qu'en cela le Directoire renoue avec des pratiques politiques vieilles comme le monde, désarçonnant moins les observateurs, et les historiens.

Le pays à nouveau sous contrôle

Les mesures concrètes de cette orientation sont bien visibles, même si leurs applications demeurent complexes. D'une part, des centaines de villes sont placées en état de siège de l'an IV à l'an VII, de 1796 à 1799. Marseille, qui se trouve dans cette situation pratiquement depuis l'an II, est un exemple exceptionnel de cette surveillance continuelle exercée par le pouvoir qui n'arrive pas à régler les violences s'enchaînant continuellement depuis le début de la Révolution, malgré l'emploi de colonnes mobiles. Lyon se trouve également en état de siège dès juin 1795, au mépris de la loi, entraînant une incompréhension et un sentiment de persécution permanent dans une partie de la population, qui n'est cependant pas *a priori* trop défavorable à la République. Pourtant, il semble que la répression soit moins stricte qu'on ne l'ait voulu. Dans la Vienne, par exemple, le tribunal criminel est sévère surtout en l'an III, et en priorité contre les violents et les chauffeurs. Les commissions militaires sont, elles aussi, rigoureuses dans une première phase autour de l'an V, par la suite la violence d'État devient plus contrôlée. En aucun cas elle n'a été aveugle, mais a été dirigée encore une fois essentiellement contre les nobles émigrés, les prêtres réfractaires et d'une façon générale contre tous ceux qui menacent l'ordre politique. Toutefois, on relève que sur plus de 1 000 personnes jugées, 274 sont condamnées à mort, et que des exécutions réalisées à Toulon, en germinal an VI (mars-avril 1798), comprennent des vieillards, tant il est vrai que la région est particulièrement marquée par les répercussions inextinguibles des luttes survenues dans les années précédentes.

Ces tensions se renforcent à nouveau ensuite, d'autant que les royalistes se radicalisent et reçoivent le soutien militaire des États restés en guerre, à commencer par l'Angleterre. Les républicains de leur côté font preuve d'une rigueur accrue, autant par conviction que par nécessité. Le brigandage ne cesse pas, il est même augmenté par les bandes de déserteurs et de réfractaires à la conscription qui vient d'être instaurée. Tout le Sud-Ouest et la frontière espagnole notamment sont infestés aux yeux des autorités souvent impuissantes par la présence de nombreuses bandes de déserteurs et d'insoumis, qui bénéficient de plus en plus du soutien de la population, quand ce n'est pas des petites autorités locales, et qui tiennent les zones reculées. La France du second Directoire renoue ainsi avec les pratiques de l'Ancien Régime, perdant de fait le contrôle régulier de certaines régions. Il faudra l'énergie sans scrupule du premier Consul pour anéantir ces groupes.

Par ailleurs les émigrés et les conspirateurs sillonnent le pays, tandis que les troupes républicaines sont confrontées à des oppositions importantes dans les pays voisins. À nouveau, les lois répressives sont aggravées. Le 29 nivôse an VI (18 janvier 1798), les vols commis avec effraction ou en assemblée sont punis comme des crimes. Le 31 août 1799, les conseils de guerre deviennent compétents pour juger les bandes de voleurs et d'assassins, ce qui permet de contourner la clémence relative des tribunaux criminels. En outre, le 24 messidor an VII (12 juillet 1799), alors que la situation extérieure est notablement dégradée, une loi institue des listes d'otages dans chaque département. De ce point de vue, le Directoire peut être vu comme un régime cynique, ou efficace, qui prépare le retour à des pratiques judiciaires rappelant celles qui existaient sous l'Ancien Régime et préparant le durcissement militaire du Consulat, puisque seule l'intervention de l'armée et d'une répression judiciaire déterminée mettra fin à ces désordres.

Reste à rappeler encore que l'application de ces lois demeure à la discrétion des tribunaux criminels ou militaires. Celui du Nord par exemple ne recourt à la loi du 29 nivôse que 11 fois seulement, tout en envoyant à la mort un homme de 27 ans convaincu du vol d'un mouchoir de soie..., il est vrai que le vol avait été réalisé de nuit avec escalade. En revanche, le conseil de guerre de la VIIIe division militaire en Provence condamne à la mort la moitié des civils (32) qui comparaissent et les deux tiers des militaires (20) convaincus d'acte de brigandage. Ces proportions demeurent cependant très faibles en rapport avec le nombre estimé des brigands en exercice, qui atteint 650 pour quatre départements. En l'an VIII, une commission militaire aura encore le pouvoir de juger et d'exécuter sous vingt-quatre heures tout individu lié au brigandage, porteur d'une arme sans autorisation, convaincu d'appartenir à un attroupement, et même tout fonctionnaire laxiste dans la répression. En quatre mois, dans cette région, 77 personnes sont tuées au combat ou par la justice, et 125 brigands mis hors d'état de nuire. Dans le même mouvement, la commission a le droit d'amnistier à discrétion les repentis pour faire oublier le passé. D'autres commissions ont des pratiques voisines plus sévères, mais au total, c'est à peu près 41 % des personnes jugées qui sont exécutées, proportion qui ne dépare donc pas les statistiques des années 1793-1794. Les beaux jours de la justice expéditive de l'Ancien Régime réapparaissent donc et donnent ainsi une autre coloration au décret du 19 mars 1793, qui semble pourtant matriciel à tous ceux qui stigmatisent la terreur révolutionnaire.

Il est certain que les affrontements retrouvent une vigueur qu'ils avaient perdue depuis plusieurs années. À partir de 1798, les « anarchistes » et les contre-révolutionnaires sont à nouveau actifs politiquement contre les républicains directoriaux. Des batailles communautaires ont lieu dans de nombreuses régions, qui renouent avec leurs pratiques de guerre civile, comme dans le Béarn ou le Roussillon. Surtout dans un mouvement général qui mêle les mécontentements et les vengeances, les conspirations royalistes et les entreprises militaires de l'Angleterre et de la Russie raniment la guerre dans les régions les plus sensibles, l'Ouest chouanné, la vallée du Rhône, le Lyonnais, l'Ardèche et le Puy-de-Dôme, où l'armée est incapable de lutter contre les réfractaires. La nature semble se déchaîner, avec un fort tremblement de terre dans l'estuaire de la Loire, ressenti dans toute l'Europe ; il est interprété par les curés réfractaires comme un signe de Dieu. L'offensive royaliste d'août-octobre 1799 est enfin à la fois considérable et médiocre. L'insurrection provoque une série de batailles dans la région de Toulouse et laisse derrière elle plusieurs milliers de morts – au moins 1 000, peut-être 4 000. Les reprises de chouanneries sont spectaculaires dans l'Ouest sans déboucher sur aucune victoire tangible. Alors que, le 13 septembre 1799, les jacobins réclament en vain la proclamation de la patrie en danger, l'avantage reste bien aux républicains.

Cette réclamation renouvelée de l'emploi de la force pour sauver le pays explique que l'année 1799 soit scandée par deux coups d'État successifs. Tous les deux, fondés sur le recours à l'armée, au « sabre » du général charismatique, sont préparés de longue haleine au sein du Directoire par les élites rivales appuyées sur leurs réseaux économiques et financiers. L'un est étalé dans le temps s'il est possible qu'une telle opération puisse comporter des étapes : il est tenté vainement en mai-juin par les néo-jacobins. Ceux-ci ont notamment essayé de faire réintégrer dans l'armée des généraux écartés de tout commandement (Parrein, Cordellier, Huché) après leurs rôles dans la répression militaire de l'hiver 1793-1794 en Vendée. L'unité nationale voulue par les républicains face à la menace contre-révolutionnaire bute manifestement sur les souvenirs des atrocités commises et des luttes entre montagnards et hébertistes. Cela nuance aussi l'authenticité des projets de « démocratie représentative » mis en avant par ces groupes activistes. Mais la renaissance des clubs passe par le rappel du langage de 1793 et invoque l'usage des piques contre les ennemis. À côté de la conscription qui touche tous les jeunes gens et de la loi des otages, un emprunt forcé est imposé pour faire face au danger qui menace la patrie. Ces « cent jours jacobins » rappellent 1793, effrayant les contre-révolutionnaires mais également les républicains conservateurs, qui vont se rallier à une autre solution pour sortir de la crise. L'application de la loi des otages s'est révélée une arme contre les nobles et les meneurs, les administrateurs départementaux, notamment dans le Sud-Ouest toulousain, ayant mis à profit leur autonomie pour exclure des listes d'otages les petites gens, prolongeant des pratiques déjà rencontrées pour limiter l'exercice de la violence politique.

L'autre coup d'État est réalisé par Bonaparte, les 18-19 brumaire an VII (9-10 novembre 1799). Cette prise de pouvoir reçoit, une fois sa réalisation maladroite effectuée à Saint-Cloud, le soutien de nombreuses couches fort diverses de la population qui, de la droite royaliste modérée à la gauche constitutionnelle, se satisfont de rejeter ainsi les courants extrémistes coupables des violences passées. La peur de la Contre-Révolution et du retour de la terreur a été exploitée sans vergogne pour justifier l'instauration d'un régime fort et intolérant, prônant l'unité non par idéal, mais par souci policier. L'épuration brutale des milieux républicains, comme le recours aux commissions militaires et aux colonnes volantes, témoigne encore en 1801 du maintien des pratiques répressives héritées du Directoire. En quatre mois, ces commissions militaires tuèrent plus d'opposants que les commissions nées depuis Fructidor ne l'avaient fait en deux ans.

La violence exportée

L'établissement de la « Grande Nation » à partir de 1796-1797 passe par la violence, considérée comme nécessaire et normale face à des populations qui sont toutes, sous différents motifs, dépréciées par les Français. En outre, la violence de la guerre est manifestement acceptée par les soldats qui acquièrent une sorte d'insensibilité contre les ennemis. Pour rendre compte de cette réalité, l'exemple belge peut être invoqué avec ce qui s'appelle la « guerre des paysans ». Celle-ci éclate au cours de la deuxième invasion, marquée par la brutalité de l'occupation. Le 12 octobre

1798, une simple saisie déclenche un mouvement qui enfle peu à peu, entraînant des ruraux dans un soulèvement armé, parce qu'ils sont mécontents de la conscription et des mesures religieuses, qu'ils sont attachés aux dynamismes locaux et aux usages linguistiques et qu'ils sont, aussi, poussés par les agents du comte de Mérode et du prince d'Arenberg. La révolte est brutale et désespérée, elle exprime le refus classique d'une autorité étrangère. L'absence de troupes françaises expliquant les premières victoires des insurgés, le Directoire conjugue l'envoi de la gendarmerie avec l'application stricte des lois et l'instauration de juridictions spéciales pour les mater rapidement – les tribunaux ordinaires demeurant cléments. Dans des procédures souvent expéditives, 1 823 « brigands » arrêtés sont jugés et 285 sont condamnés à mort, 403 à des peines de prison ; les autres sont acquittés. Mais en comptant les « brigands » tués au combat, le chiffre de la répression s'élève beaucoup, puisque 5 638 personnes trouvent la mort, et sans doute faut-il avancer le chiffre de 10 000 victimes. Si l'on ajoute qu'autour de 7 478 prêtres réfractaires belges sont déportés, le bilan de la répression est terrible et permet de comprendre les souvenirs laissés par l'occupation française.

Toutes les républiques sœurs sont également soumises à des violences militaires qui ne connaissent pas de limites. Partout, les pillages sont ordinaires et l'administration française se montre dure. Après l'« hiver de pillage » dans le Palatinat, les années 1796-1798 voient les soldats français continuer leurs exactions en Allemagne. Volonté de punir exemplairement des révoltés, calculs pour effrayer des populations, l'armée se livre à des extrémités. En mai 1796, lors de la campagne d'Italie, pour répondre à la capitulation de la garnison à Pavie et à l'insurrection du village voisin de Binasco, Bonaparte livre ces deux agglomérations à l'armée. Toute personne prise les armes à la main est fusillée, la population est soumise à la force, des femmes égorgées et violées, malgré l'interposition de certains officiers. Des scènes identiques se produisent à Vérone, en avril 1797, où les « Pâques véronaises » qui ont causé la mort de plusieurs centaines de soldats sont violemment écrasées. Les excès commis par Masséna répugnent même à ses propres soldats.

Le développement d'une opposition contre-révolutionnaire en Italie change la donne après 1797. Du nord au sud de la péninsule, des groupes de ruraux mais aussi des foules urbaines se mobilisent, dans des courants millénaristes, au nom de la « sainte Foi » pour défendre leurs convictions religieuses contre les occupants français et leurs alliés jacobins locaux. De véritables petites guerres se livrent ainsi, créant une situation de plus en plus critique pour les troupes françaises à partir de 1798, jusqu'à leur expulsion presque totale en 1799. Le paroxysme est atteint cependant dans l'été 1799, à Naples, où républicains, *lazzaroni*, (le petit peuple napolitain) et « sanfédistes » (les contre-révolutionnaires partisans de la « sainte Foi ») s'affrontent jusqu'à l'exécution publique des principaux meneurs de la République napolitaine. Ces luttes, si féroces qu'elles soient parfois, ne semblent pas relever pour autant de la politisation qui a affecté la France au cours des années passées. Les traditions de rébellion et de banditisme, les attachements locaux, les fidélités religieuses, les pratiques d'encadrement par les élites à la tête de réseaux clientélistes et les oppositions entre campagnes et villes, toutes choses qui servent de soubassement aux conflits en France mais qui ont été remaniées par les lectures politiques, gardent ici des rôles spécifiques. L'opposition aux Français révolutionnaires s'ajoute à ce fond de violences. Dans le royaume de Naples particulièrement, le jacobinisme sert souvent de prétexte à des règlements de comptes masqués par un langage contre-révolutionnaire. Cette situation semble proche de celle qui prévaut dans les cantons suisses centraux, où des affrontements ont lieu en 1798-1799, notamment à Nidwald et Schwyz. Le village de Stans, par exemple, est dévasté le 9 septembre 1798, par des atrocités réciproques, qui font 414 victimes suisses, hommes et femmes, et 115 parmi les soldats français.

La férocité et la cruauté demeurent ainsi essentielles sous les conduites politiques qui les habillent de vêtements certes nouveaux mais qui n'en changent pas la nature. La permanence de ces usages ordinaires de la violence est confirmée paradoxalement par ce qui se produit dans les îles Britanniques, où l'idéologie contre-révolutionnaire en grand développement s'attaque au jacobinisme sous toutes les formes possibles, y compris en condamnant les mutations dans les mœurs, comme l'introduction des danses nouvelles, telles que la valse ! Or dans ce pays, les équilibres politiques locaux et nationaux ne sont pas touchés par les mutineries des marins, les manifestations urbaines ou les premières révoltes contre les machines. Ces manifestations souvent violentes, et brutalement réprimées, ne débouchent pas sur des revendications concernant les structures du régime politique et demeurent sur les marges du politique. La rébellion irlandaise, mal coordonnée avec les débarquements français, est noyée dans le sang avec une brutalité inouïe qui exprime les antagonismes confessionnels et communautaires. Il faut ajouter à ce tableau sinistre le confinement des 10 000 prisonniers de guerre français dans les pontons et les prisons, y entraînant une mortalité qui n'a rien à envier à celle des années 1793-1794 en France. Mais il ne s'agit que d'une pratique séculaire qui se prolongera encore avec les mêmes résultats catastrophiques pendant les guerres napoléoniennes, condamnant de fait à une mort atroce les Français retenus sur les pontons de Cadix, et qui ne retient donc pas l'attention.

Dans ces différences de sensibilité à la violence infligée, les hiérarchies implicites entre les groupes humains semblent déterminantes, à l'époque, comme aujourd'hui sans doute. À l'évidence, les violences commises hors de France et sans relations apparentes avec les principes révolutionnaires relèvent d'une catégorie spécifique, sur laquelle les jugements appliqués pour la France sont sans emploi. Pendant la campagne d'Égypte, des soldats français se livrent à l'esclavage, notamment sexuel, et à des rigueurs et à des exactions témoignant de l'oubli des règles communes que permet la guerre menée contre des ennemis auxquels on n'accorde pas de dignité. Il est vrai, aussi, que des soldats subissent, lorsqu'ils sont faits prisonniers, des atrocités qui les visent dans leur propre image d'eux-mêmes et confirment la mauvaise opinion qu'ils ont de leurs adversaires. La liquidation froide des pestiférés de Jaffa ajoute encore à l'horreur. Dans les Antilles, les expéditions militaires menées confirment cette réalité. Les opérations sont particulièrement meurtrières pour l'ensemble des belligérants ; ainsi on peut penser que, pour les Anglais seuls, les pertes se montent sans doute à 60 000 soldats à Saint-Domingue. Entre 1797 et 1802, combats et retournements de situation se produisent selon des processus complexes dans toutes les îles jusqu'aux débarquements des troupes métropolitaines qui répriment la rébellion de Guadeloupe et échouent à Saint-Domingue. En tout état de cause, la violence la plus nue a toujours cours, si bien que les journaux parlent de « guerre d'extermination » en 1799 à Saint-Domingue entre Toussaint et Rigaud, le pays hésitant sur la voie à suivre, avant que le recours à la force ne soit décidé pour trancher dans le vif, jusqu'à la destruction des opposants. Entre mai et décembre 1802, à la Guadeloupe, entre 3 000 et 4 000 rebelles, pour ne compter qu'eux, seraient morts pendant la reprise en main de l'île. On comprend dès lors que, là aussi, les expéditions françaises de 1801-1802 aient provoqué de véritables traumatismes dans les mémoires de ces communautés.

Condamnation ou utilisation de la violence ?

Le contraste est d'autant plus grand que la mort et le sacrifice trouvent, dans le cadre français et à propos de l'histoire récente du pays, un écho considérable qui n'inclut guère ce qui se passe hors de la métropole. Les martyrs continuent certes d'être l'objet d'attentions, mais le parti pris politique pèse d'un grand poids dans la sélection de ceux qui reçoivent le plus d'égards. Les plénipotentiaires français tués au sortir du congrès de Rastadt, où les perspectives de paix en Europe se discutaient, sont l'occasion par exemple de funérailles d'une envergure nationale pour rassembler la nation autour d'eux et dénoncer la trahison des ennemis. Des cérémonies imposantes, à la fois patriotiques et militantes, ont lieu pour honorer les généraux morts, notamment Marceau, Hoche et Joubert – favorisant des manœuvres politiques. Le culte des héros devient encore plus qu'auparavant l'affaire de la propagande et du jeu des partis. Le jeune général Bonaparte comprend rapidement le parti qu'il est possible de tirer des exploits guerriers et des actions héroïques. S'affichant déjà en chef de guerre après la bataille d'Arcole, il se saisit de la mort de Desaix, après juin 1800, pour construire sa propre gloire et unifier le pays autour de lui. De leur côté, les opposants à la Révolution développent les cérémonies à l'intention des victimes des massacres, et les néo-jacobins créent un nouveau culte des martyrs de la Révolution, dans lequel Babeuf trouve sa place, comme l'illustre le tableau de Topino-Lebrun en 1798 sur la mort de Caius Gracchus.

On peut insister sur les manipulations de l'opinion que Bonaparte pratique en virtuose dès ce moment et qui vont lui ouvrir les voies du pouvoir ; cependant il est certainement plus efficace de comprendre pourquoi l'image qu'il donne de lui correspond à l'attente collective, au point de séduire ceux-là mêmes qui semblaient le mieux prévenus contre ce genre de faiblesse, comme Kléber ou Monge. Il convient en effet de ne pas oublier que tous les camps et tous les groupes font aussi leur propre propagande. La réussite de Bonaparte ne tient pas seulement à son originalité, ou son habileté, mais aussi à l'écho qu'il rencontre. Avec lui, il est possible de sentir l'imminence de la mort, la nécessité de l'action et la force de la décision. Il satisfait tous ceux qui ont suivi la Révolution dans ses dimensions utopiques mais qui ont rejeté la terreur comme une dérive. Le suivent aussi ceux qui ont critiqué le Directoire pour le prestige national qu'il voulait fonder, mais qui ont souhaité un pouvoir fort à l'intérieur et hors des frontières, tout comme ceux qui veulent une stabilisation sociale tout en refusant le retour à un royalisme même modéré, ou au catholicisme redevenu religion d'État. Bonaparte par sa détermination et ses calculs, bénéficiant des conseils de maîtres comme Talleyrand, réussit à donner ainsi de sa personne l'image de celui qui, par la puissance de ses actes, unit les temps, renouant avec les grands généraux de l'Antiquité. Par la liberté qu'il octroie à ses soldats dans les pays conquis, il résout aussi les contradictions de la politique du Directoire qui exalte la victoire et la vengeance tout en voulant circonscrire le peuple dans un rôle passif. La gloire, dans son sens le plus fort, est au rendez-vous de la campagne d'Italie, elle donne un exutoire à toutes ces passions qui avaient cherché auparavant à se fixer, mais en vain, sur d'autres hommes charismatiques. Elle restera fidèle pendant de longues années à celui qui incarne le prototype du nouveau chef de guerre. Cette sensibilité participe cependant d'autres registres. D'une certaine façon, l'habitude de la fréquentation de la mort et de la violence continue d'identifier les âmes fortes, qui sont de plus en plus assimilées aux militaires. Ainsi les hommes virils et conquérants se distinguent pour de bon des efféminés et de tous les « hermaphrodites », mot qui peut viser les émigrés, les aristocrates et les civils.

Les sensibilités demeurent cependant très diverses. Le sublime du sacrifice consenti ou revendiqué les années précédentes n'a manifestement pas touché profondément les masses urbaines, qui ont dû être plus sensibles au décor qu'aux intentions morales. La mort reste objet de curiosité plus que de respect, si bien que les cérémonies les plus solennelles manquent du recueillement que ses ordonnateurs auraient attendu, même à la fin du Directoire. Le « délire » de l'émotion continue à l'emporter sur la douleur militante d'autant plus facilement que les manifestations officielles sont souvent des appels à la vengeance sur fond de mises en scène spectaculaires. La littérature et les débats intellectuels témoignent de cette diversité. La violence d'État devient un thème récurrent. Un certain Samuel Thomas de Sömmering publie une lettre dans le *Moniteur* du 9 novembre 1795 ; il y critique la violence du supplice et insiste sur la souffrance subie par les décapités dont les têtes continuent de vivre. La discussion se poursuivra tout le long du siècle suivant, notamment dans les productions romanesques. Les grandes écoles de pensée qui continuent aujourd'hui de s'affronter naissent à ce moment-là.

Dans ce climat, les tentatives de Madame de Staël et de Benjamin Constant pour asseoir le régime directorial, pour dissocier 1793 de 1789 et justifier la République tout en condamnant la terreur, ne touchent qu'un groupe politique convaincu mais limité. L'école libérale, de Constant à Lezay-Marnésia en passant par Madame de Staël, invoque la force des choses pour expliquer des débordements qu'il était possible de contenir, et se divise sur les solutions plus ou moins fermes qu'il aurait fallu adopter. L'école catholique couvre un plus large spectre encore puisque de Maistre à Barruel en passant par Saint-Martin et Bonald, elle fait intervenir la volonté divine pour régénérer l'humanité, l'orgueil humain rationaliste ou les complots jacobins ou maçonniques pour rendre compte des excès politiques. Malouet et Mallet du Pan, contre-révolutionnaires modérés attachés à la réalité politique, insistent sur les contradictions entre théorie et pratique de la Révolution et sur l'inadéquation entre personnel politique et vertu républicaine, retrouvant là des éléments de réflexion que Fichte, philosophe célèbre, ou Gentz, qui traduisit Burke dans son pays, développent en Allemagne. Pour tous ces auteurs, il s'agit de la poursuite d'une réflexion commencée depuis le début de la Révolution et qui aboutit dans ces années du Directoire. Il convient de souligner la diversité des conclusions et des démarches, puisque, face à la violence, ils adoptent des positions souvent très disparates et liées à des angles de vue sans rapport les uns avec les autres. Saint-Martin et Maistre, tout en réprouvant les principes de la Révolution, acceptent la violence de la terreur comme une épreuve rédemptrice, participant des voies de la providence. Maistre décrit le genre humain comme « un arbre qu'une main invisible taille sans relâche [1] » et crée un courant de pensée qui déborde rapidement les milieux politiques de droite. Barruel, incriminant les francs-maçons, Bonald, condamnant les réformes au nom d'une pensée sociale organiciste, ouvrent au contraire des voies plus conservatrices, qui seront très fréquentées par la suite.

Un clivage s'instaure entre les intellectuels, même si presque tous s'accordent sur la condamnation des violences de la terreur et de Robespierre, bouc émissaire reconnu. Les Idéologues, qui tentent de préserver le rationalisme, la connaissance scientifique et le classicisme, sont, malgré les persécutions dont ils ont été parfois victimes, accusés de participer de la terreur, et ils s'opposent à tous ceux qui défendent le recours au catholicisme, à la poésie et à l'histoire médiévale, au nom des traditions à restaurer

1. Joseph de Maistre, *Écrits sur la Révolution*, PUF, 1989, p. 118 ; sur cette pensée, voir Isaiah Berlin, *Le Bois tordu de l'humanité*, Albin Michel, 1992, p. 117-123.

pour effacer le risque de tout retour de la violence. Ce dernier courant est particulièrement illustré par Chateaubriand, dans son *Essai sur les Révolutions*. Outre la dimension polémique qui tient une place importante, il s'agit bien de nouvelles donnes intellectuelles qui orientent toute la société française et entre lesquelles le pouvoir va osciller avant de favoriser, sous le Consulat, la vision catholique et médiévale. Les cadres culturels eux-mêmes sont remis en cause. Alors que le catholicisme redevient l'espoir d'une génération et que les régimes successifs s'attachent à ne rien devoir à la Révolution, les penseurs contre-révolutionnaires influencent les esprits. Une philosophie de l'histoire se diffuse sur ces bases, elle refuse tout volontarisme politique, comprend l'histoire comme la somme des actes non intentionnels de l'homme et fait accepter l'idée que l'âme se forge dans le sang. Il ne s'agit pas pour autant de privilégier une ligne nette dans l'opinion : les rapports de force, les calculs individuels se combinent avec les débats intellectuels et les évolutions des sensibilités. Ce mélange peut être illustré par l'exposition par David de son tableau *L'Intervention des Sabines* au printemps 1799. Les opinions jacobines du peintre ne sont pas à mettre en doute, mais la facture esthétique de cette œuvre appelle à la réconciliation et à la fin des violences. Il est vrai que d'autres artistes donnent des œuvres colorées par d'autres intentions polémiques, attaquant ou défendant la Révolution.

Dans ces années, les sensibilités ont manifestement évolué comme en témoignent les mutations du théâtre et du roman. Le roman noir trouve sa place en France, l'accumulation de scènes macabres se fait de plus en plus grande dans les œuvres d'art, attestant qu'une partie des élites insiste sur la finitude de l'homme et met en doute le réconfort de la religion pour compenser cette angoisse. Cette mode est-elle le « reflet » des journées populaires, une réaction à la terreur attribuée à Robespierre ? Elle participe aussi de la vogue du roman gothique, qui avait déjà trouvé ses lecteurs en Angleterre. Mais c'est bien à ce moment que ce genre acquiert un lectorat en France et que l'abbé Morellet, philosophe reconnu, traduit quatre titres célèbres. La liberté des mœurs qui s'affiche contre la rigueur révolutionnaire modifie enfin encore une fois le rapport au corps. La littérature pornographique retrouve une audience, malgré la surveillance que la police exerce sur elle, et change de nature et de public. Les œuvres publiées ne sont plus des dénonciations sociales *via* l'exhibition de la reine donnée au patriote, ou de la jeune citoyenne « active » sexuellement ; elles se situent pour leur majorité dans l'exploitation « bourgeoise » du vice. La « démocratisation » réalisée par les pamphlets pornographiques, vendus quelques sous, qui mettent en scène des « fouteurs » populaires, se clôt au profit d'une littérature qui abandonne tout référence politique et la veine sombre du « sadisme » au profit du travestissement et de la bestialité. Sade fait alors exception avec sa *Justine dans le boudoir* et la déclaration enflammée qui est au cœur du livre, *Français, encore un effort*, écrit en l'an III. Cette dimension politique le met en porte-à-faux avec les autres littérateurs et explique que les gouvernements successifs le condamnent.

La violence est enfin transmuée par le mélodrame, nouveau genre qui naît peu à peu, avant les pièces qui lui donnent ses lettres de noblesse en 1798 et 1800. Terreur et horreur sont employées par des auteurs mêlant les thèmes d'actualité avec la « fantasmagorie », qui relie par exemple Robespierre avec les apparitions du diable. Schématisation de l'histoire, matérialisation des signes et sidération des spectateurs sont les voies, telles que les analyse Michel Delon, par lesquelles le théâtre digère les événements récents[1]. Cette nouvelle forme continue de donner au public des réponses à ses attentes de scènes morales, de complicité avec les acteurs, de fictions esthétisantes, tout en intégrant les rebondissements qui viennent de se produire. Les pièces jouées montrent des exécutions, des luttes contre des puissants, des retournements de situation extraordinaires, mais dépolitisés, pour provoquer d'abord des cris d'horreur, enfin des acclamations de joie, voire simplement des rires devant le fantastique ordinaire. Ce faisant, ce genre entraîne l'opinion dans un abandon du mélange, certes hautement instable et éminemment

1. Voir Michel Delon, « Le décor médiéval chez Loaisel de Tréogate », *Europe*, 703-704, 1987, p. 18-25.

explosif, de la politique et des émotions. Les plus habiles savent maintenant tirer profit de la confusion des deux domaines.

Reste que les leçons de l'histoire sont manifestement retenues, puisque la stabilisation de la vie politique, au prix de la soumission à un régime fort, est acceptée par les élites de toutes tendances, ou presque, puisque seule une frange des émigrés résiste à la tentation de se fondre dans la Grande Nation victorieuse et glorieuse de l'Empire. Le Consulat et l'Empire ne seraient alors que l'essai, marqué finalement par l'échec, de confier la violence à un homme charismatique, détaché du reste de l'humanité et d'en réserver l'usage à l'administration, à l'armée ou à la police, tandis que les États voisins accomplissaient des révolutions par le haut ou établissaient des régimes autoritaires, pour éviter les désordres populaires.

Violence constructrice ?

À la fin de cette étude, peut-on établir à propos de ce moment où Bonaparte prend le pouvoir un chapitre symétrique à celui qui présentait les pratiques des Français devant les formes de violence et de sociabilité dans les dernières années de l'Ancien Régime ? Faute d'études, on se contentera de linéaments.

Indiscutablement la violence est bien restée un élément ordinaire de la vie des Français dans ces ultimes années du XVIIIe siècle, même si le seuil de tolérance semble avoir été modifié. Les rapports interindividuels n'ont pas été altérés de façon déterminante, mais sans doute les violences sexuelles commencent-elles à entrer dans l'univers judiciaire, qui protége les enfants victimes et rend l'opinion juge des désordres. Reste qu'il faudra attendre les codes napoléoniens imposés d'autorité et les années 1830-1840 pour que les lois soient ajustées aux demandes des communautés locales et que les mœurs évoluent de façon sensible. La virilisation des hommes n'a pas cessé de s'accélérer, renvoyant les femmes dans une « féminité » dont elles ne doivent pas sortir. Les actes de délinquance et de criminalité ont retrouvé à partir de 1797-1798 les fréquences et la gravité qu'ils possédaient jusque dans les années 1790. Nombre de campagnes restent peu sûres et les soldats perdus de la Contre-Révolution ont ajouté aux brigands leur présence et leurs méfaits. Enfin la France est entrée dans des conflits guerriers qui ne s'achèveront qu'en 1815, avant les reprises de 1823 en Espagne et surtout de 1830 en Algérie. En 1799, la guerre et la mobilisation de toute la nation sont en train de devenir un élément inévitable de la vie collective. Les réfractaires commencent à en payer le prix, d'autant que les gendarmes trouvent petit à petit une place dans les zones rurales les plus acclimatées à l'intervention de l'État. Le choc de la violence révolutionnaire ne sera perceptible pour ces populations qu'après coup, lors de reconstructions historiques. Car dans les années suivantes ces communautés sont soumises aux réquisitions pour l'armée impériale, voient leurs enfants mourir dans toute l'Europe, ou pour celles qui, se trouvant au nord de la Loire, sont envahies par les armées ennemies en 1815, subissent des violences que l'historiographie ne retiendra pas. Enfin faut-il rappeler que le pays est encore et toujours traversé de multiples rumeurs, de craintes de complots, de vengeances communautaires, qui altèrent les jugements et conditionnent toujours des réactions violentes à l'encontre d'ennemis supposés ? La violence, sous toutes ses formes, demeure une donnée naturelle de la vie quotidienne pour la majorité des ruraux jusque dans les années 1870.

Cependant il est possible d'insister paradoxalement sur les voies par lesquelles la société retrouve des équilibres. Ainsi les régions dévastées par les guerres de l'Ouest connaissent une forte reprise démographique et économique, qui va se poursuivre pendant l'Empire. Dès 1795, la natalité a repris et atteint un taux extrêmement élevé, parfois plus de 35 ‰. Devant cet essor démographique prodigieux, un préfet du Maine-et-Loire ira même, en 1802, jusqu'à comparer la Vendée insurgée aux États-Unis d'Amérique. Ce développement n'est pas la négation de ce qui s'est passé, car la région affirme dorénavant une identité inédite. Les commémorations des massacres s'organisent et avec eux s'ancrent des critères de jugement qui façonnent les réseaux sociaux, clivés en communautés antagonistes. Des hiérarchies se mettent en place souterrainement, correspondant aux rôles et aux responsabilités tenus pendant la guerre ; elles s'exprimeront ouvertement lors des complots, des reprises de guerre, ou pendant la Restauration quand la population pourra librement manifester ses choix.

La Bretagne voisine ne réussit pas, en revanche, à intégrer dans son tissu social les chouanneries dégénérées en brigandage. Mais elle apparaît aux yeux des administrateurs ou des observateurs comme le lieu de conservation de la civilisation celtique, image vouée à une longue destinée, qui prend elle aussi, à sa façon, le contre-pied de la modernité incarnée par la Révolution. La période révolutionnaire contribue paradoxalement à fixer un modèle breton, catholique et exotique, qui permet cependant de penser l'étrange résistance d'un peuple à la Révolution. Avec des différences régionales notables, de semblables réponses sont repérables dans le Sud-Est, définitivement considéré comme une terre de passions extrêmes. La région trouve également de nouveaux équilibres démographiques, religieux et politiques, organisant la cohabitation de populations opposées, politiquement et religieusement, autour de nouvelles formes de sociabilité : protestants et catholiques, « blancs » et « rouges », ruraux et urbains, se répartissent en chambrées et en cercles rivaux, que les événements ultérieurs mobiliseront selon des voies complexes et parfois imprévues.

Ces recompositions justifient-elles ce qu'Henry de Montherlant proposait dans *La Guerre civile*, à savoir que ce genre de guerre contribue à créer de nouvelles réalités sociales[1] ? Les guerres « franco-françaises », qui orienteront toute l'histoire du pays dans les deux siècles qui suivent, s'y enracinent. L'originalité de la violence révolutionnaire aurait été de mêler étroitement idéologies et réactions collectives, créant ce ciment. Les Mémoires écrits dans ces années témoignent de l'interprétation dichotomique qui s'empare de l'histoire. La terreur étant comprise comme une aberration, les explications insistent sur les travers moraux des révolutionnaires, ambitieux ou démoniaques,

1. Henry de Montherlant, *La Guerre civile* [1964], Lidis-Impr. nationale, 1966.

et sur les besoins triviaux des classes populaires, alcooliques et dépravées, qui ont précipité la France dans le renversement des valeurs, préparé par les philosophes, Rousseau et Voltaire en tête. Cette lecture est exemplairement à l'œuvre dans les *Mémoires* de la marquise de La Rochejaquelein, dont les premières pages sont commencées dans les années 1796-1799, et elle constitue la trame usuelle de ce genre de littérature moralisatrice.

Tous les Français ne partagent pas ce point de vue. De nombreuses régions ont su tirer leur épingle du jeu, connaissant relativement peu de violences en rapport avec les avantages obtenus dans les mutations révolutionnaires. À côté des acheteurs de biens nationaux, de nombreux Français ont trouvé leur compte dans le cours des choses, profitant de la fluidité de la société pour réaliser des trajectoires imprévues, utilisant les innovations juridiques pour divorcer, fonder une famille, régler des comptes avec des voisins… Les centaines de soldats et officiers de couleur, noirs ou métis qui, venus des colonies, eurent ainsi une carrière souvent chaotique mais parfois éblouissante sur les champs de bataille de toute l'Europe et de l'Égypte, doivent être pris comme les exemples des occasions données à ces jeunes gens bloqués jusque-là par des pesanteurs qui semblaient naturelles et éternelles. Parmi ceux-ci le général Dumas, père du romancier, illustre bien les réussites et les échecs de tout ce groupe. Mais plus largement, toutes les strates de plus en plus diversifiées de la société urbaine des grandes villes sont en résonance avec les mutations de la période. Les années 1793-1794 n'auront été dans ce cadre que des mois sombres, dus à des luttes internes aux groupes dirigeants, chose que toutes les populations ont appris à supporter dans l'histoire du monde.

Il convient bien de ne pas être aveuglé par les chiffres de la répression. À l'exception de quelques régions, celle-ci demeure limitée, même parmi les élites politiques ; la guillotine ne fauche qu'une faible minorité d'administrateurs et de politiques. Les faits démontrent que, par exemple, les juges des tribunaux criminels ont pu majoritairement continuer de rendre la justice en respectant les cadres légaux antérieurs, qu'ils ont simplement laissé passer les rigueurs des années 1793-1794 avant de revenir à leurs pratiques, en étant confortés par la professionnalisation de leur exercice. Dans de nombreuses villes, la guillotine ne fait même aucune victime. Ainsi dans la petite ville deux-sévrienne de Melle, pourtant à la frontière méridionale du champ de bataille vendéen, l'armée révolutionnaire de passage ne se voit livrer aucun individu suspect ou traître. La complicité municipale est suspectée de couvrir des agissements hostiles aux lois, mais la cohésion interdit que les forces de l'État rompent les liens communautaires, rappelant une situation connue ailleurs, en Normandie ou dans le Quercy par exemple.

À l'époque, les réflexions sur les conséquences de la terreur se mènent dans les milieux intellectuels. Les néo-jacobins promeuvent l'idée de la démocratie représentative, afin de concilier les interventions populaires sans donner prise aux initiatives violentes, ou aux instrumentalisations politiques de la violence. Se détachant de l'image d'une révolution liée à la terreur ou à la conspiration de Babeuf, ils entament une longue recherche qui débouchera ultérieurement sur la réhabilitation de la Révolution, exception faite des exécutions. Les survivants du mouvement des Lumières et les Idéologues rejettent toute responsabilité dans ce dérapage violent de la Révolution, qui leur a été défavorable. Beaucoup d'entre eux ont été poursuivis et parfois condamnés : ce qui rend difficile d'assimiler les Lumières à la terreur. De leur côté, les républicains conservateurs cherchent dans les rouages institutionnels les conditions d'un équilibre entre les pouvoirs. Sieyès notamment s'illustre dans l'invention d'un tiers pouvoir, susceptible d'empêcher le retour des errements de 1794, détachés des violences de 1797-1799 et imputés aux échafaudages institutionnels, hors de la prise en compte des accidents conjoncturels. C'est dans les mêmes perspectives que les écrivains et philosophes catholiques ou proches de la Contre-Révolution tirent les leçons de la période. *L'Essai historique, politique et moral sur les révolutions anciennes et modernes considérées dans leurs rapports avec la Révolution française* que Chateaubriand publie en 1797 est un bon exemple de ces méditations sur les bouleversements, que le même auteur prolonge, mais dans un esprit conquérant, en 1802 avec *Le Génie du Christianisme.* La Révolution n'est plus la menace qu'elle était, elle est devenue l'occasion d'une reconquête. Dans des perspectives différentes, Maistre, Bonald ou Ballanche ne disent pas autre chose, profitant en quelque sorte de l'épreuve révolutionnaire pour chercher à fonder autrement la nation.

Ainsi, dans ces années 1798-1799, ces pratiques font-elles renouer la France avec des pratiques qui avaient cours dans l'Ancien Régime, à ceci près que ces violences d'État sont dorénavant inscrites uniquement dans un espace politique laïcisé, lié à la volonté d'un homme (dépendant d'un groupe politique), qui a retourné les idéaux des années 1790-1794 à son profit et qui va même réussir à faire jeter l'opprobre sur eux. Deux époques se télescopent manifestement pendant la décennie révolutionnaire : la violence des années centrales risque bien d'avoir été le résultat non contrôlé et mal compris de cette rencontre entre les habitudes d'un monde qui mourait et les innovations d'un monde à naître.

Conclusion

Décider de finir un livre s'accompagne inévitablement des regrets de ne pas avoir dit ce qui semblait indispensable, d'avoir compris trop tard ce que l'on cherchait à démontrer, d'avoir ignoré des pistes et des ouvrages essentiels, en bref de clôturer une aventure, dont on sait, à l'avance, qu'elle ne sera jamais reprise. Reste alors en une ultime page à nouer une dernière fois, mais différemment, les analyses exposées ne serait-ce que parce qu'elles témoignent plus des débats qui ont présidé à leur naissance qu'à ceux qui prennent leur essor en ce moment même.

Sans doute faut-il revenir encore sur la spécificité de la Révolution française et les responsabilités des Lumières dans la violence de l'époque. Notre contribution a montré les révolutionnaires français peu différents de leurs homologues américains, présentés comme cultivés mais provinciaux, évoluant en fonction des affrontements auxquels ils participèrent. Nous les avons moins vus comme des idéologues, appliquant des idées abstraites, que comme des politiques mis en demeure de répondre dans l'urgence à des questions inédites, ceci pour refuser autant de croire leurs détracteurs insistant sur leur volontarisme, que de les croire eux-mêmes quand ils paraient de mots leurs reniements ou leurs combinaisons. Ils eurent certainement tort de prétendre faire « la » Révolution, quand ils participaient de ce mouvement général de remise en cause des habitudes de vie et quand ils s'inscrivaient, bon gré, mal gré, dans les pratiques et les combats de la monarchie qu'ils disaient combattre. N'en prolongèrent-ils pas les traditions de bannissement, de dévastations guerrières ?

Ils eurent ainsi tort de s'illusionner, et nous de les croire. Mais ne les accablons pas davantage. Ils ont été les hommes de leur époque, et sans doute faudra-t-il le comprendre plus globalement en interrogeant leur difficulté à accorder l'abolition de l'esclavage et à répondre aux attentes politiques et sociales des femmes. Mais devant la rapidité des mutations qu'ils ont affrontées – et en se rappelant nos propres incertitudes devant celles qui ont marqué la fin du XXe siècle et le début du XXIe –, sans doute faut-il faire preuve de prudence dans nos jugements. Comment, par exemple, intégrer dans notre raisonnement le bouleversement qui se produit en cette fin de XVIIIe siècle avec l'introduction de l'électricité, de l'aérostation et du télégraphe, c'est-à-dire la confrontation avec l'immédiateté, les liaisons subtiles et les forces invisibles qui provoquaient enthousiasme et effroi ? Comment rendre compte du renversement de perspectives morales entraîné par la Nation, elle qui exige plus de fidélité que toute personne, fût-ce un roi, et qui fige des frontières là où il y avait des zones négociables, qui voit dans un traître un parjure à un contrat collectif ? Il y eut création d'un état d'esprit nouveau, autour de la « patrie », induisant des valeurs nouvelles, parfois contradictoires. Même s'il est possible de penser que l'avenir se déclinait autour d'une communauté, refusant le luxe, cherchant à établir la confiance entre ses membres autour d'échanges équitables, dans un individualisme tempéré, l'horizon de nombreux Français a hésité entre une « république commerciale », une « république morale » et une démocratie de petits propriétaires.

Dans cette perspective, ce qui a été affirmé est qu'il y eut moins de combats d'idées que de chocs et d'alliances entre des personnalités et des individus, issus de divers groupes sociaux. Insister ainsi sur des mécanismes et des manipulations n'est ni déprécier les idées, ni abandonner les couches élevées de la réflexion pour s'abîmer dans l'anecdote. Si l'histoire a une mission, c'est bien de mettre en évidence les conditions exactes dans lesquelles les porteurs d'idéaux sont intervenus dans la vie collective, en cherchant à comprendre les modalités d'application de ces principes, les réactions et effets pervers qu'ils ont entraînés, c'est-à-dire de donner à comprendre ce moment exceptionnel que reste la Révolution française, lorsqu'elle jette de nouvelles bases pour les relations humaines et qu'elle affronte les contradictions inhérentes à un tel projet. Redisons encore qu'il ne s'agit pas de réduire l'analyse de la période révolutionnaire à de médiocres aventures personnelles, mais de rendre compte de la marche même de l'histoire, faite par des protagonistes, souvent dépassés par leur destinée, même quand ils sont conscients de leur rôle, souvent emportés par leurs amitiés ou leurs inimitiés, même quand ils s'efforcent de prendre le recul nécessaire à une action collective.

Il ne s'agit surtout pas disant cela de penser comme Joseph de Maistre que les logiques intellectuelles ont été aveugles, conduisant le pays dans cette « démocratie totalitaire » où les opposants aux lois prises au nom même de la majorité les contraignaient sans recours [1]. Plus prosaïquement, les décisions ont été liées aux choix individuels, aux trajectoires collectives, aux jeux politiciens et aux compromis. Ces dimensions privées expliquent manifestement plus la distance entre Robespierre et Chaumette, par exemple, que la recherche de positions intellectuelles opposées. Rappeler avec Lynn Hunt [2] l'importance des *outsiders* parmi les révolutionnaires – comme parmi les contre-révolutionnaires – permet aussi d'apprécier la profondeur du renouvellement mis en branle par l'épisode révolutionnaire. Insister sur les brutalités des mutations permet de suggérer qu'elles ont été une des sources des inquiétudes sur l'identité, qui taraudaient le corps social. Travaillées par la politique, cette nouveauté de cette fin de siècle, elles expliquent la force des antagonismes et des revendications. De la critique de la noblesse à la remise en cause de la hiérarchie familiale en passant par la tolérance religieuse, toutes les valeurs sociales ont été mises en question, la place de la propriété, *via* la vente des biens nationaux, achevant de déstabiliser les pyramides culturelles héritées. Que, au même moment, les hommes aient affirmé avec force les signes de distinction de leur identité masculine, armes et

1. Isaiah Berlin, *Le Bois tordu de l'humanité*, *op. cit.*, p. 148.
2. Lynn Hunt, *Politics, Culture and Class in the French Revolution*, Berkeley, University of California Press, 1984, rééd. 2004.

moustaches, uniformes et pouvoir politique, contre les femmes et les « civils », ne peut pas être une simple coïncidence.

La violence, telle qu'elle structurait les équilibres de la société française, a été d'abord une des raisons du déclenchement de la Révolution ; elle a acquis ensuite une autonomie dans l'ensemble du corps social ; elle a enfin servi de moyen d'intervention et de manipulation dans les débats politiques, pour devenir à la fin de la période une réalité intégrée dans une gestion politique des individus par l'État. Comprendre la violence dans la Révolution française exige d'abord de ne pas être victime de la sidération qui a été pour une part créée de toutes pièces autour de la guillotine et de Robespierre ; cela exige ensuite d'apprécier les responsabilités partagées par tous les acteurs ; et cela exige enfin d'admettre la profondeur des questions posées par l'époque. La relation nécessaire entre la violence et la police de la société est posée dans sa nudité clinique, l'« impersonnalité de la guillotine » trouve là tout son sens. C'est bien toute l'Europe qui expérimente véritablement les limites du pouvoir social, les barrières à élever pour que l'exercice de la force ne débouche pas sur l'ivresse du tortionnaire élevé au-dessus de la vie et de la mort, du bien et du mal.

La Révolution française est un des lieux d'expérimentation de la liberté humaine. C'est aussi à ce titre qu'elle fait peur, ayant voulu dissiper les secrets recouvrant ordinairement les mystères du pouvoir. Bonaparte le comprend parfaitement, recourant à la gloire et au mythe pour entourer son trône. Tous les individus ont été marqués par ce temps d'innovations et d'audaces, voulues ou nécessaires, qui règne alors et qui se retrouvera dans de rares autres occasions de l'histoire de France. Paul Bénichou cite la princesse de Salm, peu suspecte de parti pris favorable à la Révolution, qui se souvient : « Qu'ils étaient beaux, les sentiments d'alors ! Que l'on se trouvait grand, que l'on se sentait libre [1] ! » Logiquement, dans cet espace de novation se sont engouffrés tous les idéaux et tous les fantasmes, les personnalités les plus

1. Paul Bénichou, *Le Sacre de l'écrivain*, Corti, 1973, p. 66.

désintéressées comme la pègre. Il n'y a rien à gagner à éclairer davantage un pan du tableau plus que l'autre, ce sont bien les deux ensemble qui ont provoqué la rupture, entraîné le pays dans la modernité, obligé à jeter les bases d'une réflexion collective.

Que tous les acteurs aient participé de cette sensibilité, liée au sublime, relève d'un paradoxe. Les révolutionnaires radicaux ont été accusés d'avoir cédé au vertige de la violence par leurs alliés plus « politiques » ou plus « modérés », qui ont ensuite voulu accréditer une république raisonnable et raisonnante. Les contre-révolutionnaires les plus déterminés ont, ensuite, diffusé cette accusation d'autant plus volontiers qu'eux-mêmes étaient pour une part attachés au sublime qui les distinguait de l'esprit de la révolution, vue comme bourgeoise. L'histoire de ces jeux de miroirs est à faire pour se défaire de ces catégories trop linéaires dans lesquelles baigne notre mémoire nationale.

Dans cette perspective, il convient de ne pas être dupe des mots en commençant par se méfier de ceux qui furent employés par les protagonistes eux-mêmes, habiles à contrôler l'opinion publique. On pourra espérer que les usages faits du mot « terreur » par les historiens intègreront davantage ceux qui eurent lieu effectivement dans les années 1793-1794, et cesseront de participer à la commémoration partagée de fait par tous les courants depuis deux siècles. De la même façon, on pourra attendre aussi que des précautions soient prises face aux concepts et aux modes intellectuelles et idéologiques. Peut-on encore parler, à la suite de Georges Lefebvre, de « forces coactives » pour évoquer les interventions populaires dans la terreur, en oubliant par le simple effet des mots toutes les rivalités, contradictions et surenchères ? Quant aux comparaisons effectuées avec d'autres périodes, pensons qu'en 1934 Marcel Marion rapprochait les expéditions des Marseillais dans les campagnes en 1791-1792 des expéditions « punitives » qui eurent lieu dans l'Italie médiévale et moderne, comme la fameuse colonne infernale évoquée par Manzoni, dans *Les Fiancés*[1].

1. Marcel Marion, *Le Brigandage pendant la Révolution*, Plon, 1934, p. 37 ; Alessandro Manzoni, *Les Fiancés*, Charpentier, 1840.

Une réflexion s'impose alors sur les relations entre phénomènes, signes et symboles. La violence relève en elle-même des trois niveaux. Cependant l'explication historique doit les différencier. D'abord en relevant que le réel violent a été détourné symboliquement, quand Thermidor a amalgamé dans l'imaginaire national la terreur et tout ce qui devenait contestable aux yeux des élites au pouvoir, de la guillotine au divorce, de la parole des femmes au contrôle des prix. Ce qui avait pu être réclamé auparavant par la quasi-totalité du pays, à commencer par les réformes judiciaires et la reconnaissance du mariage comme contrat civil, prenait d'un seul coup une coloration insupportable, assimilée à la « terreur ». Le mot lui-même oblige à revenir sur son emploi. Il suffit d'espérer qu'il sera peut-être utilisé comme on recourt en géographie à des termes consacrés, « *cuesta* », « *dyke* »..., en sachant qu'il s'agit là de modèles qu'il faut toujours rapporter aux réalités locales..., ici en l'occurrence aux situations vécues. La sagesse veut, cependant, qu'on rappelle que les imprécisions du mot « girondin », bien connues, n'ont rien changé à ses utilisations abusives. Demeurons confiant dans l'avenir, malgré tout.

Il convient de méditer la phrase de Croce estimant que l'histoire ne peut être que contemporaine. S'il faut reconnaître que l'on ne peut faire que l'histoire de son temps, l'objectif de l'écriture de l'histoire est cependant de lutter, par le détour historique, contre les aveuglements de sa propre insertion dans le temps, pour essayer d'établir comment l'histoire s'est effectivement passée. On aura reconnu la fameuse phrase de Ranke, « ce qui s'est effectivement passé », elle aussi souvent comprise à contresens comme la citation de Croce. Pas plus que Croce ne réduit l'histoire à une contemporanéité étroite, Ranke ne vise à une objectivité positiviste. Le premier insiste sur la nécessité de comprendre nos insertions mémorielles pour bâtir notre démarche scientifique, le second rappelle que les faits doivent servir à éclairer la signification du déroulement historique bien au-delà des faits eux-mêmes. Revenons à des lectures hiérarchisées et organisées des régimes autoritaires, des dictatures et des totalitarismes ; n'amalgamons pas les rigueurs de la loi indispensables à l'établissement d'une société de droit avec des arbitraires occasionnels ou des dérives personnelles ; acceptons de penser les incertitudes quand il est nécessaire de réinventer des cadres de vie, sans idéaliser le passé ; refusons les objurgations mémorielles immodérées, qui nient la complexité du réel. N'ayons pas peur de tordre le cou à quelques mythes si c'est le prix à payer pour parler sereinement des contradictions de notre histoire. Parler de la violence dans tous ses aspects, à commencer par les plus triviaux, nous a obligé à prendre du recul par rapport aux dimensions du politique ou du social considérées comme plus nobles et à restituer la plénitude de ce qui est l'histoire de l'humanité. Cela pour continuer à espérer, sans s'illusionner.

Remerciements

Ce livre marque ainsi la fin d'une recherche poursuivie *sotto voce* pendant une quinzaine d'années, depuis une commande passée par Robert Muchembled et qui ne fut pas honorée. Je ne saurais trop le remercier de m'avoir donné cette impulsion, sans que je rende aucun manuscrit. Je dois le même remerciement – et les mêmes excuses – à Marie-Claude Brossolet, qui, quelques années plus tard, me soutint de la même façon, en vain pour sa maison d'édition. Michel Winock a joué une nouvelle fois ce rôle d'incitateur, permettant enfin l'achèvement de l'entreprise. Qu'il soit remercié à son tour. De nombreuses personnes m'ont aidé, de leurs questions ou de leurs conseils, pendant tout ce temps qui a servi à tester des idées et à comprendre des questionnements. Outre les travaux de recherches des étudiants de Nantes ou de Paris, M. Blidon, S. Mathé, G. Mazeau, H. Bocher, C. Plumauzille, les échanges avec ceux que j'ai rencontrés à Naples, Berlin et Toronto, K. Edwards, S. Nixon, les séminaires du mercredi après-midi, les colloques portant sur les violences de guerre, la « brutalisation », G. Mihealy, les mémoires européennes ou la « guerre civile », les entreprises collectives sur la violence comme les soutenances de thèse m'ont permis d'acquérir peu à peu une distance indispensable pour affronter un pareil domaine. Que soient ici remerciés Gabriele Ranzato, Jacques Semelin, Béatrice Pouligny, Étienne François, Jordi Canal, Eric Jennings, Daniel Schönpflug, Luigi Mascilli Migliorini, Élisabeth Liris, Anne Simonin et Natalie Petiteau, ainsi que Michel Biard, Françoise Brunel, Bernard Gainot, Corinne Gomez, Pierre Serna et récemment Keith Baker, Lynn Hunt, Tom Kaiser, Timothy Tackett, ainsi qu'Olivier Wieviorka et Laurence Devillairs, pour sa lecture ultime. Enfin ces pages doivent beaucoup à Françoise Martin-Van der Haegen.

Remerciements

Bibliographie sélective

Pour tenir compte de contraintes éditoriales acceptées, seuls les principaux travaux utilisés dans cet essai sont présentés ici. La totalité de la bibliographie employée est disponible sur le site internet de l'Institut d'Histoire de la Révolution française, http://www.univ-paris1. fr/ihrf/. Cette sélection, arbitraire, a impliqué la présentation des ouvrages par thèmes d'abord, par chapitre ensuite.

Par convention, le lieu d'édition n'est pas mentionné quand il s'agit de Paris.

Bibliographie thématique

Le cadre de l'enquête doit aux réflexions de :

M. Agulhon, « Conflits et contradictions dans la France d'aujourd'hui », *Annales ESC*, 3, 1987, p. 595-610.

H. Burstin, « Le "protagonisme" comme facteur d'amplification de l'événement : le cas de la Révolution française », in *L'Événement*, actes du colloque organisé à Aix-en-Provence par le Centre méridional d'histoire sociale, Aix-en-Provence, Université de Provence, 1986, p. 65-74.

L. Hunt, *Politics, Culture and Class in the French Revolution*, Berkeley, University of California Press, 1984.

D. Roche, « La violence vue d'en bas. Réflexions sur les moyens de la politique en période révolutionnaire », *Annales ESC*, 1989, p. 47-66.

Ouvrages classiques :

M. Robespierre, *Œuvres*, Phénix éditions, 2000, 10 vol.

Saint-Just, *Œuvres complètes*, Éditions G. Lebovici, 1984.

A. Aulard, *Histoire politique de la Révolution française*, Armand Colin, 1909.
E. Campardon, *Le Tribunal révolutionnaire de Paris*, Plon, 1866, 2 vol.
G. Lefebvre, *La Révolution française*, PUF, 1968.
E. Quinet, *La Révolution* [1865], Belin, 1987.
L. Sciout, *Le Directoire*, Firmin-Didot, 1897, 4 vol.
H. Wallon, *La Terreur*, Hachette, 1881, 2 vol.
—, *Les Représentants du peuple en mission et la Justice révolutionnaire dans les départements en l'an II (1793-1794)*, Hachette, 1889, 2 vol.
—, *Le Tribunal révolutionnaire, 10 mars 1793-31 mai 1795*, Plon, 1900.

Travaux récents :

K. Baker (dir.), *The French Revolution and the Creation of modern political Culture, The Political Culture of the French Revolution*, Oxford, Pergamon Press, vol. 1, 1987.
—, (dir.), *The Terror, The French Revolution and the Creation of Modern Culture*, Oxford, Pergamon, vol. 4., 1994.
J. Cornette (dir.), *La Monarchie entre Renaissance et Révolution (1715-1792)*, Seuil, 2000.
F. Furet, *Penser la Révolution*, Gallimard, 1978.
F. Furet et M. Ozouf (dir.), *Dictionnaire critique de la Révolution française*, Flammarion, 1988.
—, (dir.), *The French Revolution and the Creation of modern political Culture, The Political Culture of the French Revolution*, Oxford, Pergamon Press, vol. 3., 1989.
L. Hunt, *The Family Romance of the French Revolution*, Berkeley, University of California Press, 1992.
C. Lucas (dir.), *The French Revolution and the Creation of Modern Political Culture, The Political Culture of the French Revolution*, Oxford, Pergamon Press, vol. 2, 1988.
R. Muchembled, *L'Invention de l'homme moderne*, Fayard, 1988.
—, *La Violence au village*, Brepols, 1989.
P. Nora (dir.), *Les Lieux de Mémoire*, Gallimard, 1984-1992, 7 vol.
M. Ozouf, *La Fête révolutionnaire, 1789-1799*, Gallimard, 1976.
R. Palmer, *Le Gouvernement de la terreur*, Armand Colin, 1989.
A. Rey, *« Révolution », histoire d'un mot*, Gallimard, 1989.
A. Soboul, *La Civilisation et la Révolution française*, Arthaud, 1970, 3 vol.

—, *Précis d'histoire de la Révolution française*, Éditions sociales, 1975.

D.M.G. Sutherland, *France 1789-1815 : Revolution and Counter-Revolution*, Londres, Fontana Press, 1985.

— (dir.), actes du colloque « Violence and the French Revolution », *Historical Reflexions*, vol. 29, 3, 2003.

M. Vovelle, *La Mentalité révolutionnaire*, Messidor, 1986.

Voir aussi les actes des colloques qu'il a dirigés :

— (dir.), *L'Image de la Révolution française*, Oxford, Pergamon Press, 1990, 4 vol.

— (dir.), *Recherches sur la Révolution*, La Découverte, 1991.

— (dir.), *L'Uomo dell'illuminismo*, Rome, Laterza, 1992.

— (dir.), *Révolution et République, l'exception française*, Kimé, 1994.

— (dir.), *Le Tournant de l'an III*, Comité des travaux historiques et scientifiques, 1997.

Certaines pistes de ce livre ont été suivies déjà dans :

J.-C. Martin (dir.), *La Révolution à l'œuvre*, Rennes, Presses universitaires de Rennes, 2005.

Débats :

I. Berlin, *Le Bois tordu de l'humanité*, Albin Michel, 1992.

J.-P. Faye, *Dictionnaire politique portatif. Essai de philosophie politique*, Gallimard, 1982.

M. Gauchet, *La Révolution des Droits de l'Homme*, Gallimard, 1989.

F. Gauthier, *Triomphe et mort du droit naturel en Révolution, 1789-1795-1802*, PUF, 1992.

M. Genty, *Paris 1789-1795, l'apprentissage de la citoyenneté*, Messidor, 1987.

P. Guéniffey, *La Politique de la Terreur*, Fayard, 2000 (rééd. poche 2003).

J. Guilhaumou, *La Langue politique et la révolution française*, Méridiens-Klincksieck, 1989.

P. Higonnet, *Class, Ideology and the Rights of the Nobles during the French Revolution*, Oxford, Clarendon Press, 1981.

R. Monnier, *L'Espace public démocratique*, Kimé, 1994.

P. Rosanvallon, *Le Modèle politique français. La société civile contre le jacobinisme de 1789 à nos jours*, Gallimard, 2004.

L. Sala-Molins, *Les Misères des Lumières*, Robert Laffont, 1992.

S. Schama, *Citizens*, New York, Alfred Knopf, 1989.

Exemples locaux ou régionaux :

Colloque de Montpellier, *Les Pratiques politiques en province à l'époque de la Révolution française*, université Paul-Valéry, Montpellier, 1988.

B. Benoit (dir.), *Ville et Révolution*, Lyon, Presses universitaires de Lyon, 1994.

J. Bart, *La Révolution française en Bourgogne*, Clermont-Ferrand, La Française d'édition et d'impression, 1996.

C. Betzinger, *Vie et mort d'Euloge Schneider, ci-devant franciscain*, Strasbourg, La Nuée bleue, 1997.

M. Biard, *Collot d'Herbois, légendes noires et Révolution*, Lyon, Presses universitaires de Lyon, 1995.

P. Bois, *Paysans de l'Ouest*, Le Mans, s. d. [1960].

J. Boutier, *Campagnes en émoi*, Treignac (Corrèze), Les Monédières, 1987.

C.I. Brelot, *Besançon révolutionnaire*, Les Belles Lettres, 1966.

M. Brunet, *Le Roussillon, une société contre l'État*, Perpignan, Le Trabucaire, 1990.

H. Burstin, *Une Révolution à l'œuvre, le faubourg Saint-Marcel (1789-1794)*, Seyssel, Champ Vallon, 2005.

A. Casanova et A. Rovere, *Peuple corse, révolutions et nation française*, Éditions sociales, 1979.

M. Castaingts-Beretervide, *La Terreur et la déportation des Basques du Labourd*, Saint-Jean de Luz, Ikuska, « Oroituz », 1994.

M.-J. Cesarini Dasso, *L'Univers criminel féminin en Corse à la fin du XVIIIe siècle*, Ajaccio, Éditions Albiana, 1996.

M. Cubells, *Les Horizons de la liberté. Naissance de la Révolution en Provence*, Aix-en-Provence, Édisud, 1987.

S. Desan, *Reclaiming the Sacred*, Ithaca (N.Y.), Cornell University Press, 1995.

A. Droguet (dir.), *Les Bleus de Bretagne*, Saint-Brieuc, Fédération Côtes-du-Nord 1989, 1991.

A.-M. Duport, *Terreur et Révolution, Nîmes en l'an II, 1793-1794*, Jean Touzot, 1987.

R. Dupuy, *La Garde nationale et les débuts de la Révolution en Ille-et-Vilaine, 1789-mars 1793*, Klincksieck, 1972.

—, *De la Révolution à la chouannerie*, Flammarion, 1988.

W.D. Edmonds, *Jacobinism and the Revolt of Lyon, 1789-1793*, Oxford, Clarendon Press, 1990.

M. Figeac, *Destins de la noblesse bordelaise, 1770-1830*, Talence, Fédération historique du Sud-Ouest, 1996.

R. Fuoc, *La Réaction thermidorienne à Lyon (1795)*, Église-Neuve d'Issac, Fédérop et Vaulx-en-Velin, « Vive 89 » Rhône, 1989.

D. Garrioch, *The Making of Revolutionary Paris*, Berkeley, University of California Press, 2002.

J. Guilhaumou, *Marseille républicaine (1791-1793)*, Presses de la fondation nationale des sciences politiques, 1992.

P. Lamaison, É. Claverie, *L'Impossible mariage*, Hachette, 1982.

M. Lapied, *Le Comtat et la Révolution française*, Aix-en-Provence, Publications de l'université de Provence, 1996.

G. Lefebvre, *Études orléanaises*, Bibliothèque nationale, 1963.

G. Lewis, *The Second Vendée*, Oxford, Clarendon Press, 1978.

J.-N. Luc *et al.*, *La Charente-Maritime. L'Aunis et la Saintonge des origines à nos jours*, Saint-Jean-d'Angély, Bordessoules, 1981.

C. Lucas, *La Structure de la Terreur. L'exemple de Javogues et du département de la Loire*, Saint-Étienne, CIEREC, 1990 (trad. française).

M. Lyons, *Révolution et Terreur à Toulouse*, Toulouse, Privat, 1980.

J.-C. Martin, *La Vendée et la France*, Seuil, 1987.

J.-C. Meyer, *La Vie religieuse en Haute-Garonne sous la Révolution, 1789-1801*, Toulouse, Association des publications de l'université de Toulouse-Le Mirail, 1982.

R. Monnier, *Le Faubourg Saint-Antoine (1789-1815)*, Société des études robespierristes, 1981.

R. Moulinas, *Journées révolutionnaires à Avignon*, Nîmes, J. Chambon, 1989.

—, *Les Massacres de la Glacière*, Aix-en-Provence, Édisud, 2003.

J. Peret, *Histoire de la Révolution française en Poitou-Charentes, 1789-1799*, Poitiers, Projets-Éd. France, 1989.

C. Peyrard, *Les Jacobins de l'Ouest*, Publications de la Sorbonne, 1996.

R. Reuss, *La Grande Fuite*, Strasbourg-Paris, Istra, 1924.

A. Rolland-Boulestreau, *Les Notables des Mauges, communautés rurales et Révolution (1750-1830)*, Rennes, Presses universitaires de Rennes, 2004.

V. Sottocasa, *Mémoires affrontées*, Rennes, Presses universitaires de Rennes, 2004.

C. Valin, *Autopsie d'un massacre*, Saint-Jean d'Angély, Bordessoules, 1992.

M. Vovelle, *Ville et campagne au XVIIIe siècle : Chartres et la Beauce*, Éditions sociales, 1980.

Histoire des colonies et notamment des Antilles :

J. Adélaïde-Merlande, R. Bélénus, F. Régent, *La Rébellion de la Guadeloupe*, Gourbeyre, Société d'histoire de la Guadeloupe, 2002.
G. Barthélemy, *Créoles, Bossales. Conflit en Haïti*, Petit Bourg, Ibis rouge éditions, 2000.
Y. Bénot, *La Révolution française et la fin des colonies*, La Découverte, 2004 (1re éd. 1988).
J. de Cauna (éd.), *Toussaint Louverture et l'indépendance d'Haïti*, Karthala, 2004.
L. Dubois, *Les Esclaves de la République*, Calmann-Lévy, 1998.
C. Frostin, *Les Révoltes blanches à Saint-Domingue aux XVIIe et XVIIIe siècles*, L'École, 1975.
D.B. Gaspar et D.P. Geggus, *A Turbulent Time, the French Revolution and the Greater Carribean*, Indianapolis, Indiana University Press, 1997.
F. Régent, *Esclavage, métissage, liberté*, Grasset, 2004.

Révoltes populaires :

Les chapitres un et deux se sont appuyés notamment sur :

A. Ado, *Paysans en Révolution. Terre, pouvoir et jacquerie, 1789-1794*, Société des études robespierristes, 1996.
Y.-M. Bercé (éd.), *Croquants et Nu-Pieds*, Gallimard-Julliard, 1974.
—, *Révoltes et révolutions dans l'Europe moderne, XVI-XVIIIe siècle*, PUF, 1980.
H. Delpont, *La Victoire des croquants*, Nérac, Les Amis du vieux Nérac, 2002.
M. Marion, *Le Brigandage pendant la Révolution*, Plon, 1934.
G. Rudé, *La Foule dans la Révolution française*, Maspero, 1982 (trad. française).

L'armée et la nation en guerre :

M. Bélissa, *Fraternité universelle et intérêt national (1713-1795)*, Kimé, 1998.

J.-P. Bertaud, *La Révolution armée*, Robert Laffont, 1979.
T.W.C. Blanning, *The French Revolutionary Wars 1787-1802*, Londres, Arnold, 1996.
J.-Y. Guiomar, *La Nation entre l'histoire et la raison*, La Découverte, 1990.
—, *L'Invention de la guerre totale*, Le Félin, 2004.
M. Jeismann, *La Patrie de l'ennemi*, CNRS éditions, 1997.
L. Montroussier, *Éthique et commandement*, Économica, 2005.

Justice et institutions :

Colloque d'Orléans, *La Révolution et l'ordre juridique privé, rationalité ou scandale ?*, PUF, 1988, 2 vol.
R. Allen, *Les Tribunaux criminels de la Révolution française*, Rennes, Presses universitaires de Rennes, 2005.
J. Godechot, *Les Institutions de la France sous la Révolution et l'Empire* [1948], PUF, coll. « Dito », 1985, rééd. revue et augmentée.
J.-G. Petit (dir.), *Histoire des galères, bagnes, prisons XIIIe-XXe siècle*, Toulouse, Privat, 1991.
X. Rousseaux, M.-S. Dupont-Bouchat et C. Vael (dir.), *Révolutions et justice pénale. Modèles français et traditions nationales (1780-1830)*, L'Harmattan, 1999.

Histoire du genre :

Colloque de Toulouse, *Les Femmes et la Révolution française*, Toulouse, Publications de l'université de Toulouse-Le Mirail, 2 vol., 1989.
J. Butler, *Trouble dans le genre*, La Découverte, 2005 (trad. française).
M. Cérati, *Le Club des citoyennes républicaines révolutionnaires*, Éditions sociales, 1966.
D. Godineau, *Citoyennes tricoteuses*, Alinéa, 1988.
J. Guilhaumou et M. Lapied (dir.), *Femmes entre ombre et lumière*, Aix-en-Provence, Éditions Publisud, 2000.
J. Landes, *Vizualizing the Nation*, Ithaca (N.Y.) et Londres, Cornell University Press, 2001.
G.L. Mosse, *L'Image de l'homme, l'invention de la virilité moderne*, Abbeville, coll. « Tempo », 1997 (trad. française).

C.E. Proctor, *Women, Equality and the French Revolution*, New York, Greenwood Press, 1990.
J. Scott, *La Citoyenne paradoxale*, Albin Michel, 1998 (trad. française).

Contre-Révolution :

P. Beick, *The French Revolution seen from the Right, Social Theories in Motion, 1789-1799*, Philadelphie, American Philosophical Society, 1956.
J.-P. Bertaud, *Les Amis du roi*, Perrin, 1984.
J. Godechot, *La Contre-Révolution, doctrines et action*, PUF, rééd. coll. « Quadrige », 1984.
F. Lebrun et R. Dupuy (dir.), *Les Résistances à la Révolution*, Imago, 1987.
D.M. McMahon, *Enemies of the Enlightenment*, Oxford, Oxford University Press, 2001.
J.-C. Martin, *Révolution et Contre-révolution en France de 1789 à 1989*, Rennes, Presses universitaires de Rennes, 1996.
—, *Contre-Révolution, Révolution et Nation, France 1789-1799*, Seuil, coll. « Points Histoire », 1998.
— (dir.), *La Contre-Révolution en Europe XVIIIe-XXe siècle*, Rennes, Presses universitaires de Rennes, 2001.
D. Masseau, *Les Ennemis des philosophes*, Albin Michel, 2000.
J. Popkin, *The Right-Wing Press in France, 1792-1800*, University of North Carolina Press, 1980.

Sensibilités et mœurs :

P. Bénichou, *Le Sacre de l'écrivain*, José Corti, 1973.
R. Bertrand et A. Carol (dir.), *L'Exécution capitale*, Aix-en-Provence, Publications de l'université de Provence, 2003.
M. Bokobza-Kahan, *Libertinage et folie dans le roman français du XVIIIe siècle*, Louvain, Peteers, 2000.
P. Bordes et R. Michel (dir.), *Aux armes et aux arts !*, Adam Biro, 1988.
P. Brioist, H. Drévillon, P. Serna, *Croiser le Fer. Violence et culture de l'épée dans la France moderne, XVIe-XVIIIe siècle*, Seyssel, Champ Vallon, 2002.
T. Crow, *L'Atelier du peintre*, Macula, 1993.
R. Darnton, *Messmer ou la fin des Lumières*, Perrin, 1985.
—, *The Kiss of Lamourette*, New York et Londres, Norton, 1990.

—, *Édition et sédition*, Gallimard, 1991.

M. Delon, *Le Savoir-Vivre libertin*, Hachette, 2000.

L. Hunt (dir.), *The Invention of Pornography*, New York, Zone Books, 1993.

F. Lebrun, *Les Hommes et la mort en Anjou aux* XVIIe *et* XVIIIe *siècles*, Flammarion, 1975.

M. Lévy, *Le Roman gothique anglais, 1764-1824*, Albin Michel, 1995.

E. Liris et J.-M. Bizière (dir.), *La Révolution et la mort*, Toulouse, Presses universitaires du Mirail, 1991.

D. Poulot, *Musée, Nation, Patrimoine, 1789-1815*, Gallimard, coll. « Bibliothèque des Histoires », 1997.

V. Van Crugten-André, *Le Roman du libertinage*, Honoré Champion, 1997.

G. Vigarello, *Le Propre et le Sale*, Seuil, 1985.

—, *Histoire du viol*, Seuil, 1996.

R. Wrigley, *The Politics of Appearances. Representations of Dress in Revolutionary France*, Oxford, Oxford University Press, 2002.

Religion et politique :

N. Edelman, *Voyantes, guérisseuses et visionnaires en France, 1785-1914*, Albin Michel, 1995.

C. Maire, *Les Convulsionnaires de Saint-Médard*, Gallimard-Julliard, 1985.

—, *De la cause de Dieu à la cause de la Nation*, Gallimard, coll. « Bibliothèque des Histoires », 1998.

J.-C. Martin (dir.), *Religion et Révolution*, Économica, 1994.

B. Plongeron (dir.), 1988, *Pratiques religieuses dans l'Europe révolutionnaire (1770-1820)*, Turnhout, Brepols, Colloque de Chantilly, 1986.

— (dir.), *Les Défis de la modernité*, t. X, *Histoire du christianisme*, Desclée, 1997.

T. Tackett, *L'Église, la Révolution et la France*, Cerf, 1986.

D. Van Kley, *The Damiens Affair and the Unravelling of the Ancient Regime*, Princeton University Press, 1984.

—, *Les Origines religieuses de la Révolution française*, Seuil, 2002 (trad. française).

D. Vidal, *Miracles et convulsions jansénistes au XVIIIe siècle*, PUF, 1987.

Biographies :

A. Agostini, *La Pensée politique de Jacques-René Hébert, 1790-1794*, Aix-en-Provence, Presses universitaires d'Aix-Marseille, 1999.
J.-P. Bertaud, *Choderlos de Laclos*, Fayard, 2003.
N. Bossut, *Chaumette, porte-parole des sans-culottes*, Comité des travaux historiques et scientifiques, 1998.
G. Dussert, *Vadier le grand inquisiteur*, Imprimerie nationale, 1989.
H. Guillemin, *Robespierre politique et mystique*, Seuil, 1987.
C. Guillon, *Deux Enragés de la Révolution*, Quimperlé, La Digitale, 1993.
C. Le Bozec, *Boissy d'Anglas, un grand notable libéral*, Privas, Fédération des Œuvres laïques de l'Ardèche, 1995.
H. Leuwers, *Un juriste en politique*, Arras, Université d'Artois, 1996.
H. Lindqvist, *Axel de Fersen*, Stock, 1995.
E. di Rienzo, *Marc-Antoine Jullien de Paris (1789-1848), una biografia politica*, Naples, Guida Editori, 1999.
P. Serna, *Antonelle, aristocrate révolutionnaire, 1747-1817*, Le Félin, 1997.

Chapitre 1

R. Chartier, *Les Origines culturelles de la Révolution française*, Seuil, 1990.
J. Egret, *La Révolution des notables*, Armand Colin, 1950.
—, *La Pré-révolution*, PUF, 1962.

Criminalité

Le débat sur la délinquance des années 1970 a été illustré par :
A. Abbatiecci, F. Billacois *et al.*, *Crimes et criminalité en France, XVIIe-XVIIIe siècle*, Cahier des Annales, 33, 1971.
E.-M. Bénabou, *La Prostitution et la police des mœurs au XVIIIe siècle*, Perrin, 1987.
B. Boutelet, « Études par sondage de la criminalité dans le baillage de Pont-de-l'Arche... », *Annales de Normandie*, 4, 1962, p. 235-262 (avant-propos programmatique de P. Chaunu).
I. Cameron, *Crime and repression in the Auvergne and the Guyane*, New York, Cambridge University Press, 1981.

N. Castan, *Justice et répression en Languedoc à l'époque des Lumières*, Flammarion, 1980.

Y. Castan, *Honnêteté et relations sociales en Languedoc*, Plon, 1975.

P. Henry, *Crime, justice et société dans la principauté de Neufchâtel au XVIIIe siècle*, Neufchâtel, La Baconnière, 1984.

A. Lebigre, *La Justice du roi*, Albin Michel, 1988.

Ce débat a été renouvelé par :

A. Farge, *La Vie fragile*, Gallimard, 1986.

—, *Dire et Mal-dire*, Seuil, 1992.

A. Farge, J. Revel, *Logiques de la foule*, Hachette, 1988.

H.-J. Lüsenbrink, *Kriminalität und Literatur im Frankreich des 18. Jahrhunderts*, Münich, Oldenburg, 1983.

Plus récemment :

D. A. Bell, *Lawyers and Citizens, the Making of a Political Elite in Old Regime France*, Oxford, Oxford University Press, 1994.

T. Margadant, « Summary Justice and the Crisis of the Old Regime in 1789 », *in* D. Sutherland (dir.), actes du colloque « Violence and the French Revolution », *Historical Reflexions*, vol. 29, 3, 2003, p. 495-528.

J. Nicolas (dir.), *Mouvements populaires et conscience sociale*, Maloine, 1984.

—, *La Rébellion française*, Seuil, 2002.

Subsistances et guerre des farines :

C. Bouton, *The Flour War*, University Park (Penn.), Pennsylvania State University Press, 1993.

F. Gauthier et G.-R. Ikni (dir.), *La Guerre du blé au XVIIIe siècle*, Montreuil, Éditions de la Passion, 1988.

S.L. Kaplan, *Le Pain, le peuple et le roi*, Perrin, 1986.

—, *Les Ventres de Paris*, Fayard, 1988.

—, *La Fin des corporations*, Fayard, 2001.

V.S. Ljublinski, *La Guerre des farines*, Grenoble, Presses universitaires de Grenoble, 1979.

Noblesse/opinion :

A. de Baecque, *Le Corps de l'histoire. Métaphores et politique (1770-1800)*, Calmann-Lévy, 1993.

—, *Les Éclats du rire. La culture des rieurs au XVIIIe siècle*, Calmann-Lévy, 2000.

N. Coquery, *L'Hôtel aristocratique*, Publications de la Sorbonne, 1998.

A. Corbin, *Le Miasme et la Jonquille*, Aubier, 1982.

S. Maza, *Vies privées, affaires publiques. Les causes célèbres de la France prérévolutionnaire*, Fayard, 1997 (trad. française).

C. Petitfrère, *L'Œil du maître*, Bruxelles, Complexe, 1986.

—, *Le Scandale du mariage de Figaro*, Bruxelles, Complexe, 1988.

Chapitre 2

A. Andress, « The Denial of Social conflict in the French Revolution, Discourses around the Champ de Mars Massacre », *French Historical Studies*, 22, 1999, p. 183-209.

—, *Massacre at the Champ de Mars*, Woodbridge, Suffolk, The Boydell Press, 2000.

D. Arasse, *La Guillotine et l'imaginaire de la Terreur*, Flammarion, 1987.

D. Arasse, V. Rousseau-Lagarde, *La Guillotine dans la Révolution*, Vizille, Musée de la Révolution française, catalogue d'exposition, 1987.

J. Godechot, *La Prise de la Bastille*, Gallimard, 1965.

G. Lefebvre, *La Grande Peur* [1932], rééd. 1988, Armand Colin.

H.-J. Lüsenbrink et R. Reichardt, *The Bastille a History of a Symbol of Despotism and Freedom*, Durham et Londres, Duke University Press, 1997.

B. Shapiro, *Revolutionary justice in Paris, 1789-1790*, Cambridge University Press, 1993.

T. Tackett, *Par la volonté du Peuple*, Albin Michel, 1997 (trad. française).

—, « Conspiracy Obsession in a Time of Revolution… », *American Historical Review*, 105, 3, 1965, p. 691-713.

Chapitre 3

L. Coudart, *La Gazette de Paris, un journal de Paris pendant la Révolution française, 1789-1792*, L'Harmattan, 1995.

R. Griffiths, *Le Centre perdu*, Grenoble, Presses universitaires de Grenoble, 1988.
J.-C. Martin (dir.), *La Guerre civile, entre histoire et mémoire*, Nantes, Ouest-Éditions, coll. « Enquêtes et Documents », 1995.
M. Reinhard, *Le Dix-Août*, Gallimard, 1969.
T. Tackett, *Le roi s'enfuit*, Perrin, 2004.

Chapitre 4

F. Bluche, *Septembre 1792, logiques d'un massacre*, Robert Laffont, 1986.
P. Caron, *Les Massacres de Septembre*, Paris, 1935.
B. Conein, « Langage politique et mode d'affrontement, le jacobinisme et les massacres de Septembre », thèse, EHESS, 3 vol., 1978.
A. Duprat, *Le Roi décapité*, Cerf, 1992.
H. Fleischmann, *Les Pamphlets libertins contre Marie-Antoinette* [1908], Genève, Slatkin reprints, 1976.
C. Langlois, *Les Sept Morts du roi*, CNRS Éditions, 1989.
M. Madörin, *Die Septembermassaker von 1792 im Urteil der französischen Revolutionshistoriographie, 1792-1840*, Berne et Francfort/Main, Lang, 1976.
C. Thomas, *La Reine scélérate*, Seuil, 1989.

Chapitre 5

Colloque de Poitiers (décembre 1993), *Les Déclarations de l'an I*, PUF, coll. « Publications de la Faculté de Droit et des Sciences sociales de Poitiers », 1995.
J. Balossier, *La Commission extraordinaire des Douze (18 mai 1793-31 mai 1793)*, PUF, 1986.
M. Biard, *Missionnaires de la République*, Comité des travaux historiques et scientifiques, 2002.
J.-P. Gross, *Égalitarisme jacobin et Droits de l'Homme, 1793-1794, la grande famille de la Terreur*, Arcantères, 2000.
Gal Herlaut, *Deux témoins de la Terreur*, Clavreuil, 1958.
F. Lenormand, *La Pension Belhomme, une prison de luxe sous la Terreur*, Fayard, 2002.
E. de Mari, « La mise hors-la-loi sous la Révolution française, 19 mars

1793-9 thermidor an II », thèse de droit, université de Montpellier, 1991.

A. Soboul (dir.), *Girondins et Montagnards*, Société des études robespierristes, 1980.

M. Walzer, *Régicide et Révolution*, Payot, 1989.

Le fédéralisme :

Colloque de Marseille (septembre 1993), *Les Fédéralismes, réalités et représentations, 1789-1874*, Aix-en-Provence, Publications de l'université de Provence, 1995

Colloque de Poitiers (111e congrès national des Sociétés savantes), *Existe-t-il un fédéralisme jacobin ?*, Comité des travaux historiques et scientifiques, 1986.

Le Jura contre Paris, Lons-le-Saulnier, Société d'émulation du Jura, 1994.

S. Aberdam, « Un aspect du référendum de 1793 : les envoyés du souverain face aux représentants du peuple », *in* M. Vovelle, *Révolution et République, l'exception française*, Kimé, 1994, p. 213-225.

Chapitre 6

L. Abdoul-Mellek, « D'un choix politique de Robespierre : la Terreur », *in* J.-P. Jessenne (dir.), *Robespierre*, Villeneuve-d'Ascq, Centre d'histoire de la région du Nord et de l'Europe du Nord-Ouest, 1994, p. 191-204.

M. Bélissa et S. Wahnich, « Les crimes des Anglais, trahir le droit », *Annales historiques de la Révolution française*, 2, 1995, p. 233-249.

S. Bernard-Griffiths et M.-C. Chemin (dir.), *Révolution française et vandalisme révolutionnaire*, actes du colloque de Clermont-Ferrand de 1988, Universitas, 1992.

O. Blanc, *La Dernière Lettre*, Pluriel, 1984.

—, « Aux origines du 9 thermidor », *in* J.-P. Bertaud, *Sur la Révolution. Mélanges offerts à M. Vovelle,* Société des études robespierristes, 1997, p. 262-270.

J.-C. Bonnet (dir.), *La Mort de Marat*, Flammarion, 1986.

F. Brunel, *1794, Thermidor*, Bruxelles, Complexe, 1989.

R. Cobb, *Les Armées révolutionnaires, instrument de terreur dans les départements, avril 1793-floréal an II*, Paris-La Haye, Mouton, 1961-1963, 2 vol.

—, *Terreur et subsistances*, Clavreuil, 1964.

N. Derasse, « La défense dans le procès criminel sous la Révolution et le Premier Empire (1789-1810) : les mutations d'une fonction et d'une procédure », thèse de droit, université de Lille-II, 1998.

E. Ducoudray, « "La main de l'étranger" en l'an II : fantasmes populaires et paranoïa gouvernementale », *in* J.-P. Bertaud (dir.), *Sur la Révolution. Mélanges offerts à M. Vovelle*, Société des études robespierristes, 1997, p. 242-252.

M. Eude, « Points de vue sur l'affaire Catherine Théot », *Annales historiques de la Révolution française*, 198, 1969, p. 606-629.

—, « La loi de prairial », *Annales historiques de la Révolution française*, 254, 1983, p. 545-559.

—, « Le Comité de Sûreté générale en 1793-1794 », *Annales historiques de la Révolution française*, 261, 1985, p. 295-306.

J. Guilhaumou, *1793, la mort de Marat*, Bruxelles, Complexe, 1993.

M.-P. Foissy (dir.), *La Mort de Bara*, Avignon, Fondation du muséum Calvet, 1989.

C. Kintzler et H. Rizk (dir.), *La République et la Terreur*, Kimé, 1995.

C. Lefort, « La Terreur révolutionnaire », *PasséPrésent*, 2, 1983, p. 11-43.

A. Mathiez, *La Vie chère et le mouvement social sous la Terreur* [1927], rééd. 1973, Payot.

M. Slavin, *The Hebertists to the Guillotine*, Baton Rouge-Londres, Louisiana State University Press, 1994.

A. Soboul, *Les Sans-Culottes*, Clavreuil, 1958.

Chapitres 7 et 8

F.-N. Babeuf, *Du système de dépopulation, ou la Vie et les crimes de Carrier, son procès et celui du Comité révolutionnaire de Nantes*, an III [1795] (rééd. par R. Sécher et J.-J. Brégeon, Tallandier, 1987).

B. Baczko, *Comment sortir de la Terreur*, Gallimard, 1989.

F. Brunel et S. Goujon, *Les Martyrs de Prairial*, Genève, Georg, 1992.

C. Champaud, *Une tentative de pacification des esprits en 1794, la commission philanthropique de Rennes*, Sirey, 1962.

J. Dupâquier (éd.), *Carrier : le procès d'un missionnaire de la Terreur et du Comité révolutionnaire de Nantes*, Pontoise, Édition des Étannets, 1994.

R. Dupuy et M. Morabito (dir.), *1795. Pour une République sans Révolution*, Rennes, Presses universitaires de Rennes, 1995.

F. Gendron, *La Jeunesse sous Thermidor*, PUF, 1983 (1re éd. 1979).

C. Gomez-Le Chevanton, *Carrier et la Révolution française en 30 questions*, La Crèche, Geste éditions, 2004.

D. Greer, *The Incidence of the Terror during the French Revolution*, Cambridge (Mass.), Harvard University Press, 1935.

G. Lefebvre, *La France sous le Directoire, 1795-1799*, Éditions sociales, 1977.

G. Lewis et C. Lucas (dir.), *Beyond the Terror*, Cambridge et New York, Cambridge University Press, 1983.

S. Luzzatto, *Il Terrore ricordato*, Turin, Einaudi, 2000, nouvelle éd. augmentée.

—, *L'Automne de la Révolution*, Honoré Champion, 2001 (trad. française).

C. Mazauric, *Babeuf*, Messidor, 1988.

Le renouvellement des études est venu de colloques :

J. Bernet, J.-P. Jessenne, H. Leuwers (dir.), *Du Directoire au Consulat, 1 : Le lien politique local dans la Grande Nation*, Lille, CHREN-O, 1999.

P. Bourdin et B. Gainot (dir.), *La République directoriale*, Clermont-Ferrand, SER, CHEC, CRRR, 1997.

J.-P. Jessenne *et al.* (dir.), *Robespierre, de la Nation artésienne à la République et aux Nations*, Villeneuve-d'Ascq, université de Lille-III, CHREN-O, 1993.

—, *Du Directoire au Consulat, 3 : Brumaire dans l'histoire du lien politique et de l'État-Nation*, Lille-Rouen, CHREN-O-GRHIS, 2001.

Outre les interventions dans les colloques cités :

H. Brown, « Mythes et massacres : reconsidérer la "terreur directoriale" », *Annales historiques de la Révolution française*, 325, 2001, p. 23-52.

—, « Echoes of the Terror », *in* D. Sutherland, actes du colloque « Violence and the French Revolution », *Historical Reflexions*, vol. 29, 3, 2003, p. 529-558.

H. Brown, J.A. Miller (dir.), *Taking Liberties*, Manchester et New York, Manchester University Press, 2002.

G. Carrot, *Révolution et maintien de l'ordre*, Éditions SMP, 1995.
J.-L. Chappey, *La Société des Observateurs de l'Homme*, Comité des travaux historiques et scientifiques, 2002.
S. Clay, « Réaction dans le Midi (1795-1800), le vocable de la vengeance », *Dictionnaire des Usages SocioPolitiques*, INaLF, 6, 1999, p. 157-186.
B. Gainot, *1799, un nouveau jacobinisme ?*, Comité des travaux historiques et scientifiques, 2001.
J. Godechot, *La Grande Nation*, Aubier, 2004 (1re éd. 1956).
A. Jourdan, *Les Monuments de la Révolution, 1770-1804, une histoire de représentation*, Honoré Champion, 1997.
M. Lagrée et J. Roche, *Tombes de mémoire. La dévotion populaire aux victimes de la Révolution*, Rennes, Apogée, 1993.
L. Mascilli Migliorini, *Le Mythe du héros. France et Italie après la chute de Napoléon*, Nouveau Monde éd., 2002.
I. Woloch, *Jacobin Legacy : the Democratic Movement under the Directory*, Princeton (NJ), Princeton University Press, 1970.
A. Zysberg, *L'Affaire d'Orgères*, Mémoires de la société archéologique d'Eure-et-Loire, 1985.

Éléments de comparaison :

G. Andrey et A.-J. Czouz-Tornare, *Louis d'Affry, premier landamman de la Suisse*, Genève, Slatkine, 2003.
J.E. Archer, *Social Unrest and Popular Protest in England, 1780-1840*, Cambridge et New York, Cambridge University Press, 2000.
Association suisse d'histoire et de sciences militaires, *Bonaparte et les Alpes*, Pregny-Genève, Thesis Verlag, p. 131-148.
M. Caffiero, *La nuova era. Miti e profezie dell'Italia in rivoluzione*, Gênes, Casa editrice Marietti, 1991.
C. Fohlen et J. Godechot (dir.), *La Révolution américaine et l'Europe*, CNRS, 1979.
L. Gershoy, *L'Europe des princes éclairés*, Fayard, 1966.
M. Gilli (dir.), *Région, Nation, Europe*, université de Besançon, Paris, Belles-Lettres, 1988.
F. Keiser (dir.), *1798, Geschichte und Überlieferung Nidwalden*, Nidwalden Stans (Suisse), Historischer Verein, 1998.
B. Lesnodorski, *Les Jacobins polonais*, Société d'études robespierristes, 1965.

A.-M. Rao (dir.), *Folle controrivoluzionarie, Le insorgenze popolari nell'Italia giacobina e napoleonica*, Rome, Carocci, 1999
— (dir.), *Napoli 1799, fra storia e storiografia*, Naples, Vivarium, 2002.

Index des noms cités

Table

Du même auteur

PRINCIPALES PUBLICATIONS

Une guerre interminable
La Vendée, 200 ans après
Reflets du passé, 1985

La Vendéens de la Garonne
I. Dauvy, 1989

La Vendée de la mémoire
1800-1980
Seuil, 1989

La Loire-Atlantique dans la tourmente révolutionnaire
1789-1799
Reflets du passé, 1989

La France en révolution
1789-1799
Belin, 1990

Le Massacre des Lucs
Vendée 1794
(avec Xavier Lardière)
Geste, 1992

Une région nommée Vendée
Entre politique et mémoire
XVIIIe-XXe siècle
Geste, 1996

La Révolution française
Étapes, bilans et conséquences
Seuil, « Mémo », 1996

La Guerre de Vendée
Geste, 1996, 2006

Révolution et contre-révolution en France de 1789 à 1989
Les rouages de l'histoire
Presses universitaires de Rennes, 1996

Le Puy-du-Fou en Vendée
L'Histoire mise en scène
(avec Charles Suaud)
L'Harmattan, 1997

Contre-Révolution, Révolution et nation en France
1789-1799
Seuil, « Points Histoire », n° 250, 1998

Blancs et Bleus dans la Vendée déchirée
Gallimard, « Découvertes Histoire », n° 8, 2001

La Révolution française, 1789-1799
Une histoire socio-politique
Belin, 2004

La Vendée et la Révolution
Perrin, « Tempus », n° 166, 2007

La Révolution française
Le Cavalier bleu, 2008

La Révolte brisée
Femmes dans la Révolution française et l'Empire
Armand Colin, 2008

La Terreur
Part maudite de la Révolution
Gallimard, « Découvertes Histoire », n° 566, 2010

Marie-Antoinette
(avec Cécile Berly)
Citadelles et Mazenod, 2010

La Machine à fantasmes
Relire l'histoire de la Révolution française
Vendémiaire, 2012

Nouvelle histoire de la Révolution française
Perrin, 2012

Un détail inutile ?
Le dossier des peaux tannées, Vendée, 1794
Vendémiaire, 2013

La Guerre de Vendée
1793-1800
Seuil, « Points Histoire », n° 489, 2014

Au cœur de la Révolution française
Les leçons d'histoire d'un jeu vidéo
Vendémiaire, 2014

Robespierre
La fabrication d'un monstre
Perrin, 2016

DIRECTION

La Révolution à l'œuvre
Presse universitaires de Rennes, 2005

Dictionnaire de la Contre-Révolution
Perrin, 2011

ÉDITION

Peut-on prouver l'existence de Napoléon ?
Richard Whately
Vendémiaire, 2012

RÉALISATION : IGS-CP À L'ISLE-D'ESPAGNAC
IMPRESSION : CPI FRANCE
DÉPÔT LÉGAL : MARS 2006. N° 43842-4 (142625)
Imprimé en France